図解

はじめての投資信託

モーニングスター株式会社
代表取締役社長
朝倉 智也 監修

JN221208

Gakken

これから投資信託をはじめる方へ

今この本を手に取っている皆さんの中には、昨今の経済状況を懸念するあまり、資産運用について真剣に考えはじめた方も多いでしょう。しかし、預貯金だけにお金を預けていた状況から、価格が変動する金融商品への投資を考えるとき、最初に当たる大きな壁が、株式、債券、為替、投資信託などの数ある金融商品の中から、どれを選んで投資をしていけばいいのかという点です。

そこでオススメなのが投資信託です。投資信託は、少ない金額で数多くの銘柄に分散して投資をすることができ、私たちに代わり資産運用のプロが運用と管理をしてくれる商品です。その上１万円から投資をすることができ、中には５００円から積み立て投資ができるところもあるなど、気軽にはじめることができるのです。こうした魅力と特長をもつ投資信託は、資産運用をこれからはじめる方には最適な商品ではないかと思います。

本書では、投資信託の仕組みや特長の説明に加え、数多くの投資信託から自分に適した商品の選び方、最適な資産の分配方法、購入後の管理、そして売却方法まで、体系的かつ実践的に解説しています。ではさっそく、投資信託を活用した適切な資産運用法を一緒に考えていきましょう。

モーニングスター
代表取締役社長
朝倉 智也

CONTENTS

図解 はじめての投資信託

巻頭特集 投資ビギナーに投信がおすすめ ～簡単！低リスク！少額OK！～

第1章 投資の目的とおすすめファンド ～早わかり！タイプ別運用スタイル～

CONTENTS

第3章 投信はココを見逃すな！ ～失敗しないための重要項目～

第4章 投資信託の種類を知る ～自分に合った商品を探す～

CONTENTS

STAFF

編集／上野慎治郎（アート・サプライ）

デザイン・DTP／内藤真理

ライティング／伊達直太・山﨑潤子

イラスト／平井きわ

※本書の内容は2015年3月に作成されたものです。

※運用はあくまでご自身の責任で行って下さい。

巻頭特集

投資ビギナーに投信がおすすめ

～簡単！低リスク！少額OK！～

投資信託は、これから投資をはじめる人でも手軽に少額で購入できる投資商品。利益が非課税になるNISA口座で買えるため、さらに人気が高まっています。まずはその仕組みと魅力を見ていきましょう。

1

複数の投資商品を詰め入れたおいしい弁当

ビギナーにも安心！投資信託

自分好みの「弁当」が選べる

投資信託は、たとえるなら「幕の内弁当」のようなもの。**国内・海外の市場で取引されている株、債券、不動産など複数の金融商品を詰め合わせたもの**です。

「幕の内弁当」の中に詰め入れる「おかず（金融商品）」は、ファンドマネージャーと呼ばれるプロが選択。その時々の経済状況や市場の動きなどを見ながら、利益が獲得しやすいものを選びます。また、選んで終わりではなく、おいしさを常に確認し、タイミングを見て入れ替えも行います。そのため、投資にはじめて挑戦する人でも、いつでもおいしく、安全な弁当を買うことができ、大切なお金を安心して「信託」することができるのです。

また、ひとくちに幕の内弁当といっても複数の種類があるように、**投資信託のバリエーションも豊富**。投資家の中には、大きなリターンを狙える「栄養満点」の弁当が好きな人がいれば、リスクがほとんどない「ヘルシー」な弁当を買いたい人もいるでしょう。国内に絞って投資したい「和食派」がいれば、海外投資に興味がある「洋食派」もいます。そのようなニーズに合うように、ファンドマネージャーたちはあらゆる「おかず」を目利きし、**タイプが異なるさまざまな投資信託を用意**。もちろんビギナー向けの商品も多く、投資したい期間や予算などに合う商品を見つけることができるのです。

知っておこう　**【投資信託の数は5000本以上もある】**

国内で販売されている投資信託のうち個人で購入できるものは5460本。株に投資するものが圧倒的に多く（5242本）、債券で運用するものは162本、その他6本。（2014年12月・投資信託協会）

投資ビギナーにぴったりな「幕の内弁当」が投信

投資信託は、株、債券、不動産など複数の商品を組み入れる金融商品。「おかず」の種類・量によってそれぞれ特徴が異なります。

投資信託のイメージ

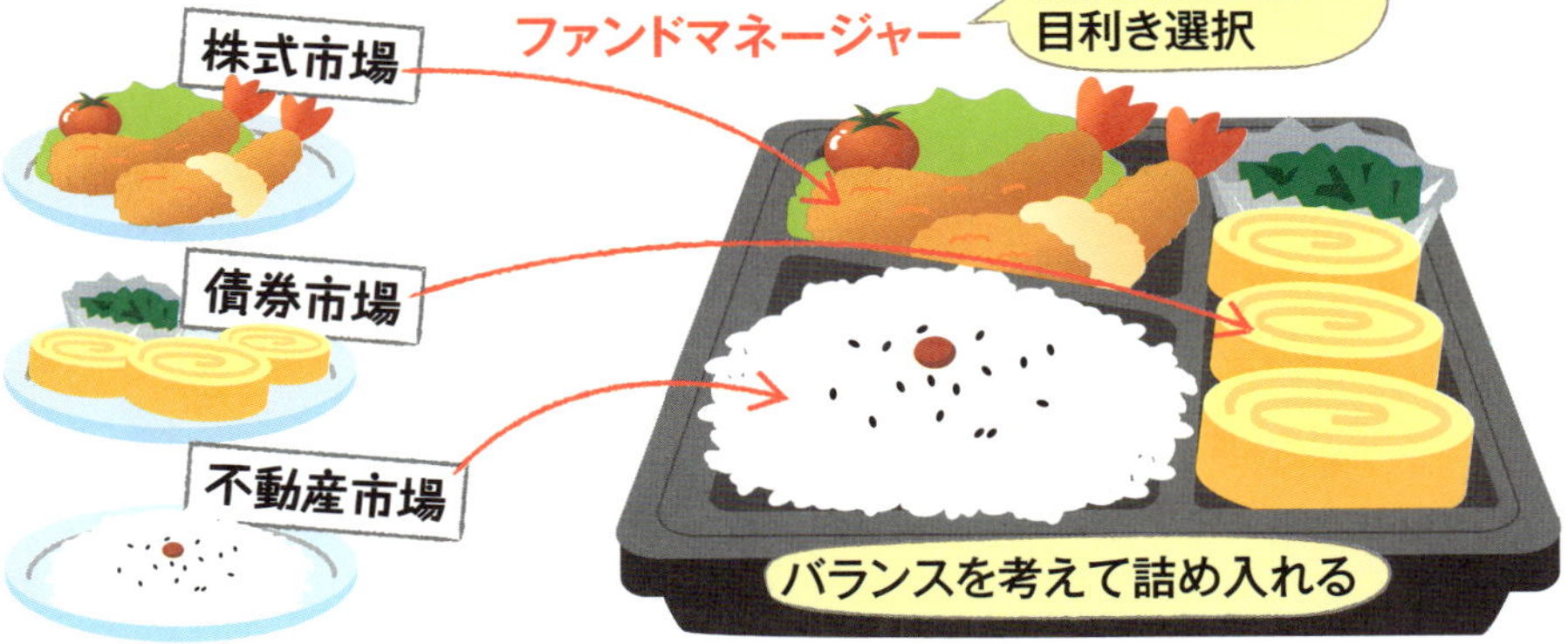

投資信託の商品の一例

＼栄養満点／
ハイリターン型

国内株　アメリカ株
中国株

リターンが大きい株を中心に組み込んだタイプ

＼ヘルシー／
ローリスク型

国内債券　外国債券

元本割れリスクが小さい債券で構成したタイプ

＼洋食中心／
海外商品型

アメリカ株　欧州株
新興国債券

個人では買いにくい海外の商品で構成したもの

＼旬の食材／
テーマ型

国内不動産　建設関連株

オリンピックなど特定のテーマに関連する商品を組み込んだもの

お金の流れと仕組みを知ろう

投資信託の仕組みは？

役割が異なる3つの機関

投資信託は、ファンドマネージャーが所属する「運用会社」によって設定されます。設定とは、たとえば、どのような商品を中心に組み入れ、どんな方針で運用するかを決めること。投資家にどれくらいのリターンを提供するかも、この段階で決められます。

設定された投資信託は、「販売会社」を通じて投資家に販売されます。販売会社は、証券会社、銀行、信用金庫など。販売会社で集められた投資家の資金は「信託銀行」で保管され、運用会社の指示に従って、株や債券などを売買します。

運用の結果、利益が出ると投資信託が信託されている資産の総額が増えます。この資産

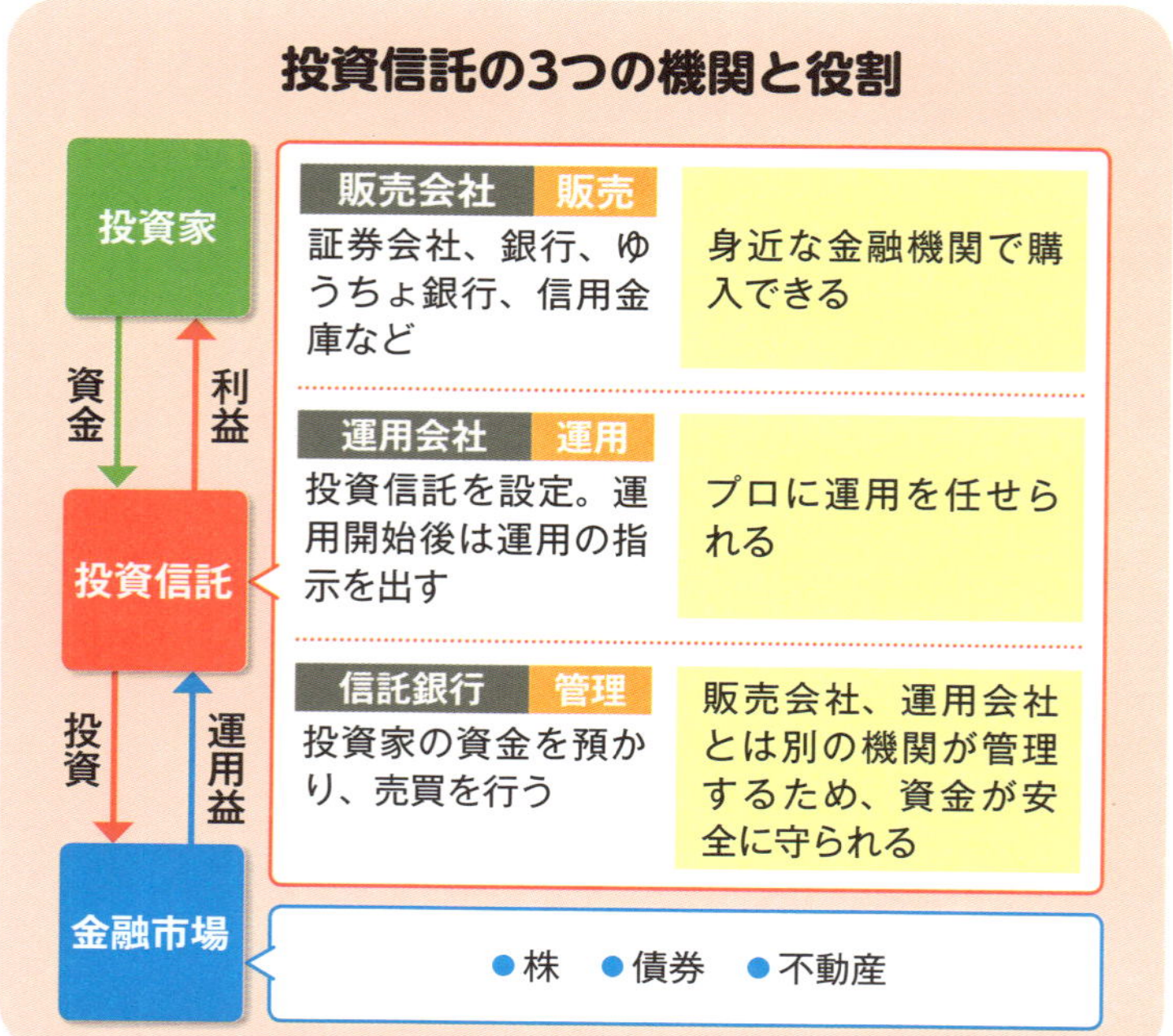

機関	役割	内容	特徴
販売会社	販売	証券会社、銀行、ゆうちょ銀行、信用金庫など	身近な金融機関で購入できる
運用会社	運用	投資信託を設定。運用開始後は運用の指示を出す	プロに運用を任せられる
信託銀行	管理	投資家の資金を預かり、売買を行う	販売会社、運用会社とは別の機関が管理するため、資金が安全に守られる

金融市場：●株 ●債券 ●不動産

額のことを「純資産総額」といいます。資産の増加分は「分配金」という形で定期的に投資家に還元されます。また、分配金がないタイプの投資信託は、投資信託の運用が終わる償還日に、利益をまとめて受け取ることができます。そのため、運用成績がよく、純資産総額が増える可能性が大きい商品を選ぶことが、利益獲得のポイントなのです。償還日前に解約したい場合や、償還日の設定がない投資信託の場合は、販売会社で売却可能。投資信託は「口」という単位で取引され、純資産総額を口数で割り算したのが投資信託の価格です。これを「基準価額」といい、1口あたりの純資産総額が購入時よりも売却時の方が増えていれば、基準価額も上昇しますので、売却益を得ることができます。たとえば、1口1円で1万口購入した投資信託が1・5円となった場合、1万口×0・5円分の値上がり益を受け取ることができます。

利益獲得の仕組み

投資信託は保有する口数によって受け取る利益額が変わります。口数、基準価額、純資産総額の関係をしっかり把握しておきましょう。

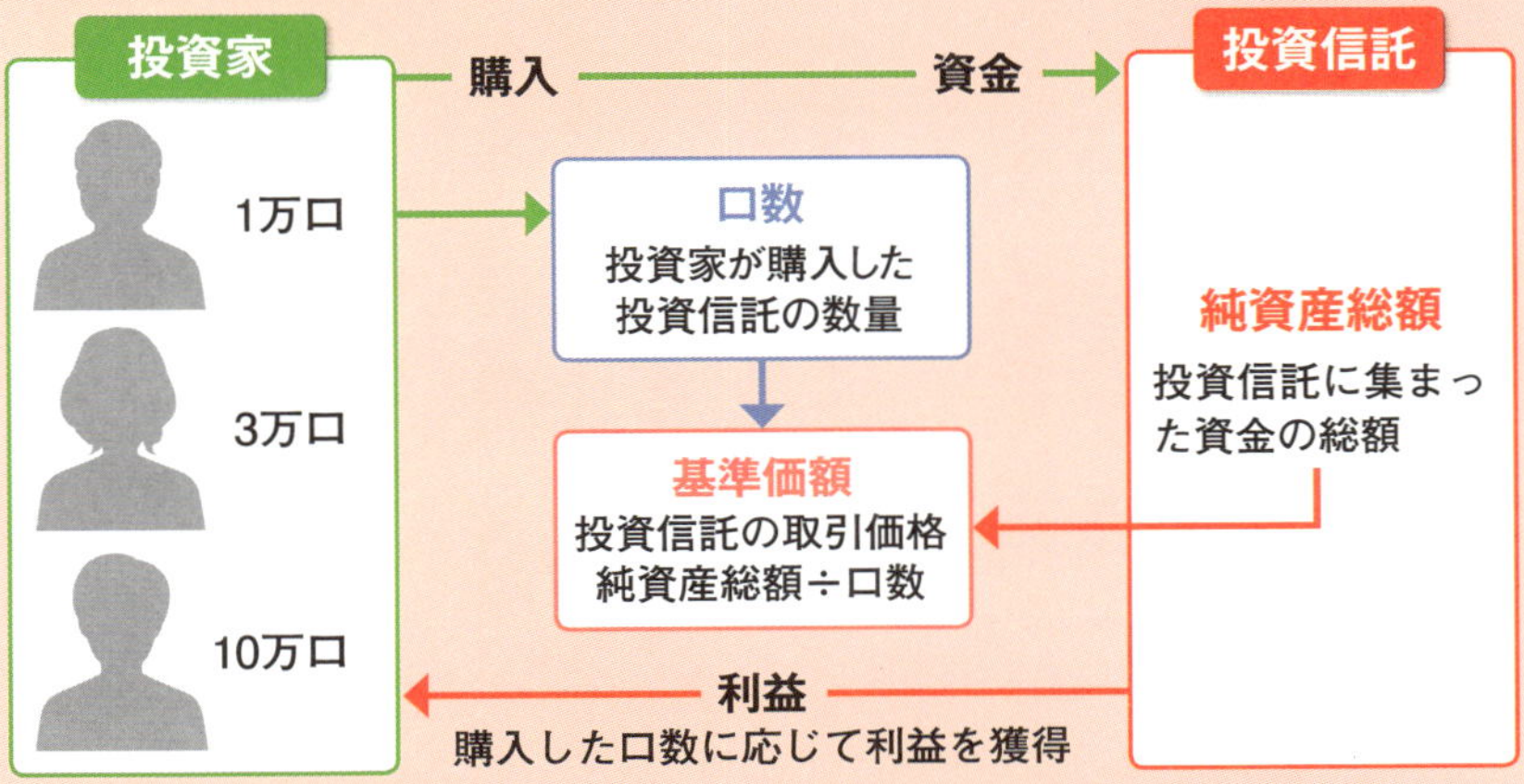

定期的に受け取る：分配金　　償還時・売却時に受け取る：値上がり益

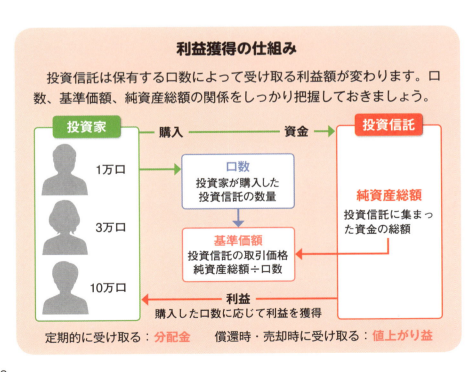

簡単に少額で低リスクの運用ができる

投資信託のメリット

ビギナーに向いている3つの理由

投資信託には、他の投資にはないさまざまなメリットがあります。

まずは「**簡単**」なことです。投資信託の運用はプロに任せますので、株式投資のように企業の詳細な情報を分析する必要がなく、売買のタイミングで迷うこともありません。

「**少額で始められる**」のも大きなメリット。たとえば、株は数万円で買えるものもありますが、多くは十万円以上、中には数百万円かかるものもあります。不動産投資ならさらに資金が必要ですから、予算面で投資できる商品が限られます。一方、投資信託の多くは1万円程度から購入でき、中には**千円単位で買えるものもあります**。そのため、これから投資を始める人や、少額から始めたい人に向いているといえるのです。

さらに、少数の株や不動産を購入して運用するよりも「**低リスク**」です。投信は複数の商品で運用するため、少額でも複数の商品に分散投資するのと同じ効果が得られるのです。たとえば、ある株の株価が下落した時、その株しか保有していなければ大きな損失となりますが、10種の株に分散投資する投資信託ならダメージは10分の1、100種なら100分の1に軽減されます。また、**海外市場**には個人では購入できない株などがありますが、投資信託ではそのような商品を組み込み、投資先の数・種類が増えて、さらに分散投資効果が大きくなります。

用語解説【海外市場】

米国、欧州、アジアなどの株式市場。その国・地域の企業が上場しているほか、世界的に活動するグローバル企業も上場。国内の証券会社で個別銘柄を売買できるが、取扱数が限られている。

投資信託の3つのメリット

投資信託は、簡単に、少額から、低リスクで投資できるのがメリット。これから投資を始める人にぴったりの商品です。

簡単！　運用をプロに任せられる

効率よく投資するためには、経済や金融の知識、投資のテクニック、経験、タイミングよく売買するための時間などが必要。投資信託はファンドマネージャーに運用を任せるため、誰にでも簡単に始められます

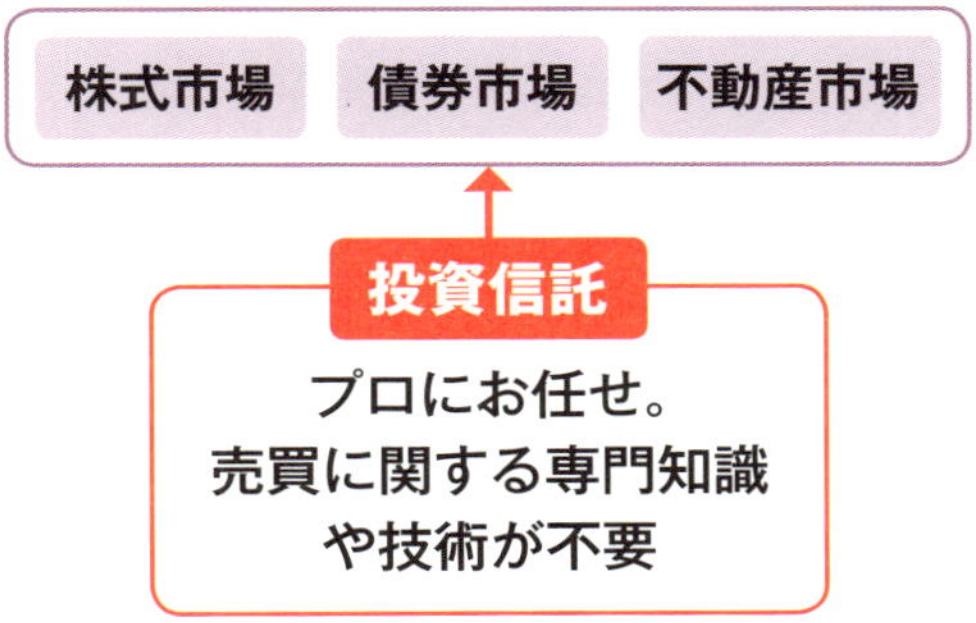

少額でOK！　1万円程度で始められる

投資信託の多くは1万円程度で購入可能。中には1,000円単位で積立てていくタイプも。少額でスタートできるため、リスクを抑えながら投資資産を増やしていくことができます

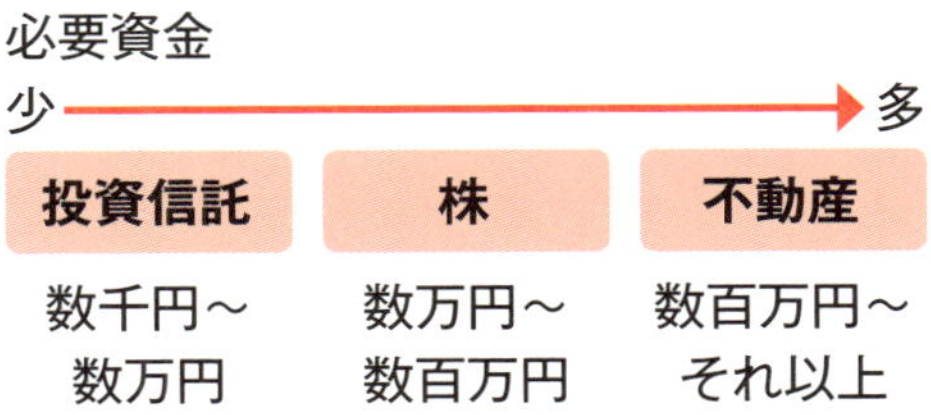

低リスク！　投資先を分散できる

株で分散投資を行う場合、複数の銘柄を買うための資金が必要です。その点、投資信託はもともと分散投資して運用する仕組みのため、投資額が小さくても複数の商品に分散投資していることになります

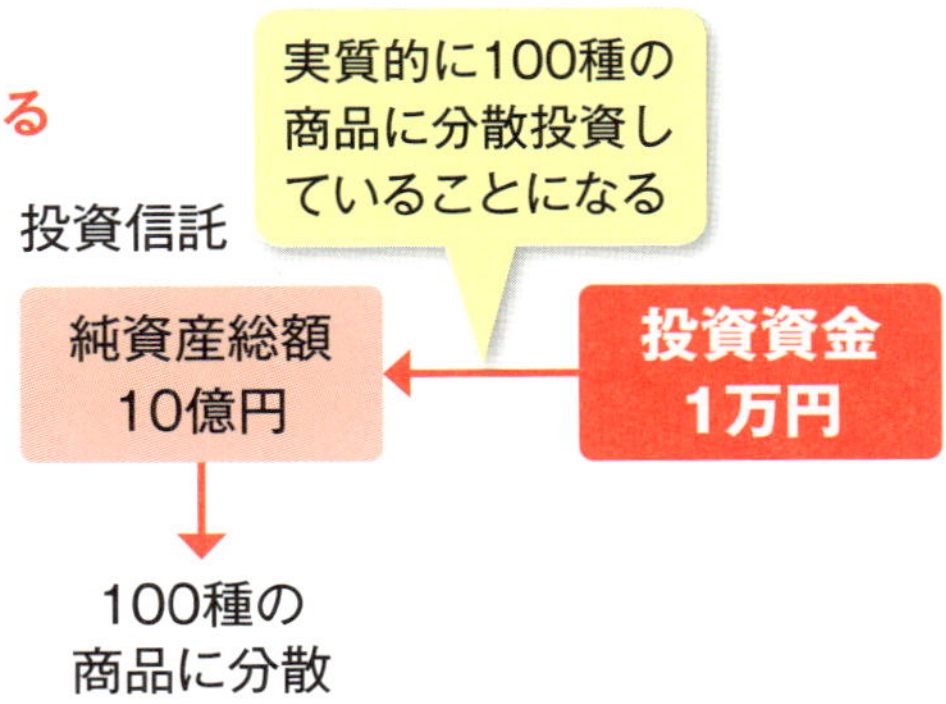

4

分配金・値上がり益を受け取る

NISA口座で利益を増やす

年間120万円まで購入可能

投資信託で得た利益には、分配金にも値上がり益にも一定の税金がかかります。税率は20・315%ですので、1万円の分配金を受け取った場合は、手取りとなる純粋な利益は7968円に。手数料を引いた後の値上がり益が5万円だった場合、実際に手にする利益は3万9842円となります。

一方、2014年から**NISA**制度が始まりました。これは、株式または投資信託（公社債投信はのぞく）で得た利益が、最大5年間非課税になるというもの。販売会社でNISA口座を作り、その口座で購入した投資信託であれば、**分配金も値上がり益も5年間にわたって丸々受け取ることができます。**

ただし、NISA口座で購入できる金額は**1年につき上限120万円**までと決まっています。つまり、総額120万円までの投資信託であればNISA口座で購入でき、分配金・値上がり益が非課税になりますが、それ以上買いたい場合は普通口座で購入することとなり、利益に税金がかかります。

もう1つ注意したいのが、NISA口座で購入した投資信託を売却すると、その金額分の枠を**再利用できない**という点です。たとえば、NISA口座で30万円分の投資信託を買い、すべて売却した場合、その年に使えるNISA口座の残り枠は90万円になります。そのため、基本的には1年以上保有する予定の投資信託を買うのがよいでしょう。

用語解説 【NISA】

2014年1月からスタートした少額投資非課税制度。原型はイギリスのISAで、日本版のNをつけてNISAと名付けられた。株式と、一部の投資信託（株式型、REIT、ETF）が非課税の対象。

NISAを使って手取りの利益を増やそう

投資信託はNISAの対象。分配金、値上がり益が最大5年非課税になるため、中長期の投資に向いています。

NISAの仕組み

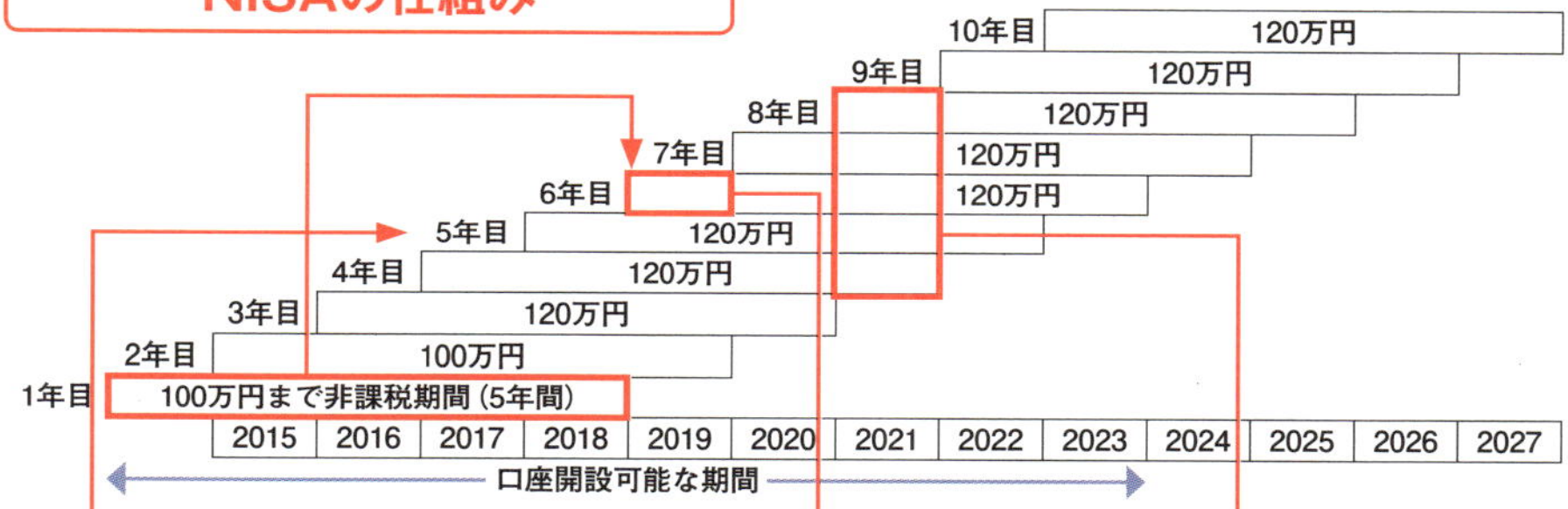

非課税となる投資額は1年につき120万円まで。

6年目以降は課税対象。ただし120万円までなら新たなNISA枠に移すことができる

2017年から2021年までは、最大600万円分の運用が非課税に

※ 2015年までは上限100万円。

NISAの活用効果

分配金　10,158円お得

ケース❶

年5万円の分配金を5年間受け取った場合

普通口座の手取り：39,842円
NISA口座の手取り：50,000円

値上がり益　20,315円お得

ケース❷

5年後の基準価額が10万円値上がりした場合

普通口座の手取り：79,685円
NISA口座の手取り：100,000円

NISA口座で買える投資信託

株式投資信託
▶P30

ETF
（上場投資信託）
▶P104

REIT
（不動産投資信託）
▶P108

税率20.315%→0%（5年間）

公社債投資信託
▶P100

対象外

5 中長期で資産を大きく育てる

時間を味方につけてじっくり投資

時間をかけてリスクを抑える

投資信託は、基本的には**中長期で運用したい人に向いています**。理由は、株式投資などと比べてリターンが小さくなりやすいためです。たとえば、値動きが大きい株は、優良銘柄を選び、売買のタイミングを間違えなければ、短期で大きなリターンが得られます。しかし、1つ間違えれば大切なお金を大きく減らすことになりかねません。一方で投資信託は、分散投資によってそのようなリスクを抑えながら、じっくり資産を増やしていく商品。リスクが小さい分、リターンも小さくなりますが、時間さえかければ着実に資産を増やしていくことができるのです。

また、中長期の投資であれば、**積立感覚で**

時間をかけて利益を積み増す

株式投資と比べると、投資信託はリスク・リターンともに小さくなります。ある程度の時間的な余裕を持って資産を増やしていきましょう。

投資信託の利益：投資額×利益率×時間

例 年3%で運用される投資信託に10万円分購入した場合

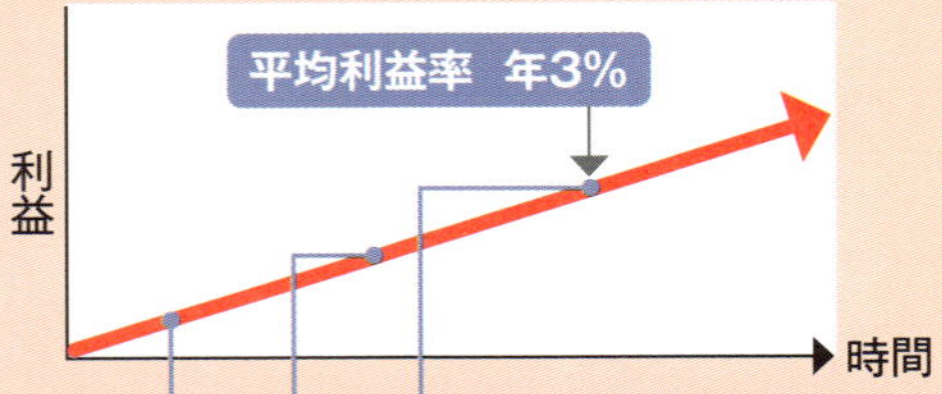

利益率が安定していれば、時間をかけるほど受け取る**利益の総額は増えます**

- 10年保有　10万円×3%×10年＝30,000円
- 5年保有　10万円×3%×5年＝15,000円
- 1年保有　10万円×3%×1年＝3000円

投資信託を増やし、リスクを抑えることも可能です。投資信託が組み入れる株、債券、不動産などは、いずれも価格が常に変動します。そのため、主に株を組み入れる投資信託を買う場合、一度に多くの口数を購入すると、株価が上がった場合はリターンが大きくなりますが、下落した時の損失額も大きくなります。その点、時間をかけて積立てていくと、高く買う時があれば安く買える時もあるため、結果として購入価格が平均化されます。その結果、**高値で大量に買ってしまうリスクを抑える**ことができるのです。

もちろん、投資信託も投資商品の1種ですので、元本割れするリスクはあります。しかし、分散投資効果があり、株よりもリスクが小さくなるため投資ビギナーでも安心。また、中長期で保有することを前提としながら、長く保有できそうな商品を見つけることで、そのリスクはさらに小さくできるのです。

積立て投資でリスクをおさえる

少額で投資信託を積立てていくと、購入価格が平均化され、一度に多く買う場合よりも安く投資できる可能性があります。

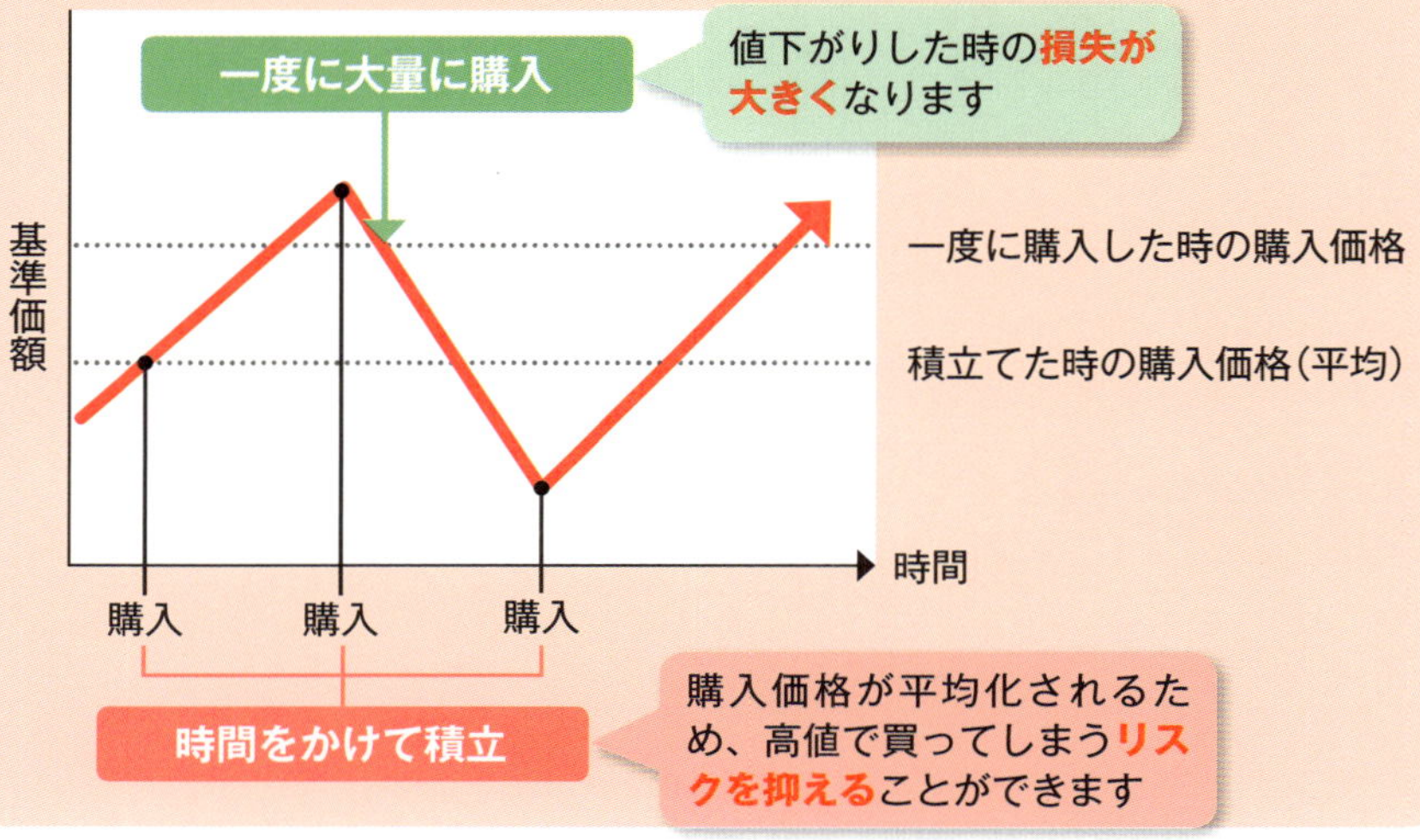
一度に大量に購入
値下がりした時の損失が大きくなります
基準価額
一度に購入した時の購入価格
積立てた時の購入価格（平均）
時間
購入
購入
購入
時間をかけて積立
購入価格が平均化されるため、高値で買ってしまうリスクを抑えることができます

Column 成功メモ①

すでに持っている投資商品と投資先が重ならないように注意

投資信託は、複数の商品を組み入れて運用するため、分散投資効果が大きいのが特徴。ただし、タイプを細かく見ると、株式型、債券型など、為替が影響する海外の商品に投資するものなどがありますので、投資信託以外の投資商品を持っている場合は、投資信託の組み入れ商品と重複しないようにすることが重要。たとえば、すでに株に投資している人が、株式型の投資信託を持つと、日本経済が低迷したり株式市況が悪化した場合に株も投信も両方値下がりしてしまうのです。同様に、債券と債券型投資信託を持つ場合、外貨や外国の株・債券と海外に投資する投資信託を持つ場合も投資先が重複します。安全に運用していくためには、できるかぎり異なる値動きをする商品に投資することが大切。現時点では国内株を持っていなくても、将来的に持つ予定なら、投資信託では債券や海外に投資するものを選び、資産全体の投資先がバランスよく振り分けられるようにしましょう。

第1章

投資の目的とおすすめファンド

〜早わかり！タイプ別運用スタイル〜

種類が多く、バリエーション豊富な投資信託は、「大きく増やしたい」「安全に運用したい」といったニーズにぴったり合う商品が見つけやすいのが特徴。本章では代表的な4つの投資目的に合う商品をナビゲート。

早わかり!

投資に関心がある30代の25%が投信を保有

30代で投資信託を保有している人（都市部）は約6%。金融商品に関心を持っている人の中では、25%の人がすでに投資信託を持っているようです。とはいえ、投資信託の保有目的はさまざま。結婚資金、子育て費用、住宅購入の頭金など具体的な目標を実現するために保有する人もいますし、「余剰資金を運用したい」「これから徐々に投資資産を増やしていきたい」と考える人もいます。目的が異なれば、運用スタイルも変わり、購入の際に重視するポイントも変わります。本章では、中長期運用が可能な20 ～ 30代向けに主な運用スタイルを紹介していきます。

年代別、投資信託の保有率

30代全体では6%、金融商品に関心がある人では、4人に1人が投資信託を保有。いずれも年代とともに保有率が増加する。

［ 投資信託の保有状況 ］

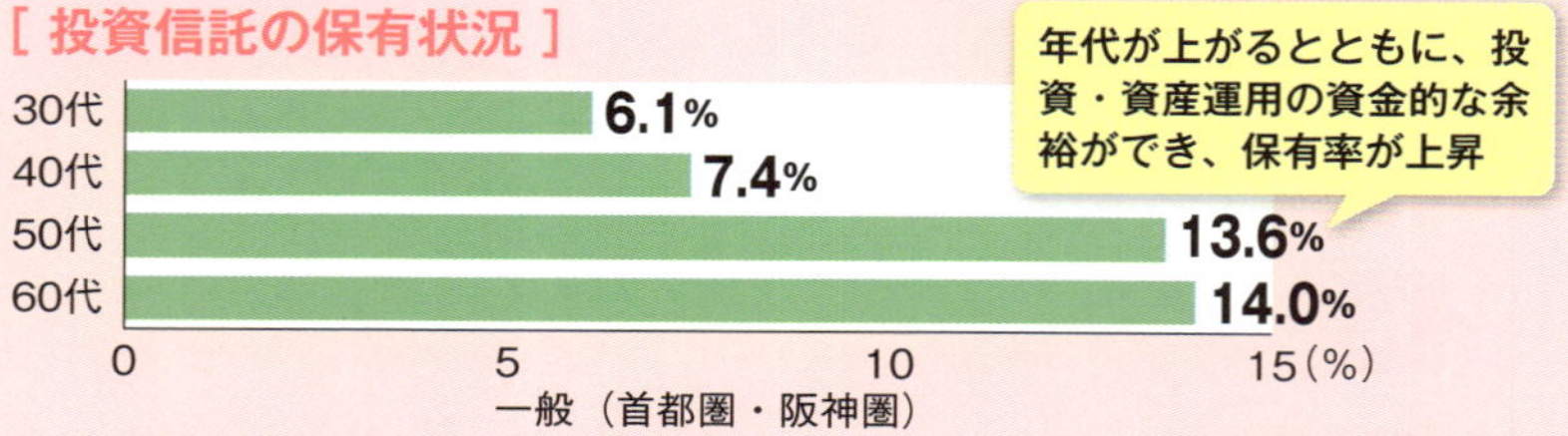

［ 金融商品に関心がある層の保有率 ］

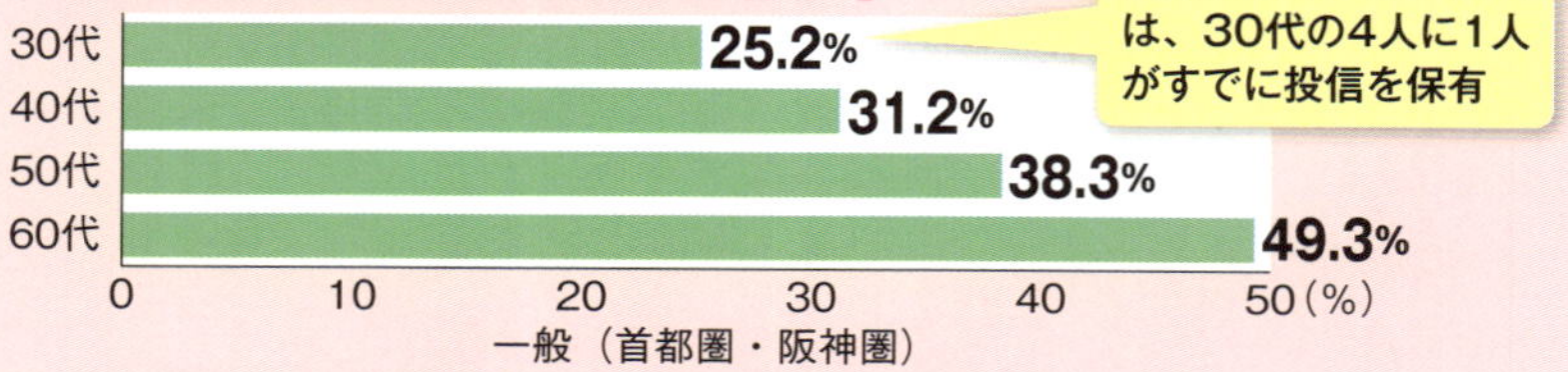

出典・投資信託協会　「一般向け首都圏・阪神圏調査結果」2014年
「投資信託を含む金融商品関心層対象の全国調査結果」2012年

運用スタイル

主要な運用スタイルから近いものをチョイス

元本割れリスクを抑えて、長期でじっくり資産を増やしていきたい

例　教育資金を準備したい
老後の資金準備を始めたい

元本割れの心配が小さく安全性が高い商品を確認 ▶P24

5～10年くらいの期間で、大きなリターンを狙える商品を買いたい

例　結婚資金を貯めたい
車購入の足しにしたい

リスクをとって大きな利益が狙える商品をチェック ▶P28

定期的に利益を受け取りながら、資産運用したい

例　余剰資金を活用したい
住宅購入の頭金を貯めたい

組み入れ商品のバランスがよい商品で運用 ▶P32

現在は余剰資金がないが、これから少額ずつ投資信託を始めたい

例　これから投資を始めたい
分散投資したい

1万円程度から積立てられるタイプの商品を検討 ▶P36

投資信託保有者はどんな点を重視している？

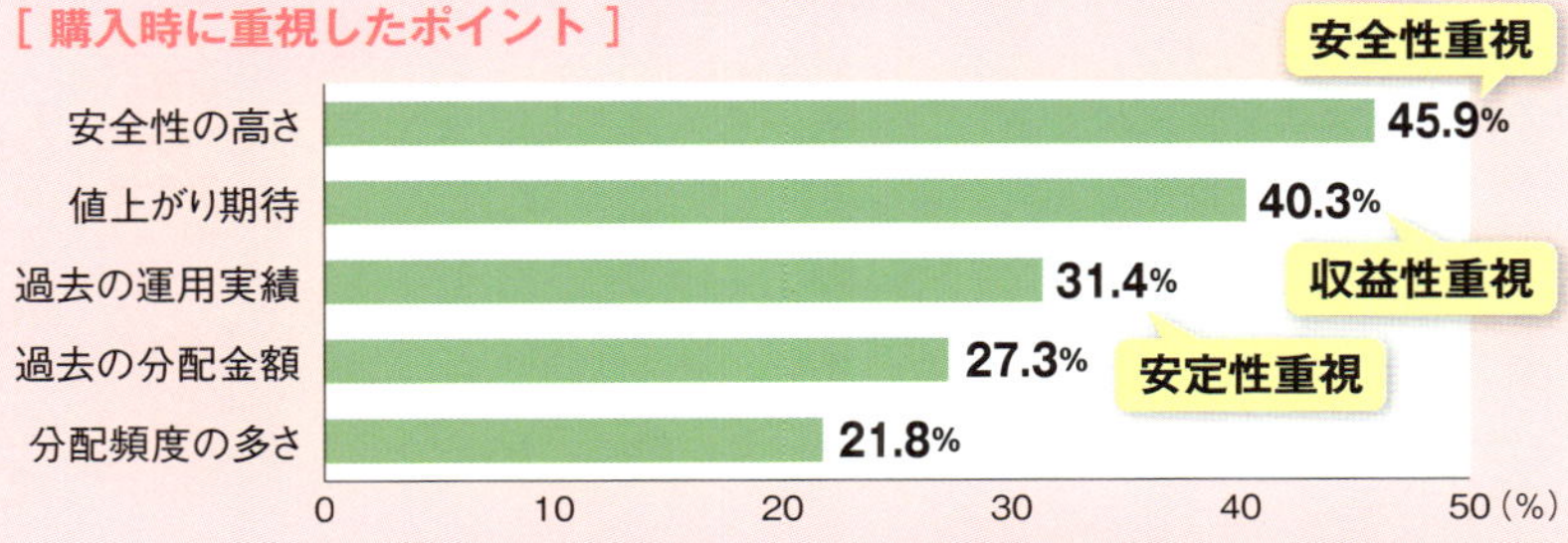

出典・投資信託協会「投資信託を含む金融商品関心層対象の全国調査結果」2012年

1

早いスタートがポイント！増えるスピードが加速する

ローリスク運用で大きく増やす

30年後に資産倍増も夢ではない

まずは低リスクで安全に運用するケースを見てみましょう。

30代であれば、たとえば10年後くらいをめどに「子どもの教育資金を貯めたい」と考えている人がいるかもしれません。40歳に近づくと、さらに先を見据えて「老後の生活資金を準備しよう」と考え始める人も増えます。これら資金は使う予定が決まっていますので、できるだけ低リスクで運用し、減らさないようにすることが大切。具体的な商品はP26で紹介しますが、たとえば債券で運用するタイプの投資信託は、元本割れリスクがきわめて小さいという特徴があります。

ただし、リスクが小さい分、リターンも小さくなります。そこで注目したいのが「時間」です。たとえば、100万円を年3％で運用できた場合、元本を引き出さずに**複利**で運用すると、10年で1・3倍、20年で1・8倍、30年なら2・4倍と、単純に資産が増えるだけではなく、増えるスピードも加速していきます。また「子どもが大学に入る20年後までに500万円貯めたい」といった具体的な時期・金額が決まっている場合も、投資を始める時期が早いほど、資金が少なく済みます。

ポイントは、ローリスク・ローリターンの運用も、スタートが早ければ早いほど将来的に大きなリターンが得られるということ。時間を味方につけることによって、着実に、しかも効率よく資産が増やせるのです。

用語解説【**複利**】

元本（投資資金）のみに利率がかかるものを単利、元本とすでに受け取った利息全体に対して利率がかかるものを複利と呼ぶ。単利と比べて長期運用するほど資産の増加スピードが早くなる。

スタートが早いほど少額で大きく増やせる

ローリスク運用では「時間」を味方にすることがポイント。資産が増えるスピードは時間とともに加速し、準備資金も少なく収まる。

年3%で運用（複利）した場合の増加率

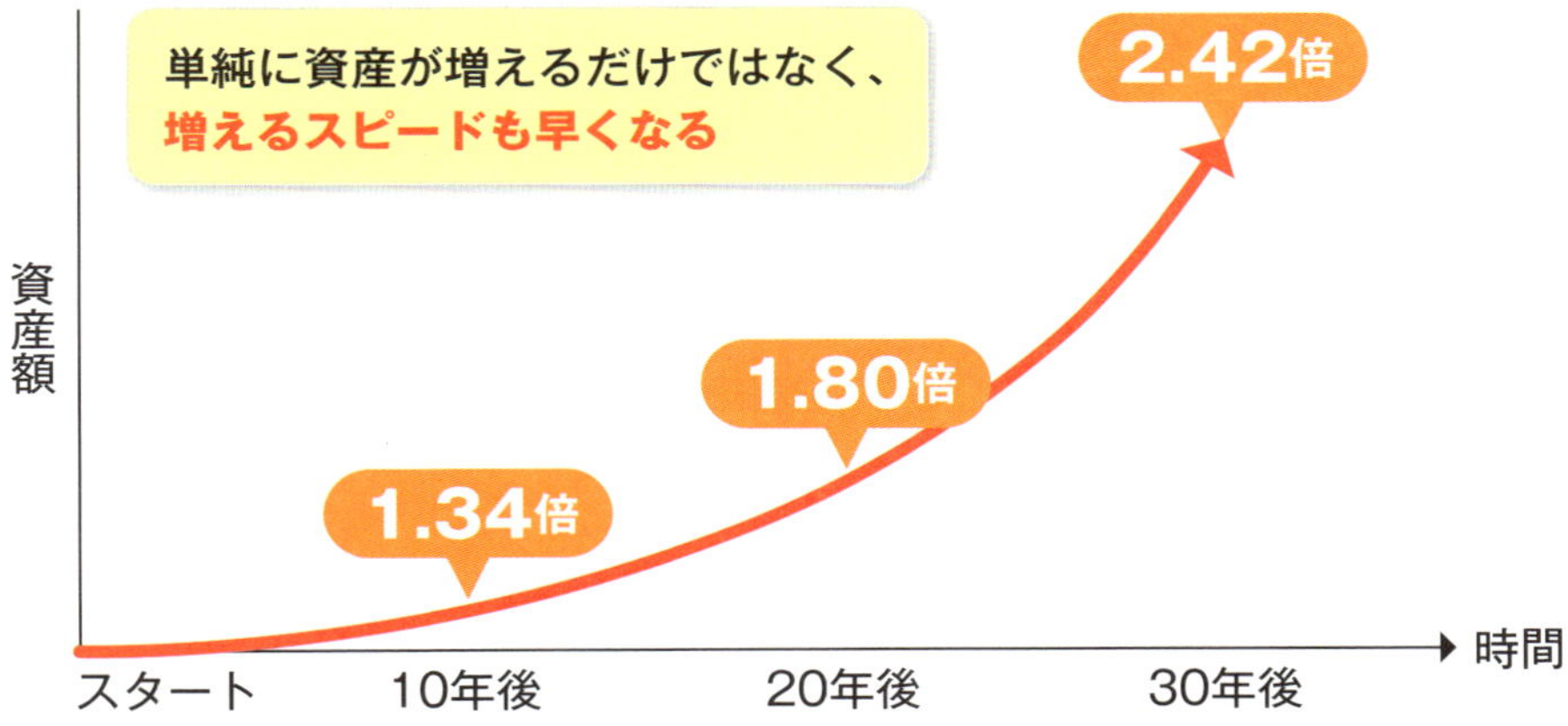

例

100万円を60歳まで運用した場合	1年あたりの増加金額
30歳スタート：2,427,262円	47,575円
40歳スタート：1,806,111円	40,305円
50歳スタート：1,343,916円	34,391円

スタートが早いほど元手も少なく収まる

＼50歳までに教育資金として500万円貯めたい！／

元手はいくら用意すればいい？

20歳
2,059,934円

30歳
2,768,379円

40歳
3,720,470円

※年3%で運用する場合に、必要な元手資金

低リスク運用にオススメ

債券型は元本割れリスクが小さい

資産額が大きい債券型に注目

「債券型」といわれる公社債投信は、基本的には元本割れしない債券で運用するため、低リスクの運用が可能。

また、投資信託は運用する資産の規模が異なり、金額が大きいほど分散投資効果も大きくなります。そのため、債券型の中でも純資産総額を比べてみるのもポイントです。低リスク運用に向いている投資信託には次のような商品があります。

商品例

安定した運用が特徴

ファンド名	DLIBJ公社債オープン（中期コース）	
運用会社名	ＤＩＡＭアセットマネジメント	
投資先	国内債券	
純資産（百万円）	51578	
信託報酬など	0.49%（税込）	
トータルリターン（%・年率）		
1年	3年	5年
3.41	2.3	2.36
シャープレシオ（%・年率）		
1年	3年	5年
3.17	1.43	1.59
特徴		
国内の国債、社債、転換社債にバランスよく投資をするタイプ。中長期の運用実績が安定しているのが特徴。2013年のモーニングスターの「Fund of the Decade（ファンド・オブ・ザ・ディケード）」を受賞。		

金利変動に強い

ファンド名	ジャパン・ソブリン・オープン	
運用会社名	国際投信投資顧問	
投資先	国内債券	
純資産（百万円）	39204	
信託報酬など	0.36%（税込）	
トータルリターン（%・年率）		
1年	3年	5年
1.32	1.06	1.16
シャープレシオ（%・年率）		
1年	3年	5年
2.68	1.1	1.08
特徴		
日本の国債を中心に組み入れたタイプ。組み入れる債券の残存期間にポイントを置いて、投資額を同じ程度に調整・運用することで、金利上昇による債券価格の下落リスクを平均化しています。毎月分配型。		

低リスクで運用できる

国内債券に分散投資

ファンド名	野村　円債投資 インデックスファンド 『愛称：円債こづち』
運用会社名	野村アセット マネジメント
投資先	国内債券
純資産(百万円)	2206
信託報酬など	0.4%(税込)

トータルリターン(%・年率)		
1年	3年	5年
3.06	2.23	―

シャープレシオ(%・年率)		
1年	3年	5年
2.74	1.44	―

特徴

国内の国債や社債に分散投資するインデックス型。「NOMURA-BPI総合」という債券の市場動向を示す指数（野村證券が公表）と連動するように運用されます。毎月分配型。

純資産総額が大きい

ファンド名	ダイワ　日本国債ファンド (毎月分配型)
運用会社名	大和証券投資信託 委託
投資先	国内債券
純資産(百万円)	381215
信託報酬など	0.32%(税込)

トータルリターン(%・年率)		
1年	3年	5年
2.67	2.19	2.21

シャープレシオ(%・年率)		
1年	3年	5年
2.92	1.43	1.34

特徴

日本国債を中心に組み入れた投資信託の中では、最大の純資産規模を誇る。信託報酬も安いため、低リスク運用を目指す人に限らず、低コストで中長期運用したい人に向いています。毎月分配型。

債券型でも利回り高め

ファンド名	ニッセイ　日本 インカムオープン 『愛称：Jボンド』
運用会社名	ニッセイアセット マネジメント
投資先	国内債券
純資産(百万円)	120916
信託報酬など	0.5%(税込)

トータルリターン(%・年率)		
1年	3年	5年
1.31	1.23	0.99

シャープレシオ(%・年率)		
1年	3年	5年
2.61	1.35	0.86

特徴

国内の社債を中心に投資する投資信託。250超の幅広い銘柄を組み入れているのが特徴。社債は国債よりも利回りが高いことが多いため、リターンにも期待できます。毎月分配型。

複利運用で高リターン

ファンド名	日本債券インデックスe
運用会社名	三井住友トラスト・ アセットマネジメント
投資先	国内債券
純資産(百万円)	2793
信託報酬など	0.4%(税込)

トータルリターン(%・年率)		
1年	3年	5年
3.06	2.19	―

シャープレシオ(%・年率)		
1年	3年	5年
2.75	1.41	―

特徴

国内の国債や社債に分散投資するインデックス型。低リスクであるとともに、定期的な分配金を出していないため、中長期の保有なら複利効果でより大きなリターンを狙うことも可能。

※ 純資産は2015年02月09日現在
※ トータルリターン等評価情報は2015年01月31日現在
※「Fund of the Decade（ファンド・オブ・ザ・ディケード）」は10年以上の運用実績があり、その中で極めて優秀な運用成績をあげているファンド。

3

ハイリターン運用も狙える

10年で資産倍増の可能性

30代は損失のダメージが小さい

投資信託は投資先を分散して運用しますので、個別に株を買う場合などと比べれば期待できるリターンは小さくなります。しかし、**成長株を中心に組み入れたり、為替差益が期待できる外国の株・債券などを組み込んだ投資信託**なら、大きなリターンを狙うことも十分に可能。たとえば、年8％で運用（複利）できたとしたら、資産は10年で2倍以上になり5％でも1・6倍に増やすことができます。

もっとも、大きなリターンを狙う場合は、それなりのリスクを受け入れる必要があります。リスクとは、簡単にいえば投資したお金が減る可能性のこと。リスクとリターンの大きさは比例しますので、年8％の利益が狙える投資信託には、資産が8％減る可能性もあります。仮に元本割れした場合、子育て中の人や住宅ローンを返済中の人の家計は厳しくなり、必要な支払いができなくなる可能性もあります。しかし、独身の人、子どもがいない人、住宅ローンがない人はどうでしょうか。仮に資金が減ったとしても**ダメージは小さくなります**。また、40代、50代の人と比べると、働いて稼ぐ期間が長いため、給与によって、または給与の一部で再び投資することによって、損失を取り戻すチャンスがあります。この点は30代の人にとって大きなメリットといえるでしょう。リスクを受け入れ、**大きなリターンを狙った積極投資ができるのは、若い人の特権**でもあるのです。

用語解説 【為替差益】

為替レートの変動によって生じる利益。外貨建て商品の取引では、円を外貨に替えて海外の商品を購入し、売却後は外貨から円に戻す。その間に円安に動いた場合に利益が生まれる。

若いからこそハイリターン運用ができる

投資信託の中にはハイリターン運用が狙える商品も多い。その分リスクもあるが、リスクが取れる年齢は限られている。

ハイリターン商品で運用（複利）した時の増加率

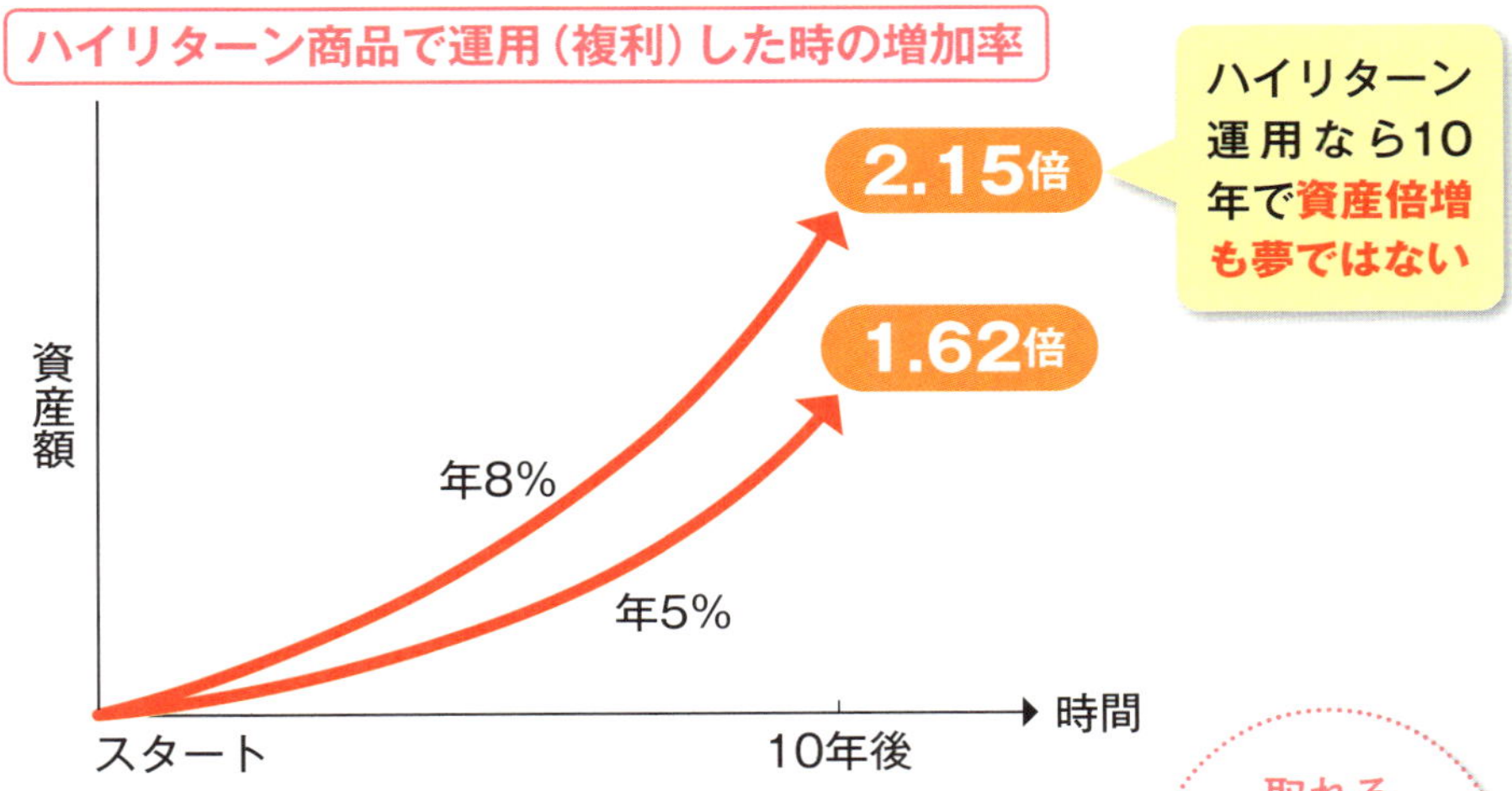

ハイリスク商品に回せる比率

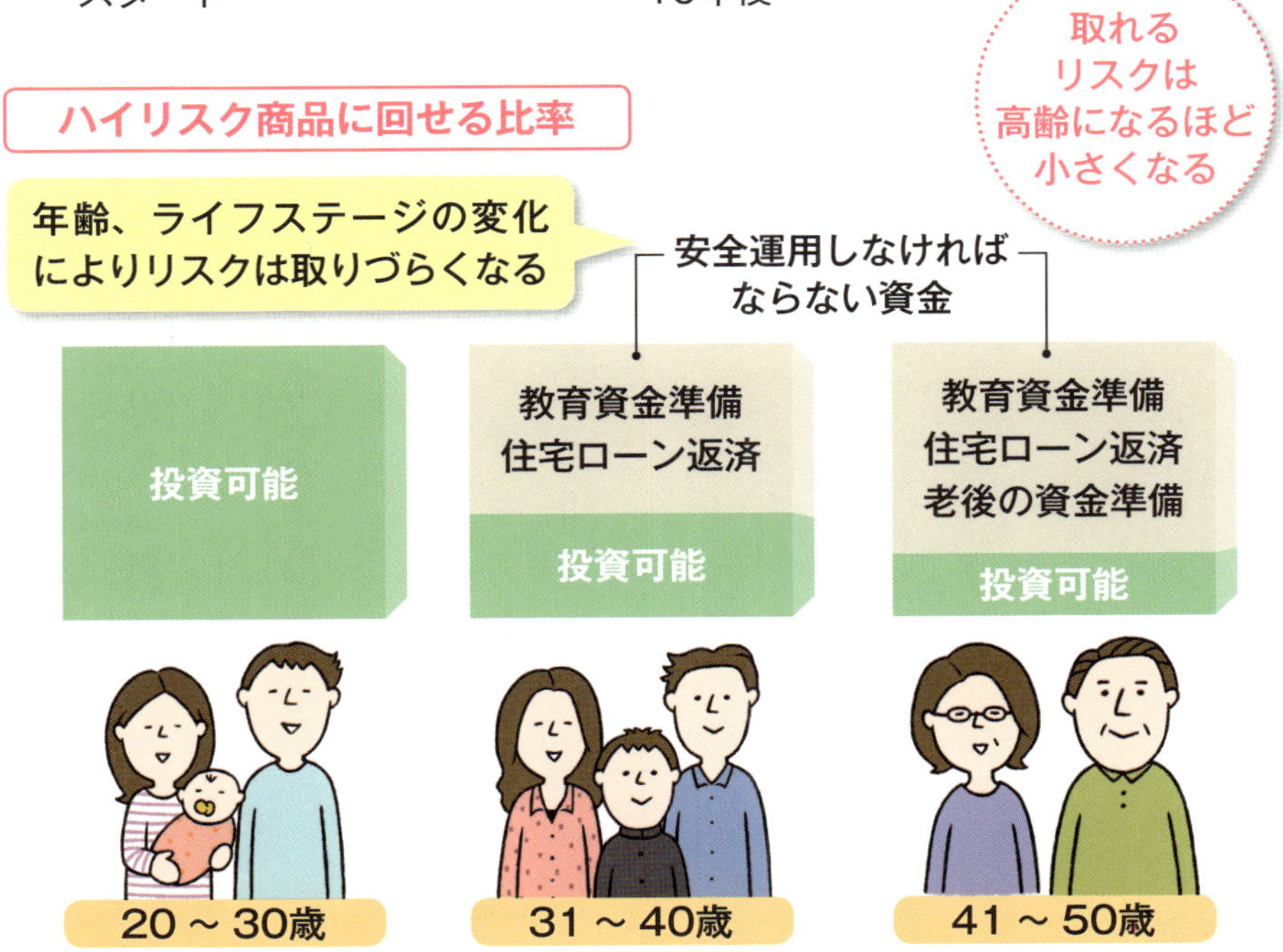

4

株価と為替の値動きで大きな利益が狙える

ハイリターンが狙える株式型

値動きが大きい株式型を検討

大きなリターンを狙いたい場合には、株式を中心に組み込む株式型の投資信託を検討してみましょう。株式型の中でも、国内の小型株を多く組み入れるものは、投資先企業が大きく成長することによって基準価額が値上がりする可能性が期待できます。また、海外株を組み入れるタイプなら売却益プラス為替差益が得られる可能性も。新興国に投資するタイプはより大きなリターンが狙えます。

投資信託例

高リターンの米国株型

ファンド名	ブラックロック米国小型成長株式オープンAコース（為替ヘッジなし）	
運用会社名	ブラックロック	
投資先	米国株式	
純資産（百万円）	2267	
信託報酬など	1.65%（税込）	
トータルリターン（%・年率）		
1年	3年	5年
19.31	30.91	20.68
シャープレシオ（%・年率）		
1年	3年	5年
1.24	1.63	0.89
特徴		

主に米国の小型成長株を組み入れる投資信託。成長力がある銘柄を選び、中長期で投資先銘柄の株価上昇を見込みます。トータルリターンで20%前後の成績を出すなど、過去の運用実績は高水準。

新興国の株に投資

ファンド名	フィデリティ・アジア株・ファンド	
運用会社名	フィデリティ投信	
投資先	新興国株式	
純資産（百万円）	7327	
信託報酬など	1.97%（税込）	
トータルリターン（%・年率）		
1年	3年	5年
34.38	27.82	16.05
シャープレシオ（%・年率）		
1年	3年	5年
3.47	1.75	0.78
特徴		

日本を除くアジア諸国を対象として、成長性の高い企業の株を組み入れる投資信託。米国株などと比べてより大きなリターンが期待できるのが特徴。過去の中長期の運用実績は高水準。

ハイリターンが狙える

成長力のある銘柄に投資

ファンド名	JPMザ・ジャパン	
運用会社名	JPモルガン・アセット・マネジメント	
投資先	国内小型株式	
純資産(百万円)	126185	
信託報酬など	1.86%(税込)	
トータルリターン(%・年率)		
1年	3年	5年
2.44	30.18	19.56
シャープレシオ(%・年率)		
1年	3年	5年
0.14	0.98	0.71
特徴		

利益成長性が高い国内株を中心に投資。過去の中長期の運用実績は高水準で、2013年のモーニングスターの「Fund of the Decade(ファンド・オブ・ザ・ディケード)」を受賞。

世界の優良銘柄に投資

ファンド名	朝日Nvest　グローバルバリュー株オープン『愛称:Avest-E』	
運用会社名	朝日ライフアセットマネジメント	
投資先	グローバル株式	
純資産(百万円)	46514	
信託報酬など	1.95%(税込)	
トータルリターン(%・年率)		
1年	3年	5年
14.86	29.69	16.91
シャープレシオ(%・年率)		
1年	3年	5年
0.94	1.63	0.77
特徴		

世界各国の株式に幅広く投資する投資対象。過去の中長期の運用実績は高水準で、2013年のモーニングスターの「Fund of the Decade(ファンド・オブ・ザ・ディケード)」を受賞。

将来性のある業界に注目

ファンド名	グローバル・ヘルスケア&バイオ・オープンB『愛称:健太』	
運用会社名	国際投信投資顧問	
投資先	グローバル株式	
純資産(百万円)	14028	
信託報酬など	2.39%(税込)	
トータルリターン(%・年率)		
1年	3年	5年
40.94	45.4	24.53
シャープレシオ(%・年率)		
1年	3年	5年
3.21	3.25	1.5
特徴		

今後の成長が見込まれている医療・健康、バイオ関連企業などに投資。運用実績は高水準で、2013年のモーニングスターの「Fund of the Decade(ファンド・オブ・ザ・ディケード)」を受賞。

米国の優良株で運用

ファンド名	フィデリティ・米国優良株・ファンド	
運用会社名	フィデリティ投信	
投資先	米国株式	
純資産(百万円)	18340	
信託報酬など	1.75%(税込)	
トータルリターン(%・年率)		
1年	3年	5年
29.03	34.34	19.34
シャープレシオ(%・年率)		
1年	3年	5年
2.17	2.18	1
特徴		

投資信託の名称の通り、米国企業の中で、国際的に活躍している大手企業や優良企業を厳選し、投資・運用する投資信託。リターンが高水準であるとともに、グローバル企業のため安定感があります。

※ 純資産は2015年02月09日現在
※「Fund of the Decade(ファンド・オブ・ザ・ディケード)」は10年以上の運用実績があり、その中で極めて優秀な運用成績をあげているファンド。
※ トータルリターン等評価情報は2015年01月31日現在

5

基準価額が安定したバランス型をチェック

分配金狙いなら安定性に注目

運用の安定性がポイント

投資信託では、分配金を受け取ることによって定期的に収益を得ることも可能。銀行預金よりも有利に運用できますし、値動きが大きい株やＦＸなどよりも安定的に利益を得ることができます。

ただし、投資信託の中には基準価額の変動が大きいものがあります。このような商品は、短期で利益を狙う場合には向いているかもしれませんが、中長期の保有には不向き。運用が不安定になるほど分配金額が増減しやすくなりますし、分配金利回り（投資金額に対する分配金の額）が大きくても、基準価額が下落すれば、トータルで見た時の資産は減ってしまうかもしれないからです。安定的に利益を得るためには投資信託の運用・値動きが安定していることが大切。過去の運用実績を参考にして、純資産総額や基準価額の変動幅が小さい商品を選んでみましょう。

また、国内・海外の株と債券などを同じくらいの比率で組み込んだバランス型と呼ばれる商品も安定性に優れています。これは、値動きが異なる商品を組み入れることで、投資信託全体としての値動きを小さく抑えているもの。たとえば、**株と債券は逆の値動き**をしますので、この２つを同じくらいの比率で組み入れた投資信託は、仮に株価が下落しても基準価額は影響を受けづらいのです。値動きが安定しやすいバランス型は、投資リスクを抑えたい投資のビギナーにも向いています。

知っておこう【株と債券は逆の動きをする】

好景気で株価が上昇している時は、債券を売って株に投資する人が増えるため、債券価格は下がる。不景気の時は株を売って債券を買う人が増えるため、株価が下がり、債券価格が上がる。

値動きが小さいほど収益も安定しやすい

バランス型と株式型の値動きのイメージ

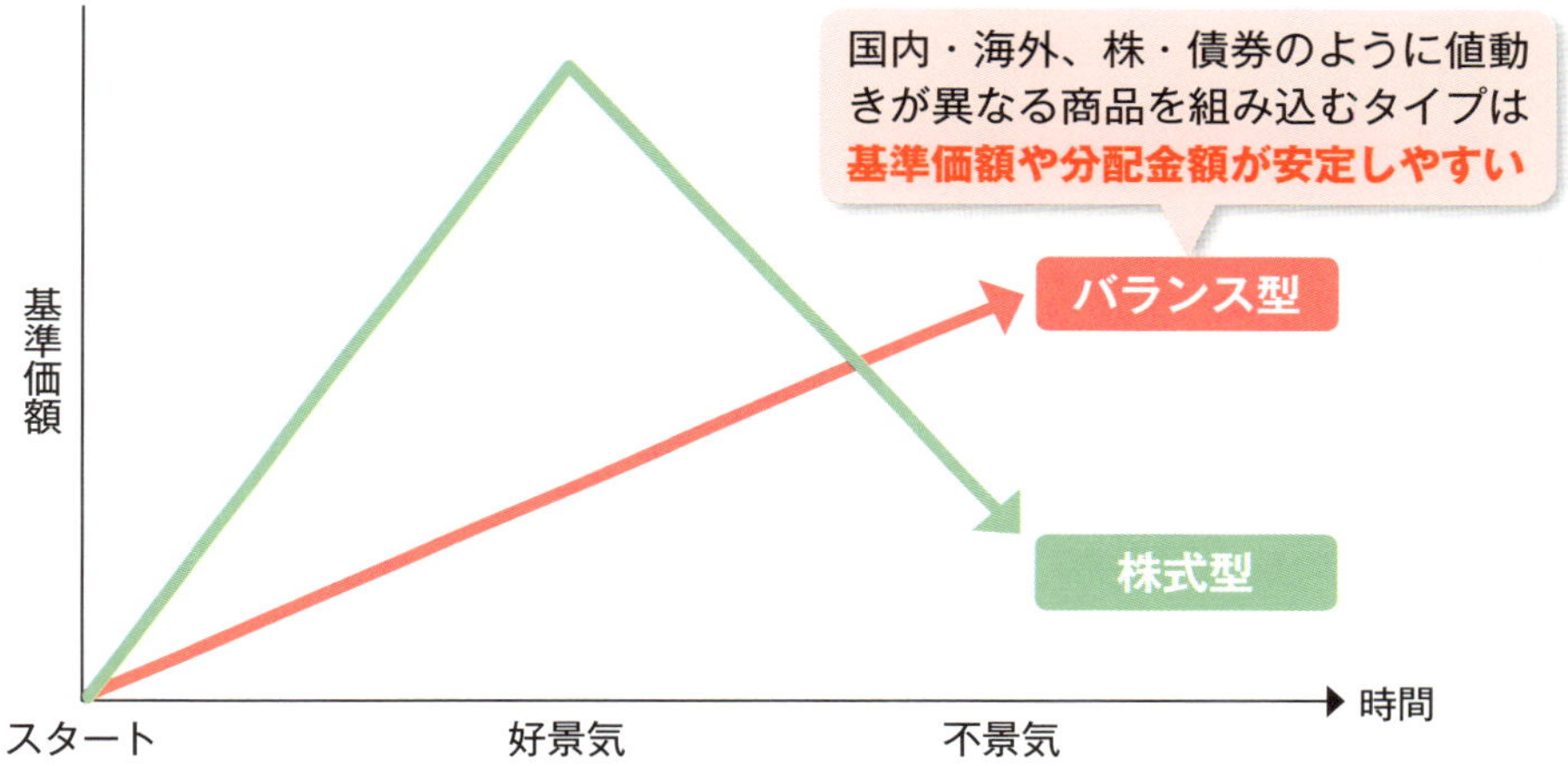

値動きの幅が小さくなる仕組み

両方組み入れることで、**景気の影響**を抑える

	株価	債券価格
好景気	上昇	下落
不景気	下落	上昇

	国内商品	海外商品
円高	上昇	下落
円安	下落	上昇

両方組み入れることで、**為替の影響**を抑える

株式と債券によるバランス型

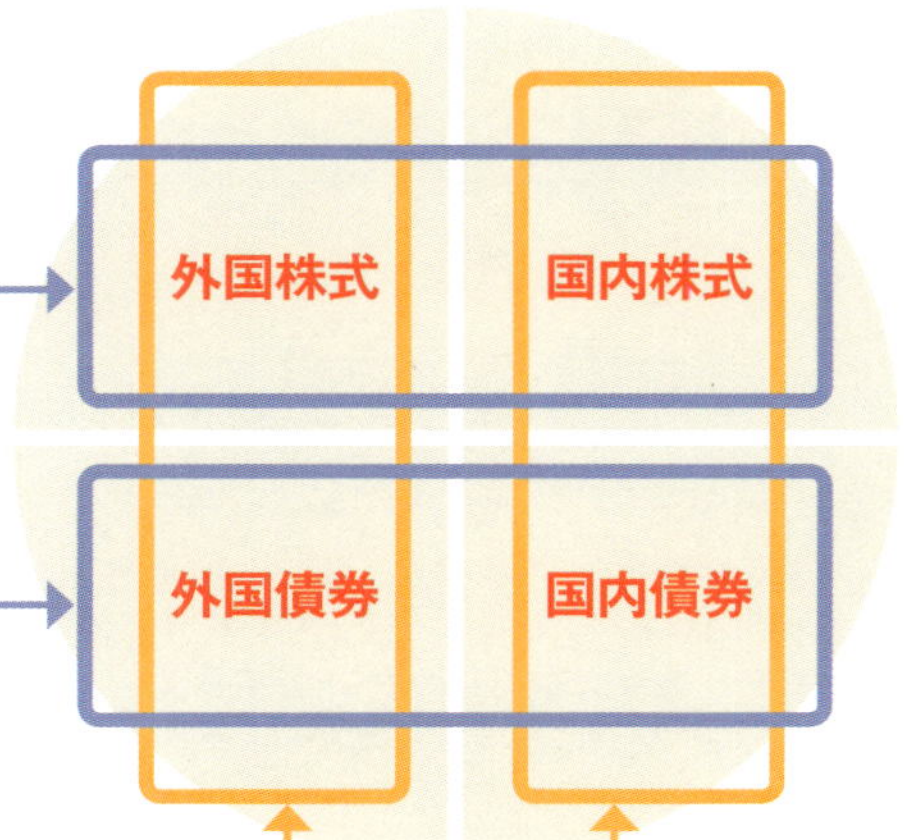

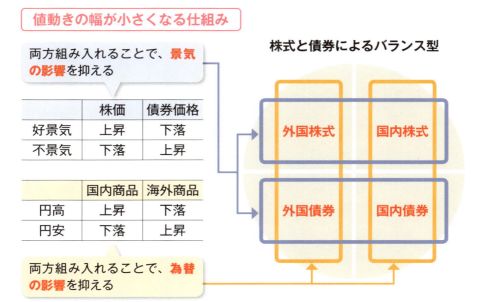

6 値動きや為替の影響を抑えられる外国債券型

中長期に向く安定運用タイプ

為替ヘッジタイプは安定感が高い

基準価額の値動きや分配金額は、投資先の値動きが小さい、分散投資効果が大きい、為替レートの影響を受けにくいといった条件を満たしているほど安定しやすくなります。そこでオススメなのが、外国債券に投資するタイプ。債券型ですので元本割れリスクが小さく、国内債券より大きなリターンが狙えます。また「為替ヘッジ」と呼ばれる商品は為替レートの影響を受けず、値動きがより安定します。

信託例

複数の外国債券で運用

ファンド名	フィデリティ・ストラテジック・インカムA（為替ヘッジ付き）『愛称：悠々債券』	
運用会社名	フィデリティ投信	
投資先	国際債券	
純資産（百万円）	176518	
信託報酬など	1.64%（税込）	
トータルリターン（%・年率）		
1年	3年	5年
3.07	2.89	4.3
シャープレシオ（%・年率）		
1年	3年	5年
0.83	0.8	1.17
特徴		

外国の債券やハイイールド債券（リスク・リターンが大きい債券）に分散投資。「為替ヘッジなし」タイプは2013年モーニングスター「Fund of the Decade（ファンド・オブ・ザ・ディケード）」を受賞。

国内外の債券で運用

ファンド名	ゴールドマン・サックス・世界債券オープンCコース（毎月分配型、限定為替ヘッジ）	
運用会社名	ゴールドマン・サックス・アセットマネジメント	
投資先	国際債券	
純資産（百万円）	1016	
信託報酬など	1.18%（税込）	
トータルリターン（%・年率）		
1年	3年	5年
6.6	4.35	3.82
シャープレシオ（%・年率）		
1年	3年	5年
4.77	1.92	1.44
特徴		

日本を含む世界各国の債券を組み入れる投資信託。格付けが高い債券を中心に分散投資。為替リスクは原則ヘッジするタイプですが、アクティブに動かし、為替メリットも追及する場合もあります。

安定感重視で選ぶ投資

6つの資産に分散

ファンド名	野村世界6資産分散投信（安定コース）
運用会社名	野村アセットマネジメント
投資先	バランス
純資産（百万円）	37842
信託報酬など	0.67%（税込）

トータルリターン（%・年率）		
1年	3年	5年
11.14	12.08	7.51

シャープレシオ（%・年率）		
1年	3年	5年
2.79	2.35	1.32

特徴

国内・海外の株式、債券、REITを組み入れ、6つの資産にバランスよく分散投資するタイプ。債券の比率を高めることによってリスクを抑えて運用。中長期での運用に向いています。

高リターンの外国債券型

ファンド名	ピムコ　ハイ・インカム（毎月分配型、為替ヘッジ付き）
運用会社名	三菱UFJ投信
投資先	国際債券
純資産（百万円）	4250
信託報酬など	1.4%（税込）

トータルリターン（%・年率）		
1年	3年	5年
5.62	6.12	6.84

シャープレシオ（%・年率）		
1年	3年	5年
2.09	1.84	1.77

特徴

外国の債券とハイイールド債を組み入れるアクティブ型。「為替ヘッジなし」タイプのファンドは2013年のモーニングスターの「Fund of the Decade（ファンド・オブ・ザ・ディケード）」を受賞。

8つの資産で運用

ファンド名	世界8資産ファンド 分配コース『愛称：世界組曲』
運用会社名	みずほ投信投資顧問
投資先	バランス
純資産（百万円）	37096
信託報酬など	1.19%（税込）

トータルリターン（%・年率）		
1年	3年	5年
19.35	19.52	11.15

シャープレシオ（%・年率）		
1年	3年	5年
3.02	2.18	1.14

特徴

国内・先進国の株式、債券、REITに加えて、新興国の株式と債券を組み入れる投資信託。合計8タイプの資産に分散投資するため、リスクを抑えながら安定して運用できます。

安定感を重視するタイプ

ファンド名	DWSグローバル公益債券ファンド（毎月分配型）Aコース（為替ヘッジあり）
運用会社名	ドイチェ・アセットマネジメント
投資先	国際債券
純資産（百万円）	122370
信託報酬など	1.66%（税込）

トータルリターン（%・年率）		
1年	3年	5年
7.67	4.54	4.56

シャープレシオ（%・年率）		
1年	3年	5年
2.62	1.12	1.18

特徴

外国の債券を組み入れる投資信託。公益企業や公社（電力、ガス、水道などの事業）を主な投資先に選んでいるのが特徴。比較的事業の安定性が高いため、投資信託の運用も安定しています。

※ 純資産は2015年02月09日現在
※ トータルリターン等評価情報は2015年01月31日現在
※「Fund of the Decade（ファンド・オブ・ザ・ディケード）」は10年以上の運用実績があり、その中で極めて優秀な運用成績をあげているファンド。

7

手持ち資金がなくても少額で資産形成

積立て感覚で資産を育てよう

継続的に増やすことがポイント

30代には「時間」という大きな味方がいます。そして「リスクを取れる」という強みがあります。しかしその一方で、40代や50代と比べて平均収入が低いという問題があります。投資は基本的には**余剰資金**で行うものですが、投資に興味はあっても肝心の余剰資金が捻出できないという人も多いのではないでしょうか。

そのような場合は積立て感覚で買える「追加型」（→P80）の投資信託を検討してみましょう。基本的な仕組みは積立預金と同じで、毎月、2カ月に1回、半年後といった期間を決めて、一定額の投資信託を買っていきます。積立ても、早く始めるほど資産が増えやすくなりますし、買い増しによって資産総額が増えるほど複利効果が生まれ、資産が増えるスピードも早くなります。

どのタイプの投資信託を積立てていくかは、これまでに紹介した3タイプの中から、自分の投資イメージに近いものを選ぶとよいでしょう。いまのところイメージが湧いていない場合は、3タイプのものを同時に積立てていくこともできます。ただし、投資信託の多くは最低投資金額が1万円前後ですので、月3万円の投資が負担になることもあります。その場合は、ネット証券に多い1万円以下で買える商品を探したり、今月はローリスク型、来月はハイリターン型といったように順番に買っていくなどの方法を検討してみましょう。

用語解説 **【余剰資金】**

手持ちの資産（貯金）のうち、生活費や、非常時に備えて残しておくお金を引いたもの。当面使う予定がないお金。または、多少減ったとしても生活そのものには大きな影響を与えないお金。

値動きが小さいほど収益も安定しやすい

投資信託は積立て感覚で増やしていくことも可能。預金と比べて運用効果が大きく、早く始めるほど資産も増えやすい。

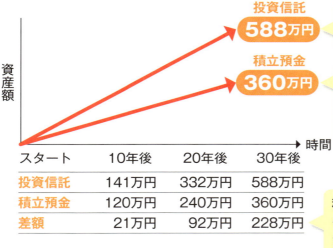

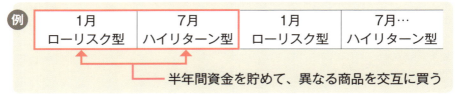

毎月1万円ずつ投資信託を購入した時の増加率

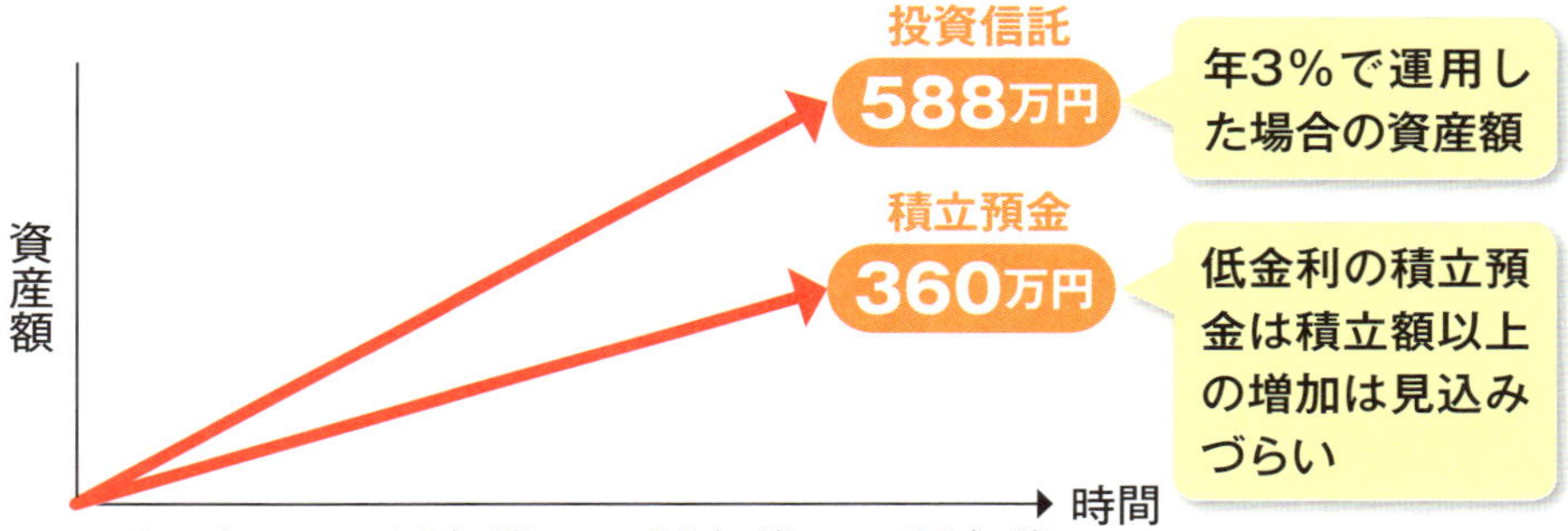

	スタート	10年後	20年後	30年後
投資信託		141万円	332万円	588万円
積立預金		120万円	240万円	360万円
差額		21万円	92万円	228万円

積立額は同じでも大きな差が生まれる

少額で複数のタイプの投資信託を買うなら追加型

［ケース1］**月ごとに異なるタイプ**の投資信託を買う

例

1月	2月	3月	4月…
株式型	債券型	海外型	株式型

3タイプの投信を順番に買う

［ケース2］**半年ごとに異なるタイプ**の投資信託をまとめて買う

例

1月	7月	1月	7月…
ローリスク型	ハイリターン型	ローリスク型	ハイリターン型

半年間資金を貯めて、異なる商品を交互に買う

少額でコツコツ買いたい人にオススメ

手数料が安い積立て向き商品

インデックス型は手数料が安い

いつでも購入できる追加型の投資信託を積立て感覚で購入していく場合は、手数料に注目。購入回数が多い積立て方式の場合、購入時にかかる販売手数料が積み重なり、負担が大きくなるためです。また、ひとくちに追加型といっても、組み入れる商品（株、債券など）はさまざま。購入したい投資信託のタイプが決まっている場合は、同じカテゴリーの商品の中で手数料が安いものを選びましょう。

投資信託例

8種の資産に分散

ファンド名	eMAXISバランス（8資産均等型）	
運用会社名	三菱UFJ投信	
投資先	バランス	
純資産（百万円）	10054	
信託報酬など	0.54%（税込）	
トータルリターン（%・年率）		
1年	3年	5年
21.42	21.86	−
シャープレシオ（%・年率）		
1年	3年	5年
3.2	1.91	−
特徴		
日本と世界各国の株式、債券、REITなど計8タイプの資産を組み入れるタイプ。分散投資効果が大きく、運用が安定しやすくなります。また、インデックス運用のため低コストなのが特徴。		

国内外の株に投資

ファンド名	EXE-i グローバル中小型株式ファンド	
運用会社名	SBIアセットマネジメント	
投資先	グローバル中小型株式	
純資産（百万円）	1778	
信託報酬など	0.52%（税込）	
トータルリターン（%・年率）		
1年	3年	5年
17.92	−	−
シャープレシオ（%・年率）		
1年	3年	5年
1.58	−	−
特徴		
主にETF（上場投資信託）に投資し、日本と世界の中小型株式へ実質的に投資するタイプ。ETFは比較的コストが安いのですが、この商品は同じカテゴリーの中でもコストが最も安いといえます。		

少額から積立て購入できる

アジアに投資するタイプ

ファンド名	SMT アジア新興国株式インデックス　オープン	
運用会社名	三井住友トラスト・アセットマネジメント	
投資先	新興国株式	
純資産（百万円）	1206	
信託報酬など	0.65%（税込）	
トータルリターン（%・年率）		
1年	3年	5年
28.91	22.22	―
シャープレシオ（%・年率）		
1年	3年	5年
2.89	1.33	―
特徴		

アジア地域の株式を主要な投資対象としたインデックス型。国内の株式型（日経平均株価連動型など）と比べて高いリターンが期待できるのが特徴。同じカテゴリーの中では極めて低コスト。

高リターンが狙える

ファンド名	eMAXIS 新興国リートインデックス	
運用会社名	三菱UFJ投信	
投資先	グローバル株式	
純資産（百万円）	1418	
信託報酬など	0.65%（税込）	
トータルリターン（%・年率）		
1年	3年	5年
39.29	―	―
シャープレシオ（%・年率）		
1年	3年	5年
3.23	―	―
特徴		

新興国のREITを投資対象としたインデックス型。値動きが大きくなりやすいため、高いリターンを狙いたい人に向いています。コストは極めて低く、中長期の積立投資に適しています。

インフレ対策にもなる

ファンド名	eMAXIS 国内物価連動国債インデックス	
運用会社名	三菱UFJ投信	
投資先	国内物価連動債	
純資産（百万円）	905	
信託報酬など	0.43%（税込）	
トータルリターン（%・年率）		
1年	3年	5年
―	―	―
シャープレシオ（%・年率）		
1年	3年	5年
―	―	―
特徴		

日本国内の物価（消費者物価指数）の動きに応じて、元本が増減する国債を投資対象としたインデックス型。積立て方式で投資資産を増やしたい人のほか、インフレリスクをヘッジしたい人にも適した商品。

株高の時にオススメ

ファンド名	ニッセイJPX日経400インデックスファンド	
運用会社名	ニッセイアセットマネジメント	
投資先	国内株式	
純資産（百万円）	121	
信託報酬など	0.35%（税込）	
トータルリターン（%・年率）		
1年	3年	5年
―	―	―
シャープレシオ（%・年率）		
1年	3年	5年
―	―	―
特徴		

JPX日経400指数の動きに連動した投資成果を目指すインデックス型。株価が上昇している時に利益が得やすくなります。同じカテゴリーの投資信託の中でコストが最も安いといえます。

※純資産は2015年02月09日現在
※トータルリターン等評価情報は2015年01月31日現在

Column 成功メモ②

基準価額の下落に備えて買い増しできるお金を残そう

30代の家計事情をのぞいてみると、世帯あたりの収支の平均（月）は、収入が40万円、手取りが34万円、支出が24万円で、月あたり10万円の黒字が出ているのだそうです（家計調査・2013年）。投資信託を含む投資資金は、基本的にはこの黒字の中から準備するのがキホン。子どもの教育費や住宅購入の頭金など、元本割れしないように運用したい場合は、その分も差し引いた上で、残ったお金を投資に回すのがよいでしょう。また、投資できるまとまったお金がある場合も、全額投資するのではなく、一定額を現金として残しておくのがポイント。とくに株式型や海外の商品を組み入れる投資信託は、市況・為替の変化や、戦争・紛争、天災などの影響によって基準価額が下落する可能性があります。その際、全額投資していると損失が膨らみますが、追加購入できる現金を残しておけば、リスクをチャンスに変えて、安く購入することができるのです。

第2章

投資信託の買い方

〜購入から解約までの基本ステップ〜

投資信託は、インターネットにつながる環境さえあれば、誰でも簡単に購入できます。ここでは購入から解約・売却までの流れをチェック。買い方、選び方、解約時のポイントを押さえておきましょう。

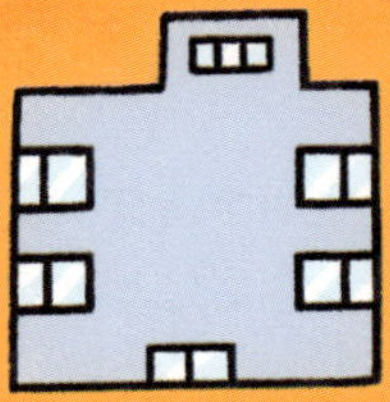

早わかり!

利益獲得と取引の流れを知る

投資信託は、商品ごとの投資先、購入・解約可能な時期、分配金の有無などに細かな違いがありますが、利益が生まれる仕組みや、購入から解約までの流れは基本的に同じ。利益は、保有期間中に受け取れる分配金と、解約時に発生する購入価格との差額によって発生。購入から解約までの流れには、主に７つのステップがあります。

投資信託の利益獲得イメージ

投資信託では、保有中に定期的に得る分配金と、解約時に得る値上がり益の2つの利益が狙えます。

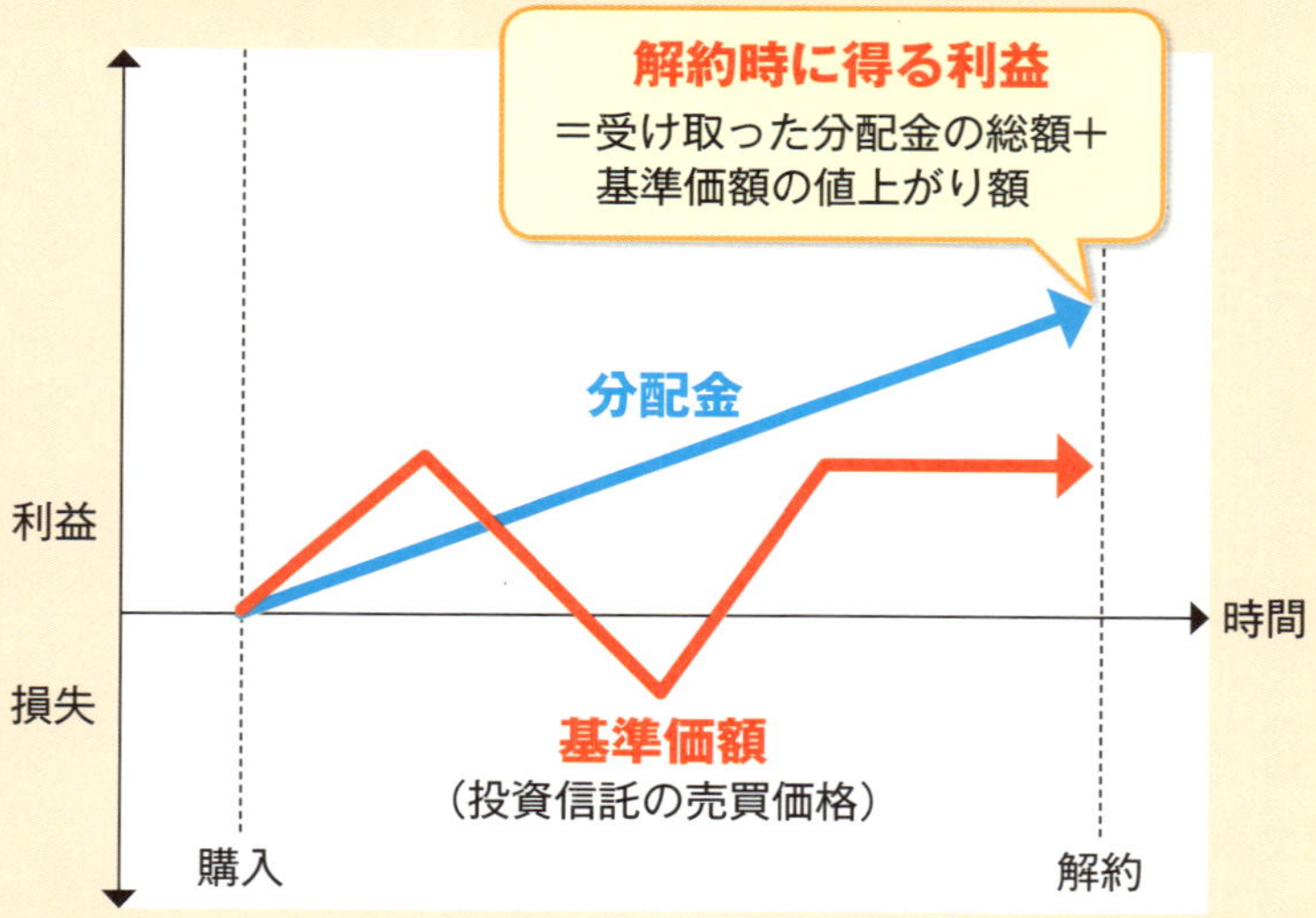

保有期間中、定期的に分配金を獲得できるタイプの投資信託なら、解約時には基準価額の変動によって値上がり益も得ることができます。

投資信託の売買

購入から解約までの7ステップ

＼購入から解約までの流れをざっくり見てみよう／

❶目的、予算、期間を決める	投資の目的や目標額を考えて、**どれくらいの期間**で、**どの程度の資金を投資するか**、ある程度のイメージを決めます。 **➡詳しくはP44**
❷取引口座を作る	投資信託を購入するために、金融機関に専用の口座を作ります。**投資信託を購入する**金融機関のことを「**販売会社**」といいます。 （販売会社）証券会社、銀行、信用金庫、信用組合、農協など **➡詳しくはP46**
❸投資信託を選ぶ	口座を作った証券会社などのウェブサイトで投資信託の内容をチェック。**基準価額**（**売買価格**）や**手数料**などを比べてみましょう。 **➡詳しくはP48**
❹購入する	条件が合う投資信託を見つけたら、**ウェブサイトからオンラインで購入**します。 **➡詳しくはP54**
❺運用状況を確認	投資信託の**基準価額や純資産総額は1日1回変わります**。運用実績の推移を確認しましょう。 ●基準価額 **➡詳しくはP52**
❻利益（分配金）を受け取る	投資信託の中には、定期的に利益が受け取れる**分配金ありタイプ**と、**分配金がないタイプ**があります。 ●分配金について **➡詳しくはP50**
❼解約する	購入した投資信託を解約して換金します。この際、購入価格より高い価格で売却できた場合は**値上がり益**を得ることができます。 ●値上がり益について **➡詳しくはP56**

1

資金配分と投資期間を決めるポイントは？

安全性、流動性、収益性に注目

目的に応じて期間を設定

投資信託を買う目的は人それぞれです。そのため「銀行預金よりも高いリターンを狙いたい」と考える人と、「コツコツ投資資産を増やしたい」と考える人とでは、購入する商品や**運用する期間**が異なります。

まずは**どんな目的**のために、**どれくらいの期間、どれくらいの予算**を投資するのかを考えましょう。また、投資に回す資金の配分を考えることも大切。**「安全性」「流動性」「収益性」の3点に注目**しながら、減らしてはいけないお金は安全重視、直近で使う予定があるお金は流動性重視、余剰資金は収益性重視で配分するといった基本戦略を立てることもポイントです。

資産配分を考える3ポイント

安全性
元本割れリスク（投資した資金が減る可能性）の大きさ

流動性
投資した資金をすぐに現金化できるかどうか

収益性
どれくらいの利益を狙えるか

安全性・流動性が高い商品は収益性が低く、収益性が高い商品は安全性・流動性が低くなります。この原則を踏まえて、安全に運用する資金と利益を狙って投資する資金を分けてみましょう。

用語解説【運用する期間】
投資商品を購入してから売却するまでの期間。一般的には、数日から数週間で売買する短期、数カ月を目安に売買する中期、年単位で売買する長期にわけることができる。

投資の目的と期間を考えてみよう

投資の目的

❶ 中長期で資産を増やしていきたい

- 教育資金を貯めたい
- 住宅購入の頭金を貯めたい
- 老後資金を貯めたい

［ 期間 ］
中期～長期（数年～ 10年）

［ 投資信託のタイプ ］
様々な投資信託で時間をかけつつ資産を増やす
➡インデックス型など

▶詳しくはP36

❷ 定期的に副収入を得たい

- 夏休みの旅行代を稼ぎたい
- お小遣いを増やしたい
- ちょっとした贅沢を楽しみたい

［ 期間 ］
短期～中期（1年～数年）

［ 投資信託のタイプ ］
値動きが安定し、分配金が期待できる高利回りの投資信託をチョイス
➡毎月分配型など

▶詳しくはP32

❸ 余剰資金をうまく運用したい

- 銀行預金より有利に運用したい
- 複数の金融商品に分散したい
- これから投資を始めたい

［ 期間 ］
短期（1年以内）

［ 投資信託のタイプ ］
余剰資金を中心に、運用実績がよい投資信託で運用
➡債券型など

▶詳しくはP24

2

口座を作る「販売会社」の選び方

手数料、取扱い商品数で比較・検討

自分に合う販売会社を選ぶ

投資信託を買うためには、投資信託の売買を行っている**「販売会社」に専用の取引口座を作る**必要があります。販売会社は、証券会社、銀行（ゆうちょ銀行を含む）、信用金庫、信用組合、ＪＡバンクなど。購入できる投資信託は販売会社によって違いがあり、複数の販売会社で購入できるものがあれば、**特定の金融機関でしか購入できない商品もあります**。同じ商品であれば、販売会社が違っても得られる利益は同じです。ただし、購入時にかかる販売手数料は、投資信託ごとに設定されている上限の範囲内で、販売会社がある程度自由に決めることができるため、購入先によって差がある場合があります。一般的には、街中に店舗を構える銀行や証券会社よりも、**ネット取引ができるネット証券のほうが手数料は安く収まる**傾向があります。また、銀行や信用金庫などよりも、証券会社の方が取り扱っている投資信託の種類が多いという傾向があります。より多くの選択肢の中から、できるだけ手数料をかけずに取引したい場合には、**ネット証券を中心に販売会社を探してみる**のがよいでしょう。どの金融機関でも、口座開設は基本的には無料です。また、金融機関によっては、口座を開設し、一定額の投資信託などを購入した場合に、現金などが受け取れるキャンペーンを行っているケースもあります。これから口座を作る際には、そのようなお得情報に目を向けてみましょう。

用語解説　【ネット証券】

路面店を持たず、インターネット上で投資商品の売買を代行する証券会社。投資家としては売買コストが安く、PCやスマートフォンなどから手軽に取引に参加できるというメリットがある。

投資商品、運用によって販売会社を選ぶ

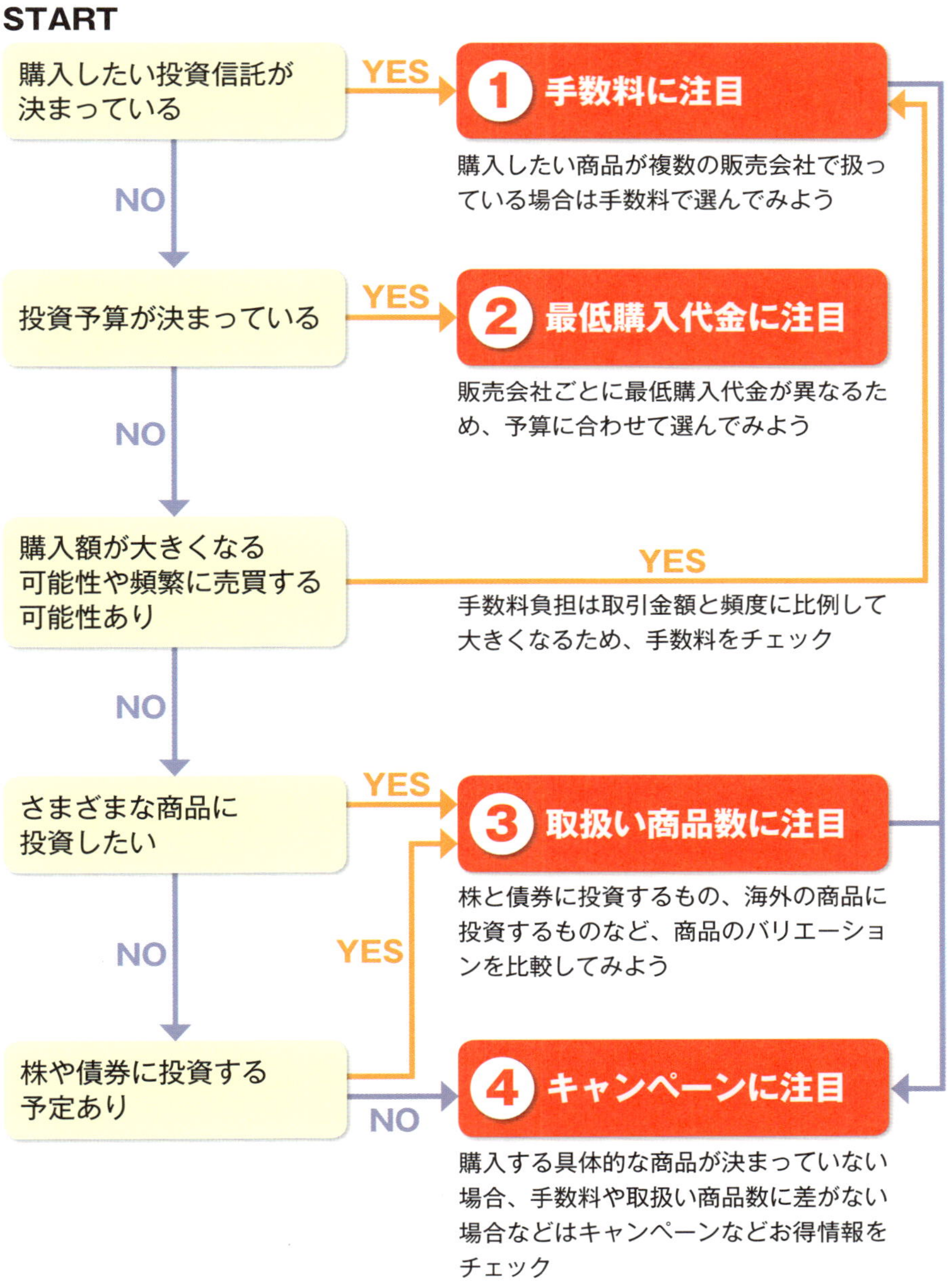

3 投資商品・基本情報の見方

運用会社の違いなどをウェブサイトで確認

基本情報を知ることが大事！

投資信託は、国内外のさまざまな運用会社によって作られ、運用されています。また、運用会社ではファンドマネージャーと呼ばれるプロが運用を指示。投資家が得る分配金や値上がり益などのリターンは、ひとことでいえば、運用会社が設定した投資方針や、ファンドマネージャーの腕次第です。

投資先の分野（日本株、外国株など）が似ていても、投資額の規模、運用実績、分配金の額などが投資信託ごとに異なりますので、しっかり比べることが大切です。そのための基本情報として、ここでは**ウェブサイトの商品紹介ページ**を読むために重要な7つのポイントを押さえておきましょう。

運用会社は国内外に複数ある

投資信託は、販売会社と呼ばれる証券会社や銀行などが運用会社を作り、運用。実績やリターンも運用会社の手腕にかかっている。

運用会社の一例

<table>
<tr><th></th><th>国内</th><th>海外</th></tr>
<tr><td>証券会社系</td><td>大和証券投資信託
野村アセットマネジメントなど</td><td rowspan="4">アイエヌジー投信
インベスコ投信投資顧問
ゴールドマン・サックス・アセット・マネジメント
JPモルガン・アセット・マネジメント
ドイチェ・アセット・マネジメント
フィデリティ投信
プルデンシャル・インベストメント・マネジメント
モルガン・スタンレー・インベストメント・マネジメントなど</td></tr>
<tr><td>銀行系</td><td>三菱UFJ投信
みずほ投信投資顧問など</td></tr>
<tr><td>保険会社系</td><td>ニッセイアセットマネジメント
東京海上アセットマネジメントなど</td></tr>
<tr><td>その他</td><td>楽天投信投資顧問
セゾン投信など</td></tr>
</table>

運用会社は、母体の国籍によって国内と海外に分類でき、さらに業種別では、証券会社、銀行、保険会社などに分類できる。

知っておこう【ウェブサイトで商品情報を見るには】

証券会社や銀行などの販売会社は、それぞれ取り扱っている商品に関する詳細な情報をウェブサイト上で公表している。口座を作った販売会社のサイトを開き、商品名で検索。

投資信託の基本情報をチェック

名前で特徴を見る

❶投資信託の名称。投資信託は、たとえば「日本株」や「分配金あり」など名称の一部が商品の特徴を表しているものが多い。

運用会社で実績をチェック

❷投資信託の運用会社。運用実績は運用会社の腕にかかっているため、リターンと合わせてしっかり確認を。

（例）

◎◎日本株投資信託・分配金あり ❶

運用会社：◎◎マネジメント ❷

❸ 基準価額	❹ 前日比	❺ 純資産	❻ カテゴリー	❼ リターン(3年)
10,500円	50円	12,000百万円	国内大型株	20.00%

予算と合うか確認

❸基準価額

現在（今日）の売買価格。売買価格は1日1回変動する。

値動きの大きさを比べる

❹前日比

前日の基準価額との比較。基準価額の増減によって、将来的に得られる値上がり益が変わる。

似たタイプの商品で総額を比較

❺純資産

投資信託が運用している資産の総額。資産額が大きいほど安定的な利益を得やすく、投資先として安定性も高くなりやすい。

組み入れる商品を把握

❻カテゴリー

投資先の分野。日本株、国内債券、外国債券、不動産などの分野がある。

もっとも重要なポイント

❼リターン

利益率。基本的にはプラスであるのが望ましいが、相場・市況の変動を受けるため、増減の推移、値幅の大きさも細かく確認。

4 分配金で選ぶ際の注意点

分配金の支払い状況もしっかり確認

利益を定期的に受け取れる

投資信託の中には、運用成果の一部を分配金として受け取れる商品があり、その中でも、毎月分配金が受け取れるものは、投資効果が実感できたり、月々の生活費やお小遣いの足しになるといった理由から個人投資家に人気があります。

分配金の原資は、投資信託が投資している国内外の株の配当金、債券の利息、株・債券の売買益など。これらの利益を投資信託ごとの決算に合わせて計算し、投資家が保有する口数に応じて分配されます。ただし、銀行預金の利息のように決まった金額が受け取れるとは限らず、運用成果によって増減することがあります。分配金ありの商品は原則的には

分配金の仕組み

分配金は投資信託が得た利益を投資家に還元するもの。運用状況によって受け取れる額やタイミングが変わることがある。

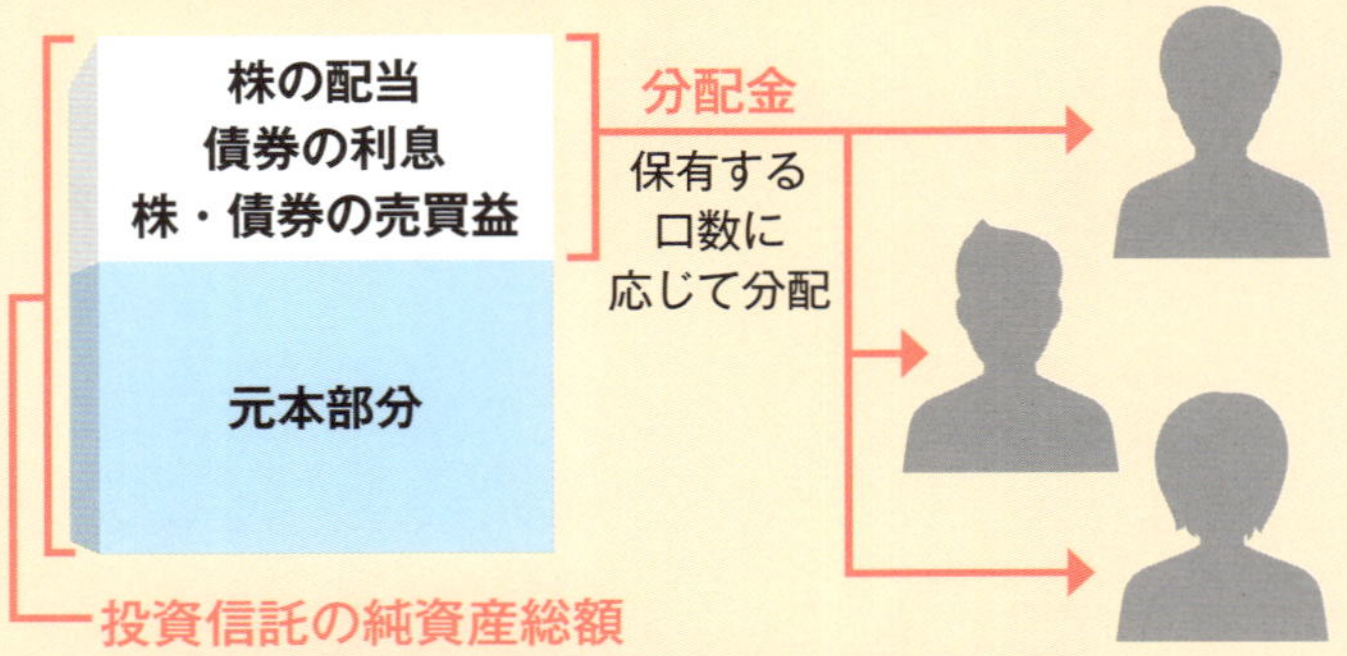

分配金は投資信託の純資産総額の中から支払われる

用語解説【分配金の原資】

債券型は債券の利息、株式型は株の値上がり益や配当金によって収益をあげ、投資家に分配。株のほうが債券よりも値動きが大きいため、分配金額も変動しやすくなる。

年1回以上の分配金が受け取れますが、運用がうまくいかなかった場合などには受け取れない場合もある点に注意しておきましょう。また、分配金は定期的に受け取れる場合が多く、運用状況が悪くてもマイナスにはなりませんが、投信の純資産から支払われるため、**分配後は基準価額が下がります**。

分配金の額や受け取れるタイミングは、投資信託の分配方針によって異なります。たとえば、分配金を受け取るタイミングには、毎月受け取れるもの、年2回受け取れるものなどがありますので、「生活費にあてたい」「ボーナス感覚でプチ贅沢を楽しみたい」といったニーズによって選ぶとよいでしょう。各投資信託の分配方針は、証券会社などのウェブサイトで簡単に検索できます。個別の投資信託について過去の**分配金実績を知りたい**場合も、ウェブサイト内の各商品ページで確認することができます。

分配金の条件で絞り込んでみよう

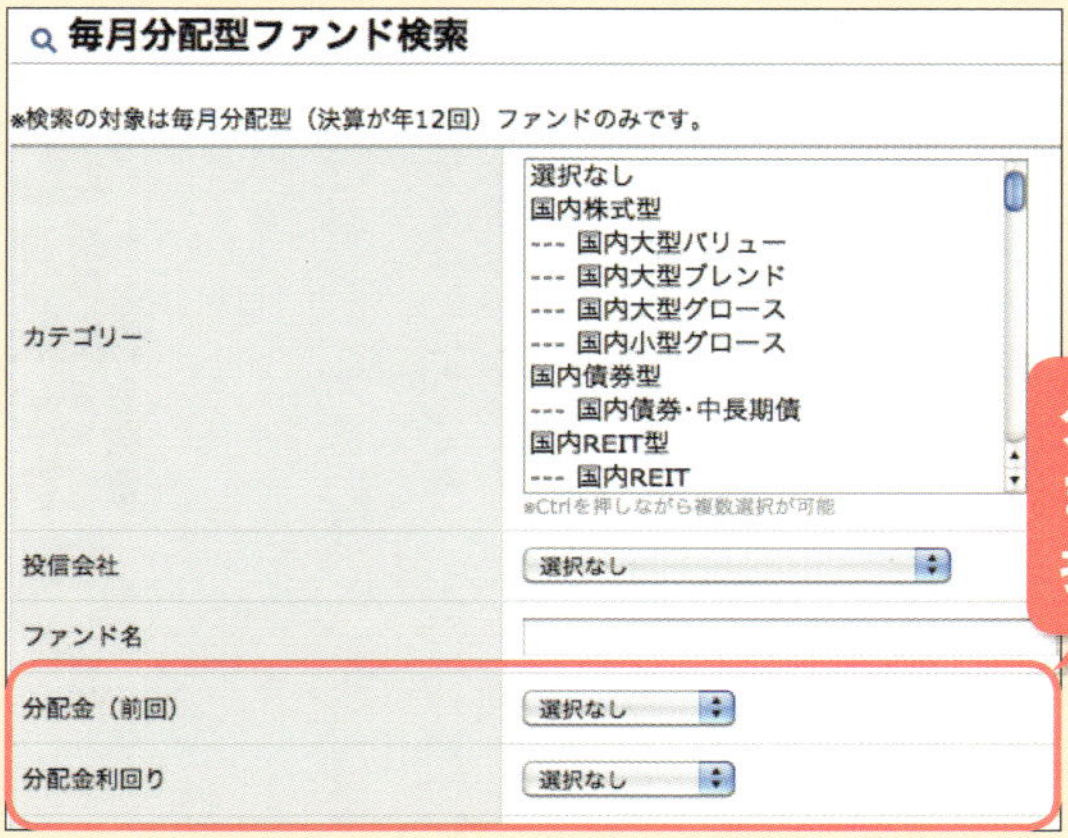

分配金は、投資信託で得られる利益の1つ。金額や受け取れるタイミングなどを条件に希望に合う投資信託を探してみよう。

分配金の金額、または利回りを指定して検索

例）
「前回分配金100円以上」
「利回り5.0%以上」など

知っておこう【分配金額の確認方法】

分配金の金額や受取回数などは販売会社のウェブサイトで確認可能。ただし、確認できる金額などは実績であるため、将来的に受け取れる金額を約束しているものではない点に注意。

5

右肩上がりの商品を選ぼう

基準価額と純資産総額の推移をチェック

定期的な確認を心がける

購入したい投資信託の運用状況は口座を開いた販売会社のウェブサイト上で確認できます。投資信託は、基本的には中長期で保有する人が多い商品ですが、**市場**や景気などによって**基準価額や純資産総額が変動**しますので、購入後も定期的にチェックしましょう。

まずチェックしたいのは、値上がり益となる**基準価額の推移**です。取引ページ内では、保有する投資信託の基準価額とともに、現時点でどれくらいの利益・損失が出ているかがわかります。

次に、投資信託の**純資産総額を確認**しましょう。純資産総額は、投資信託が運用している金額の規模を示すもので、基本的には大きいほど安心。金額が大きいほど、より多くの商品に投資することができ、分散投資効果が高まるからです。また、純資産総額が増えていれば、それだけ多くの投資家が資産を預けているということですので、投資信託に対する信頼度も高くなります。

投資信託の運用状況を詳しく知りたい場合は、**運用報告書や運用レポートを確認**しましょう（いずれもウェブサイト上で確認可能）。運用報告書は年1～2回交付される投資家向けの資料で、運用実績、株などの売買状況、基準価額が変動した要因などをまとめてあります。運用レポートは月ごと、週ごとに発行される資料で、運用報告書の内容を簡潔にまとめてあります。

用語解説　**【市場】**

株式市場、債券市場、不動産市場など。景気がよい時には余剰資金が市場に多く流入するため、買い手が増えやすくなり、売買されている商品の価格も上がりやすくなる。

購入した商品の価格・状態をチェック

投資信託の運用状況は基準価額と純資産総額に反映されます。定期的に確認して右肩上がりになっていることを確認。

右肩上がりになっているか確認

基準価額

金額が大きいほど安心

純資産総額

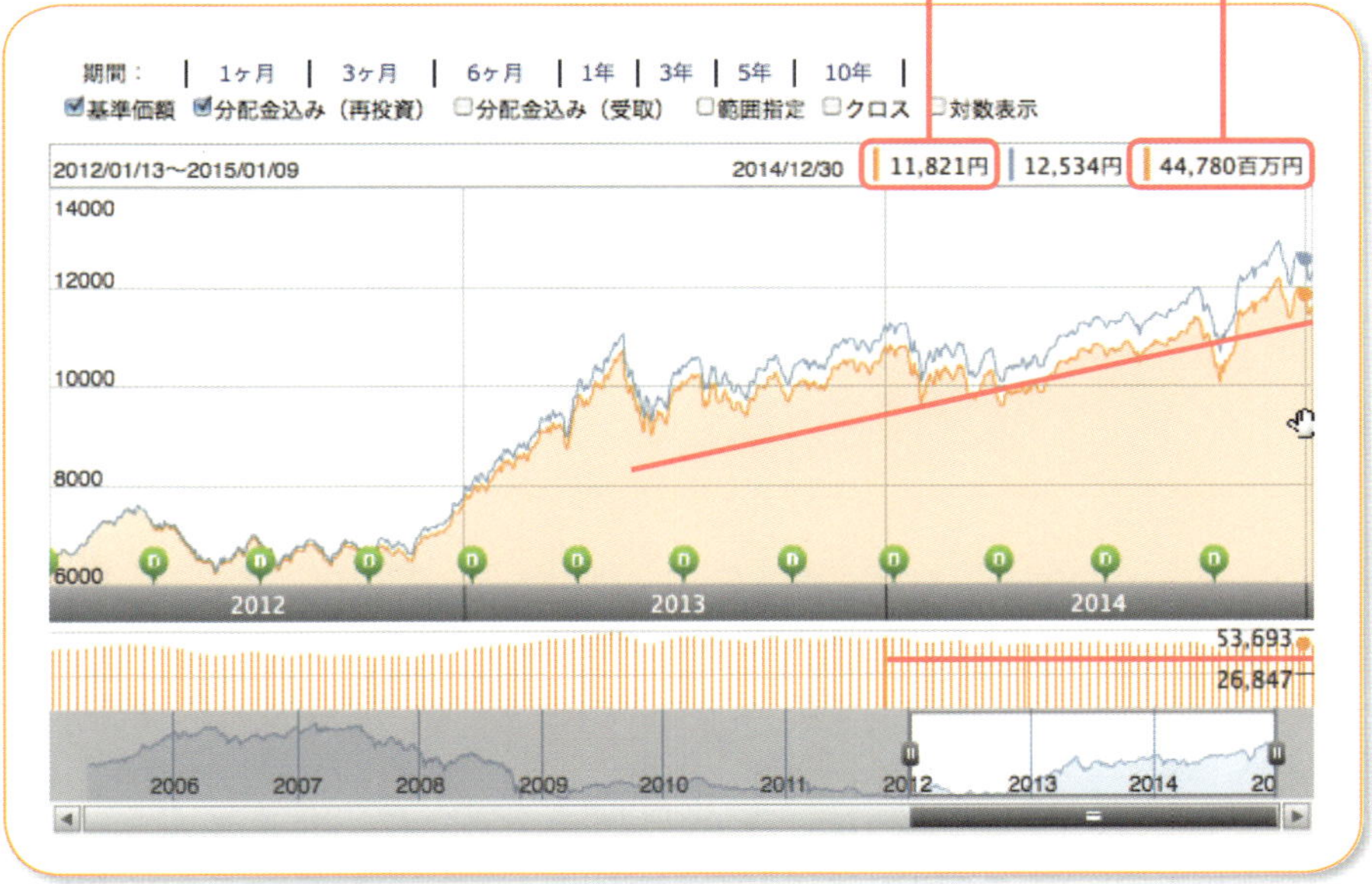

さらに詳細な運用状況は、運用報告書、運用レポートで確認。

運用報告書
［年1～2回交付］

運用成績、運用期間中の市場環境、基準価額の推移、分配金の金額などについてまとめたもの。交付は法律で定められている。

運用レポート
［毎週・毎月交付］

運用会社が投資家向け情報として独自に交付するもの。**投資先の銘柄、業種、国などの最新情報**を知ることができる。

6

注文は口数指定か金額指定

購入の流れを知ろう

口数または金額を指定して購入

購入する投資信託が決まったら、ウェブサイト内から購入を申し込みます。投資信託の申込方法には、購入する**口数を指定する方法**（口数指定）と、**購入する金額を指定する方法**（金額指定）があります。

口数指定は、たとえば「投資信託Aを10口買う」といった注文を出すもので、購入代金の総額は「1口あたりの基準価額×口数」（手数料別）となります。保有口数がきりのよい数字になるため、口数で計算する**分配金や値上がり益の計算が簡単**なのが特徴です。

金額指定は、たとえば「投資信託Aを10万円分買う」といった注文を出すもので、購入できる口数は「指定した金額÷1口あたりの

口数指定・金額指定の購入例

基準価額10,000円、販売手数料1%の投資信託を購入

口数指定

例）10口購入

［購入口数］10口　［必要金額］101,000円

購入代金：10,000円×10口=100,000円
販売手数料：100,000円×1%=1,000円
投資額：101,000円

基準価額、分配金の計算がカンタン

金額指定

例）100,000円分購入

［投資額］100,000円　［購入口数］9.9口

販売手数料：100,000円×1%=1,000円
購入代金：100,000円－1,000円=99,000円
購入口数：99,000円÷10,000円=9.9口

現在の投資額が把握しやすい

基準価額」（手数料別）となります。口数指定と比べて、投資額を把握したり、他の資産との投資比率などを簡単に計算できるのが特徴です。ただし、商品によってはどちらか1つの方法でしか購入できないものもあります。

購入価格は申込日の基準価額が適用されます。ただし、基準価額はその日の株価などを計算して決まるため、通常は夜になるまでわかりません。申込受付時間内（通常15時まで）に出した注文と、翌営業日に発表される最終的な購入価額が異なる場合がありますので、ウェブサイト上で確認しましょう。

購入するためには、口座に資金を入金しておく必要があります。ネット証券は各銀行などと提携し、オンラインで入金・出金ができるようになっていますので、あらかじめネットバンクの口座を開き、入金手続きを済ませておきましょう。

購入までの流れをチェック

1. 口座を開いた証券会社などの「取引ページ」（マイページ）にアクセス
   - アクセスに必要なID、パスワードなどは口座開設が完了すると送付されます
2. 「投資信託」のページから、購入したい商品の申込ページへ移動
   - 購入資金を入金しておくことを忘れずに
3. 口数または金額を指定して申込む
4. 購入した投資信託の基準価額を確認（翌営業日）
   - 基準価額は1日1回変動。口数指定の場合は、申込後に決まる基準価額によって投資額が変わる点に注意

7

「解約できない期間」の有無に注意

簡単・自由に解約できる

戻る資金の額は翌営業日に確定

投資信託は基本的には自由に**解約**できますので、急に資金が必要になっても安心。複数口保有している場合は、口数または金額を指定して一部のみ解約することもできます。ただし、中には「クローズド期間」という「解約できない期間」が設定されている商品がありますので、注意が必要。クローズド期間は、たとえば「購入から1年間は解約できない」といった条件のことで、商品のタイプとしては「単位型」（→P80）や「REIT（→P１０８）に多いといえます。

解約手続きは、投資信託を購入した販売会社で行います。購入時と同様に、ウェブサイトから申込可能。ただし、注意点として、解

分配金の仕組み

投資信託の中には一定期間解約・換金ができない期間（クローズド期間）が設定されているものがある。購入時に確認しておこう。

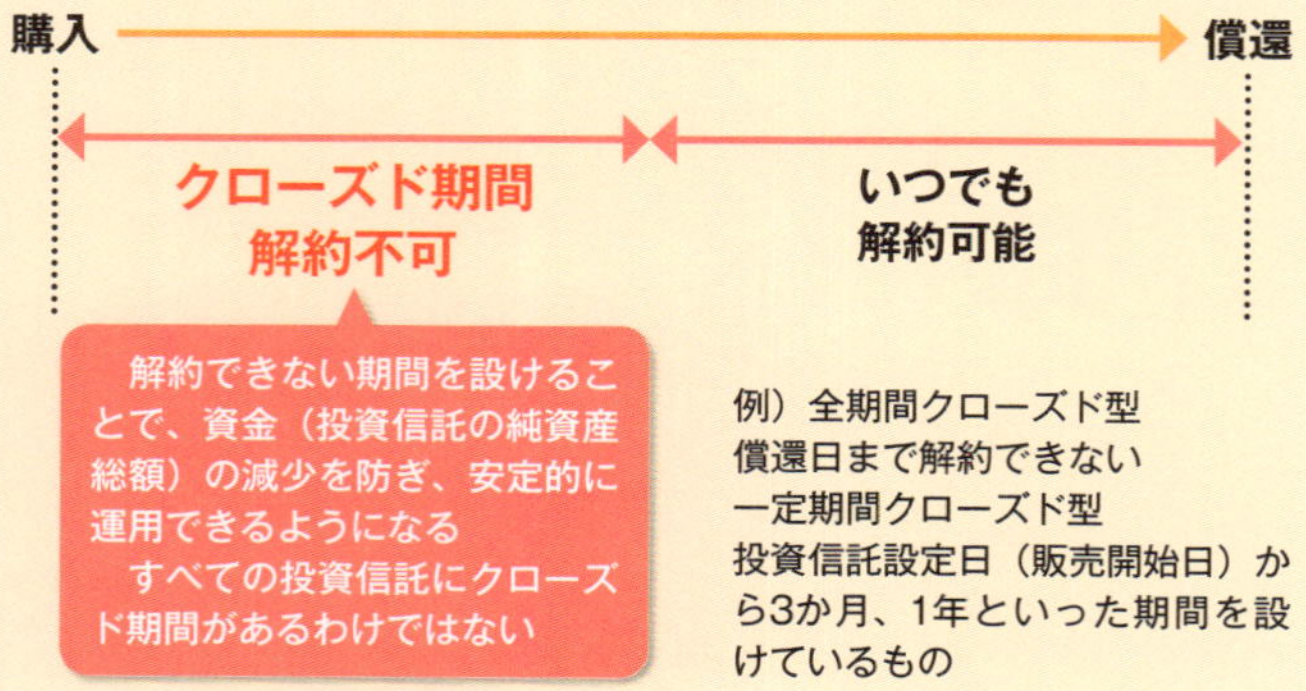

解約できない期間を設けることで、資金（投資信託の純資産総額）の減少を防ぎ、安定的に運用できるようになる

すべての投資信託にクローズド期間があるわけではない

例）全期間クローズド型
償還日まで解約できない
一定期間クローズド型
投資信託設定日（販売開始日）から3か月、1年といった期間を設けているもの

用語解説【解約】

投資信託を現金化すること。売却、買取と同じ意味。解約後、4営業日ほどで投資資金が販売会社の口座に入金される。現金化を目的として解約する場合は余裕を持って申し込むことが大切。

約申込の時間が決まっていること（通常15時まで）、資金が戻るまでに解約後から3営業日前後かかることがあげられます。解約条件の詳細については、投資信託の目論見書であらかじめ確認しておきましょう。

解約する基準価額も、購入時と同様に、申込日の価格が適用されます。この価格は、申込を締め切った後で計算しますので、**正確な価格が分かるのは翌営業日**です。また、投資信託の中には、解約して戻ってくる資金（基準価額×口数）から「**信託財産留保額**」というコストが引かれるものがあります。信託財産留保額の有無や金額はあらかじめ決まっていますので確認しておきましょう。解約時に値上がり益が発生した場合、利益分に対して20.315%の税金がかかります（NISA口座で購入したものは非課税です）。これらを差し引いて残った分が、最終的な手取り額となります。

解約までの流れをチェック

解約の申込もオンラインで完結。解約してから口座に入金されるまでの間にタイムラグがある点に注意。

1. **販売会社のウェブサイトで「取引ページ」（マイページ）にアクセス**
   → **解約申込の受付時間が決まっているため時間に注意**
2. **保有する投資信託の中から解約したい商品を選択し、解約を申込む**
   → **解約する基準価額は申込の翌営業日にわかる**
3. **信託財産留保額が設定されている場合、値上がり益がある場合は税金が差し引かれ、口座に入金される**
   → **入金までには3営業日前後かかる**

- **信託財産留保額**：投資信託によって有無、金額の差あり➡目論見書などで確認
- **税金**：利益分に対して20.315%
  NISA口座は非課税

用語解説【信託財産留保額】

投資信託の解約時にかかる手数料。投資信託によっては信託財産留保額がないもの、一定期間（例：1カ月）を過ぎた場合は無料になるものなどがあるため、金額・条件は目論見書で確認。

Column 成功メモ③

一度にすべて売るのではなく細かくわけて売ってみよう

投資信託の売却を考える時、多くの人が「購入時の価格」と「現在の基準価額」を比べて考えます。しかし、その点のみで判断してしまうと、将来的に値上がりする商品を安価で手放してしまう可能性があります。投資信託のように中長期で保有することを前提とする場合は、購入価格との差よりも、今後の価格の推移に目を向けることが大切。目先の収支ではなく、自分が想定している投資期間内に、どれくらい値上がりする可能性があるかを考え、判断するようにしましょう。とはいえ、相場の行く末を完璧に予想できる人はいませんから、ビギナーの場合はとくに売り時に迷うこともあります。そのような場合は、一度にすべて売却するのではなく、少しずつ売るのがよいでしょう。投資信託は、細かく買えると同時に、細かく売れるのもメリット。少しずつ売ることにより、値下がりした場合は損失を少なくでき、値上がりした時にも利益を得ることができます。

第3章

投信はココを見逃すな！

～失敗しないための重要項目～

投資には専門用語があり、ビギナーには難しく感じられることも。本章では投資信託を選んだり買う場合の重要項目を解説。必ずチェックするポイントや、お得に取引するためのコツを見ていきましょう。

1 目論見書のチェックポイント

分配金、コスト、投資リスクを確認

投資信託の中身を知る

投資信託は、商品によって目指している運用成果が異なります。そのため、投資先の選び方、投資先に含める商品（株・債券など）バランス、元本割れリスクの大きさも異なり、分配金の有無や、分配金ありタイプの中でも投資家への還元率はそれぞれ。**細かく投資先を入れ替えるタイプの投資信託は手数料が高くなる**などの違いもあります。

「目論見書」は、このような詳細を記した資料。いわば、**投資信託の特徴や概要をまとめた説明書**です。目論見書は、証券会社などのウェブサイトで確認可能。商品の比較・検討に活用して、自分が狙うリターンと合致するのか、左の4点をチェックして選びましょう。

目論見書から特徴を読み取ろう

目論見書は投資信託の内容をまとめた10ページ程度の資料。リターン、分配金などの方針がわかりやすくまとめられている。

投資信託 A	投資信託 B	投資信託 C
積極的にリターンを狙います	安全性重視で運用します	分配金はありません
目論見書	目論見書	目論見書

自分の投資目的と合うかどうか確認
どれくらいのリターンを狙う？
分配金は必要？

似たタイプの商品を比較
手数料が安いのは？
運用実績がよいのは？

目論見書のチェックポイント

目論見書は証券会社などのウェブサイトで確認可能。以下の4点を確認しておこう。

① 投資信託の目的・特色

どんな商品に投資し、**どのように運用**し、どれくらいの**運用成果**を目指しているか

② 投資リスク

元本割れ要因となる**価格変動、金利、為替のリスク**がどれくらいあり、どのように対策しているか

大きなリターンを狙うタイプは、リスクも比例して大きくなる点に注意

③ 運用実績

基準価額と純資産額の推移。分配金があるタイプは、分配金実績

④ 手数料・税金

購入時や運用中にかかるコスト、**解約時**にかかるコストの有無、**税金**について

運用実績がよいタイプで、商品を柔軟に入れ替えるなど手間がかかっている商品は、手数料負担が大きくなる

2

投資信託の運用期間を確認しよう

運用期間と合う商品を選ぶ

償還までの残存期間に注意

投資信託の運用がスタートする設定日から、終了する償還日までの期間のことを「信託期間」といいます。たとえば、主に債券で運用する投資信託などは、組み入れる債券の償還日に合わせて信託期間が設定されたりします。信託期間の長さや償還は、目論見書で確認可能。商品の中には、償還日までの期間が短いものもありますので、中長期で運用したい場合には注意が必要です。

一方で、投資信託の中には信託期間を定めていないタイプもあります。これを「無期限型」といいます。とくに運用期間を決めていない場合、長期で運用したい場合などは、こちらのタイプを検討してみるとよいでしょ

信託期間とは

投資信託の運用スタートから終了までのことを信託期間といい、商品によって長さが異なる。

運用開始
設定日

運用終了
償還日

信託期間

信託期間は、1年、2年、5年、10年など商品によって差あり。ライフプランや資金計画に合わせて選ぼう

運用中の投資信託を購入する場合は償還日までの残存期間に注意

う。償還日が決まっているタイプは、そのタイミングで自動的に解約され、資金が戻ります。無期限型は自分で解約のタイミングを決めて資金を戻します。

ただし、信託期間が決まっているものでも、運用状況などによっては**償還日前に運用が終了するケースがあります**。これを「繰上償還」といいます。たとえば、投資信託は多額の資金を分散投資して運用し、一定の安全性を確保していますので、投資信託の口数が減るなどして純資産額が一定水準以下になると、運用リスクが高くなります。そのような場合に、償還日より前に資金を投資家に返還されることがあるのです。反対に、償還日に達した場合でも、運用会社などが「運用を続けた方が投資家にとって有利になる」と判断した場合は、信託期間が延長されることもあります。繰上・延長の条件も目論見書に書かれていますので、事前に確認しましょう。

信託期間の繰上、延長

信託期間は投資信託の運用状況の良し悪しによって変更されることがある。

繰上償還
（信託期間の短縮）

償還延長
（信託期間の延長）

信託期間 → 償還日 ……→

例　純資産総額が減少
相場環境が悪化

例　純資産総額が増加
相場環境が良好

投資信託
「目論見通りの運用が難しい……」
↓
受益者（投資信託を購入している人たち）に繰上してよいか確認
↓
繰上償還

投資信託
「継続したほうが投資家に有利では？」
↓
運用会社と受託会社で延長するかどうか協議
↓
償還延長

3

投資信託の規模と価格に注目

純資産総額と基準価額で安全性を見る

規模が大きいほど安全性が高い

投資信託は、大勢の投資家から集めた資金を運用しています。**その金額の総額のことを「純資産総額」といい、投資信託の規模を示しています。**投資信託は、複数の株や債券などに分散投資して資金を運用するため、**資産が大きい方が安全性は高くなります。**また、純資産総額が増えているということは、運用がうまくいき資産が増えたか、投資家に人気があり購入する人が増えたことを意味しますので、いずれの場合も望ましいといえます。特徴が同じまたは似ている商品（組み入れている商品が同じ）なら、基本的には**純資産が大きい方が安心して投資できます。**反対に純資産総額が小さい、または減っている場合は注

純資産総額の推移は増加しているか

純資産総額は投資家から信託された資金の総額。大きいほど安全性が高く、資産が増えているのが望ましい。

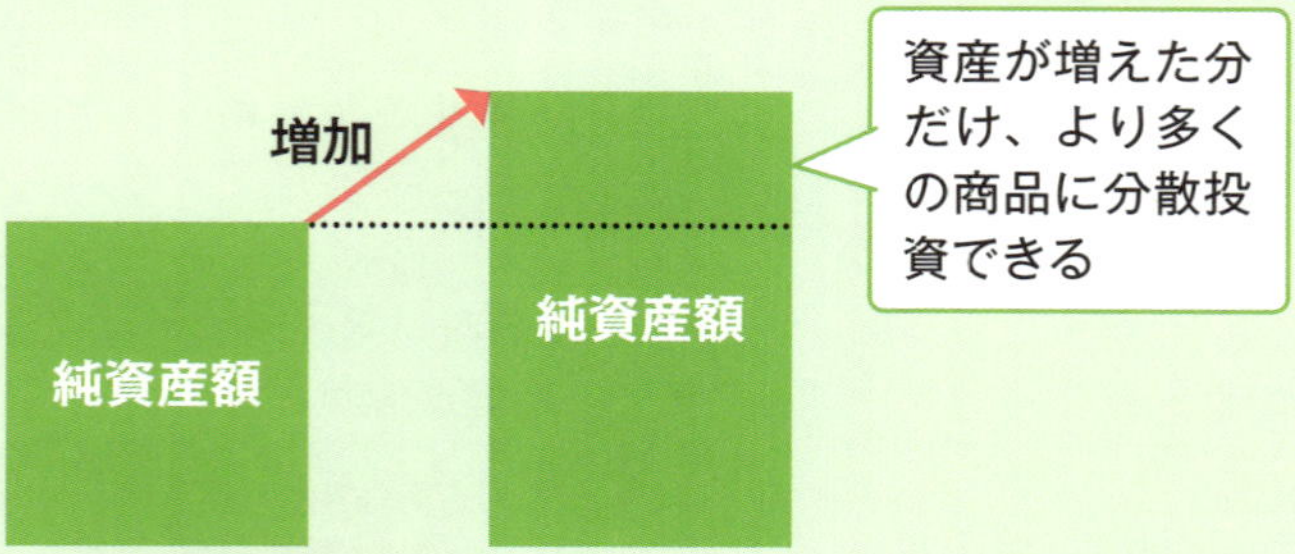
増加
純資産額
純資産額
資産が増えた分だけ、より多くの商品に分散投資できる

増加の理由

- 運用がうまくいった ➡ **収益性がよい**
（投資先の株や債券などが値上がりした）
- 購入する人が増えた ➡ **注目度が高い**

意が必要。資産が少なくなるほど、運用できる規模も小さくなり、分散投資による安全性も低下します。純資産総額の推移は証券会社などのウェブサイトで確認できますので、購入前に増減を確認しておきましょう。とくに償還日が近い投資信託は、新たに購入する人が少なく、純資産総額が減りやすくなります。

　投資信託の価格は、純資産総額を販売口数で割り算して計算します。**この価格のことを「基準価額」といい、純資産総額が増えると基準価額も上昇します**。たとえば、純資産総額が10億円、販売口数が10万口であれば、基準価額は1万円。純資産総額が12億円に増え、口数が同じであれば、基準価額は1万2000円に上がります。基準価額は、投資信託が投資している株などの価格を毎日計算し、1日1回変わります。基準価額の推移も証券会社などのウェブサイトで確認しましょう。

純資産総額と基準価額の関係

投資信託の取引価格を表す基準価額は、純資産総額を口数で割って計算する。

基準価額＝純資産総額÷口数

例 純資産総額10億円　販売口数10万口
10億円÷10万口＝10,000円

純資産総額が12億円に増加
12億円÷10万口＝12,000円

運営がうまくいき**純資産総額が増える**と**基準価額も上昇**する

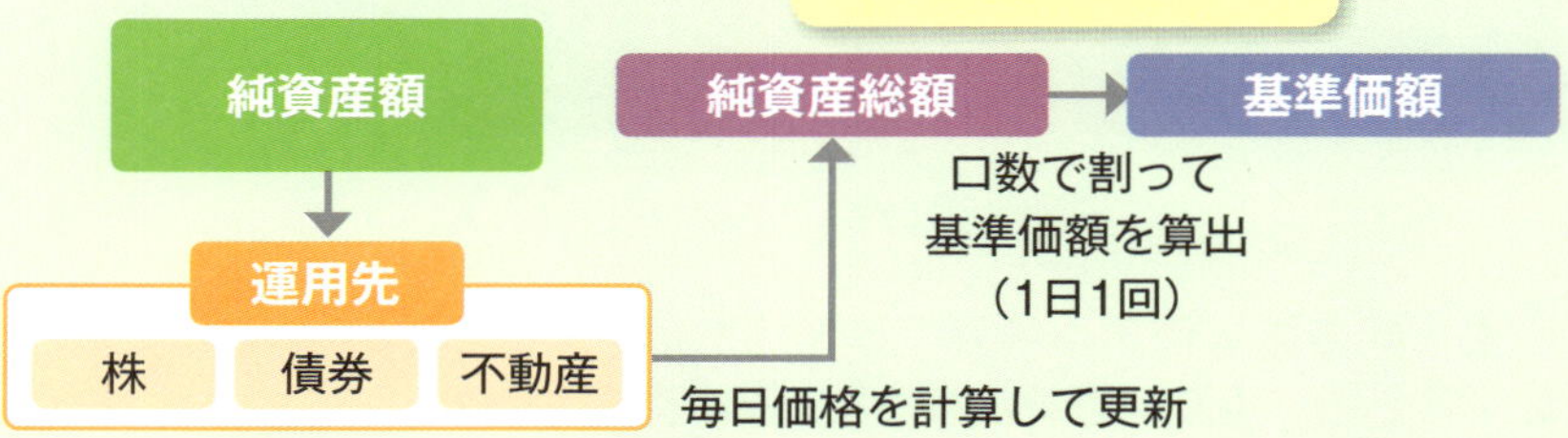

4

分配金の仕組み

こまめに利益を受け取りたい人向き

分配後は基準価額が低下する

投資信託は、大きく分配金があるタイプとないタイプ（→P68）に分かれます。また、分配金ありのタイプも、毎月受け取れるものや、半年に1回のボーナスがあるものなど細かな違いがあります。

分配金ありのタイプは利益を着実に受け取れるため、投資効果を実感しやすく、定期的な利益が生活費やおこづかいの足しになるのがメリット。こまめに利益を受け取りたい人はこのタイプを中心に選んでみましょう。ただし、分配金は投資信託の純資産総額から支払われるため、分配金を受け取った後は純資産総額が減り、基準価額も低下します（下図）。また、分配金には税金がかかります。分配金

分配金は純資産から支払われる

分配金は投資信託の純資産から支払われるため、分配後は純資産総額が減ります。

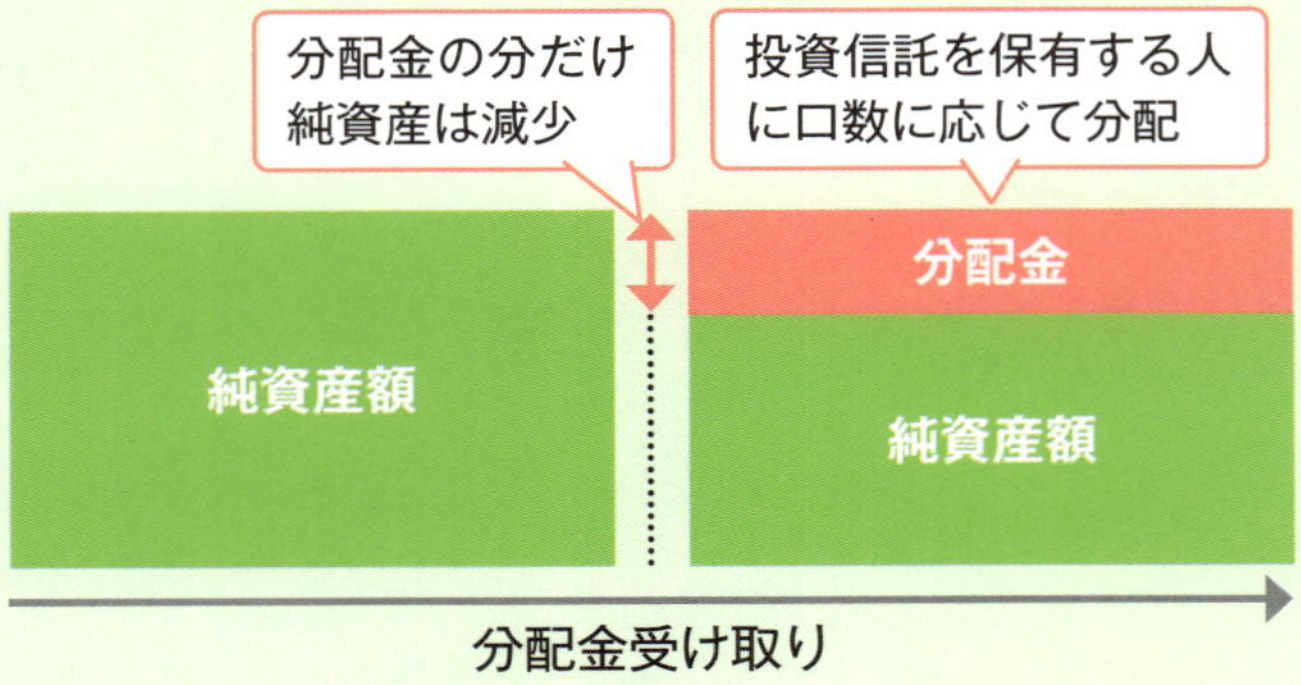

投資信託の基準価額は純資産額を口数で割り算して計算するため、純資産総額が減ると、基準価額も低下

から税金（20・315％）を引いた金額が実際の利益となりますので、節税したい場合はNISA口座の活用を検討するとよいでしょう。

投資信託は1日1回基準価額が変わります。また、追加型は購入するタイミングによっても基準価額が異なります。そのため、分配金を受け取った後に純資産総額が減り、基準価額が低下すると、場合によっては購入金額を下回る可能性があります。そのため、税金の取扱上では、分配金は「普通分配金」と「特別分配金」にわけられています。

普通分配金は投資額（購入金額）を上回る分のこと。投資した人にとっての純粋な利益の部分ですので、これは課税対象となります。一方の特別分配金は、受け取った分配金のうち投資額（購入金額）を割り込んだ分のこと。投資した人にとっては元本の一部が払い戻されたのと同じですので、この部分は非課税です。

普通分配金と特別分配金

分配金は、受け取り後の基準価額が購入価格を上回っているかどうかによって税金の扱いが変わる。

例 購入価格が異なる2人が500円の分配金を受け取った場合

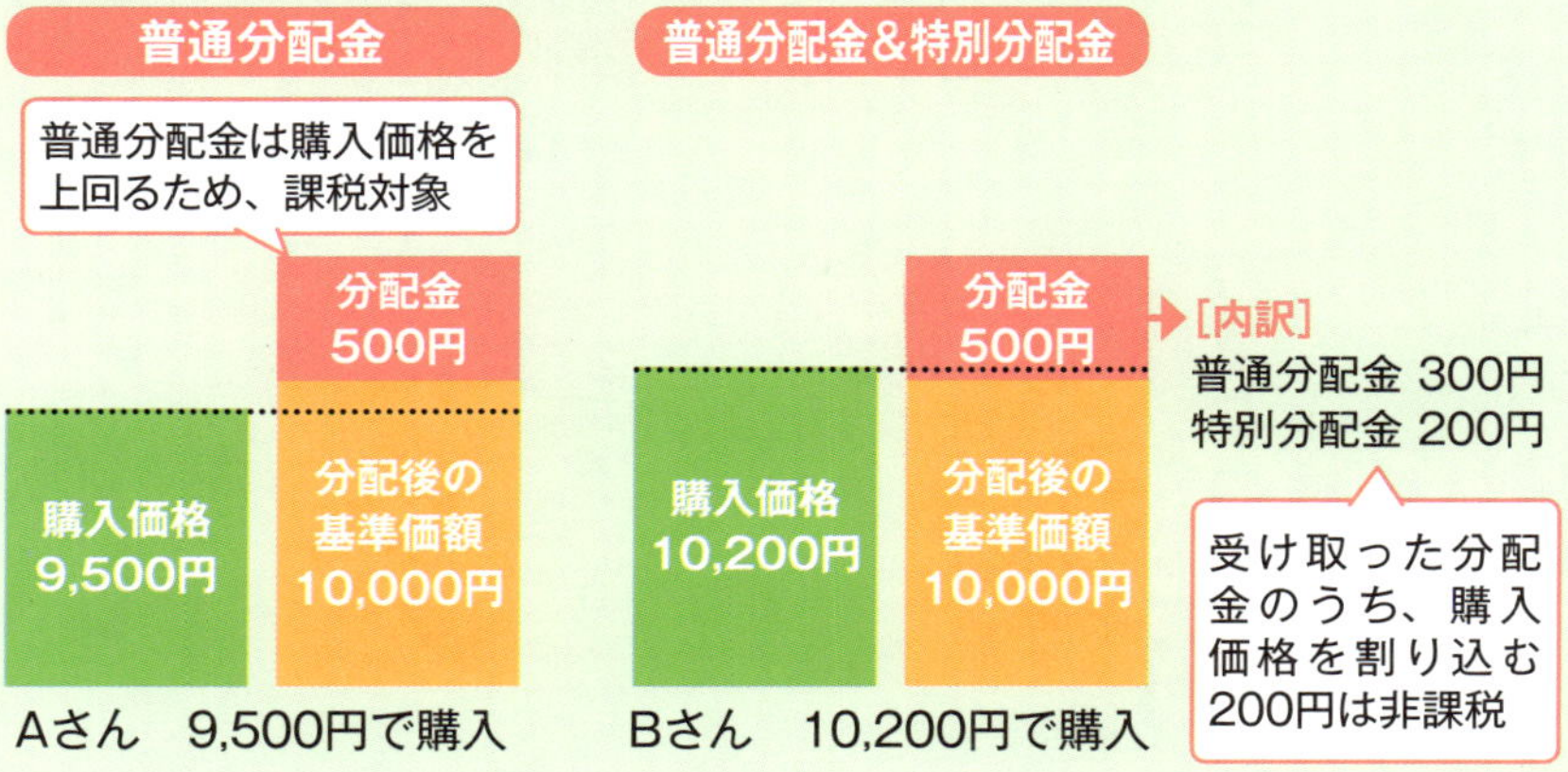

5

分配金なしは複利効果が大きい

純資産総額が減らない

運用効率が向上する

投資信託には分配金がない商品があり、このタイプを「無分配型」といいます。**分配金として受け取る分が自動的に再投資される**仕組みで、運用期間中の利益は償還時にまとめて受け取ります。

無分配型は、運用中に定期的に受け取れる利益がありません。ただし、利益の総額が少なくなるわけではなく、むしろ純資産総額が減らず、分配金を受け取った場合に差し引かれる税金分も含めて再投資されるため、**複利効果が生まれ、投資効果が大きくなります。**

複利効果は、投資額が大きく、投資期間が長いほど大きくなりますので、定期的に分配金を受け取る必要性がない場合は、無分配型を検討してみましょう。

また、商品の特徴としては分配金ありのタイプがぴったりでも、分配金がとくに必要なく、再投資して投資効率を高めたいという人もいるでしょう。そのような人に向いているのが「**分配金ありの再投資型**」です。このタイプの商品は、ひとことでいえば、分配金あり型と無分配型のハイブリッド。形式上は分配金が支払われますが、投資家の手には渡らずに**自動的に再投資される**仕組みです。そのため、分配金を受け取る場合よりも投資効果が大きくなります。ただし、いったん分配金を受け取り、それを再投資する形となるため、NISA口座で購入した場合をのぞいて、税金を差し引いた金額が再投資されます。

知っておこう【購入後に再投資型に変更することも可能】

分配金ありの投資信託を保有している場合、商品によっては途中から分配金を受け取るコースから再投資するコースに変更することが可能。逆に再投資から受取に変更することもできる。

長期の投資では複利効果が重要

分配金の受け取り方には3タイプある。分配金を受け取る必要性を考えて自分に合うタイプを選択しましょう。

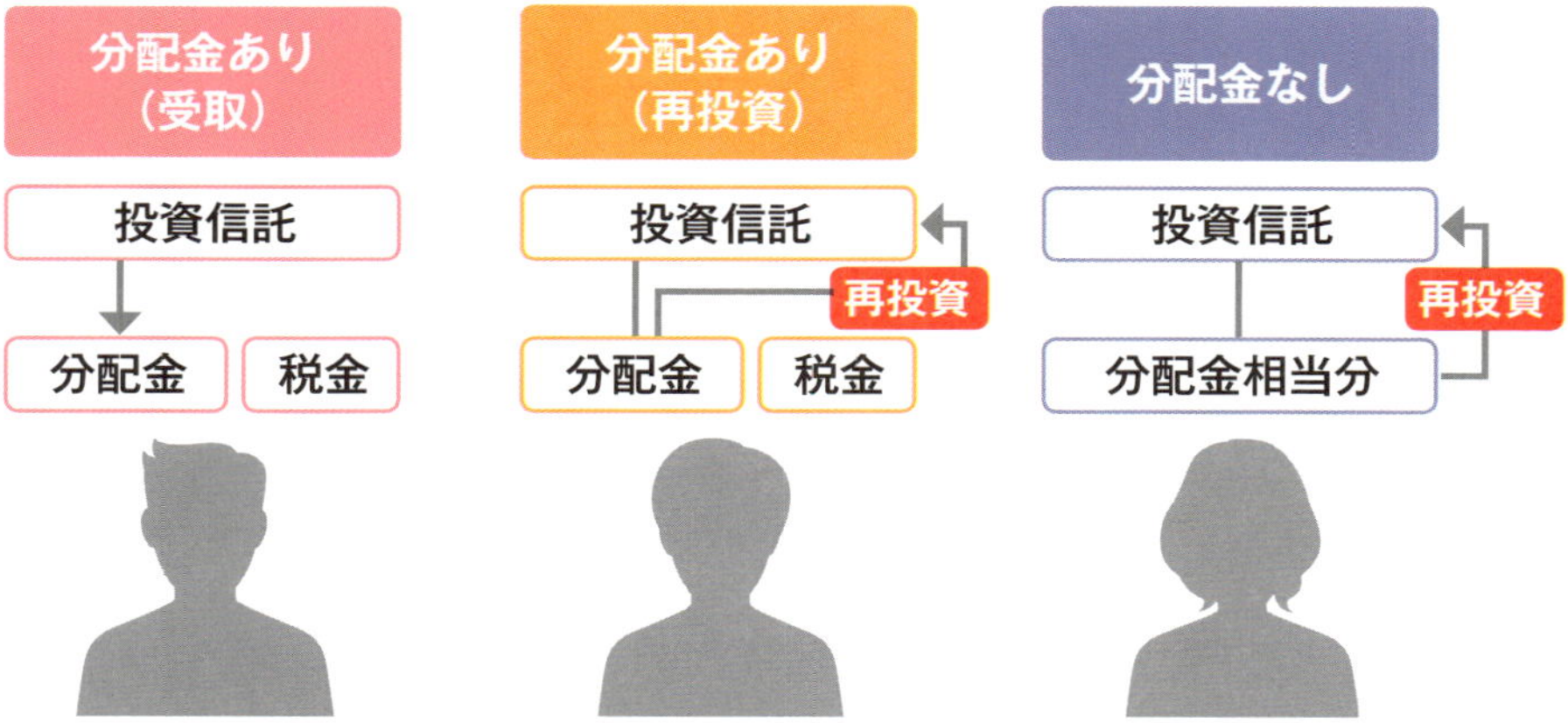

利益の一部を分配金として受け取る。課税対象

税引後の分配金相当額が自動的に再投資される

分配金相当額がすべて自動的に再投資される

無分配型・再投資型は**複利効果**が得られるのが特徴。中長期で運用する人はより**大きなリターン**を得られます。

分配型：一定の元本に対して利益が発生する（単利）
無分配型、再投資型：元本と分配金を合わせた額に利益が発生する（複利）

例 元本1,000,000円を年5%で運用した場合

運用期間	分配型（単利）	無分配型・再投資型（複利）	差額
1年	1,050,000円	1,050,000円	0円
2年	1,100,000円	1,102,500円	2,500円
3年	1,150,000円	1,157,625円	7,625円
4年	1,200,000円	1,215,506円	15,506円
5年	1,250,000円	1,276,282円	26,282円

分配金を受け取り年50,000円ずつ資産が増えます

再投資した分配金相当分にも5%の運用益がつくため資産が増加しやすくなります

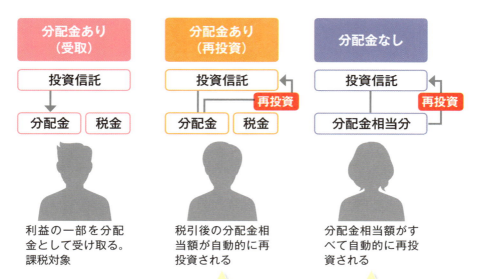

6 値上がり益は取得価格で計算

手数料を含む価格と含まない価格がある

利益計算は取得価格を使う

　投資信託の基準価額を「個別元本」と呼ぶことがあります。基本的には、購入時の基準価額と同じと考えればよいでしょう。ただし、基準価額は1日1回変わりますので、積立方式で買う場合など同じ投資信託を複数回に分けて買うと、**その時々の購入価格によって個別元本の金額が変わります**。中長期で投資信託を増やしていく場合は、買い増しによって**個別元本がどう推移したか（保有する投資信託の平均価格がいくらか）を把握する**ようにしましょう。

　また、個別元本には購入時にかかる手数料が含まれません。手数料を含む価格は「取得価格」といいます。たとえば、基準価額が

個別元本と取得価格

投資信託の価格は、購入時の手数料を含むかどうかにより呼び名が異なり、利益計算も変わる点に注意。

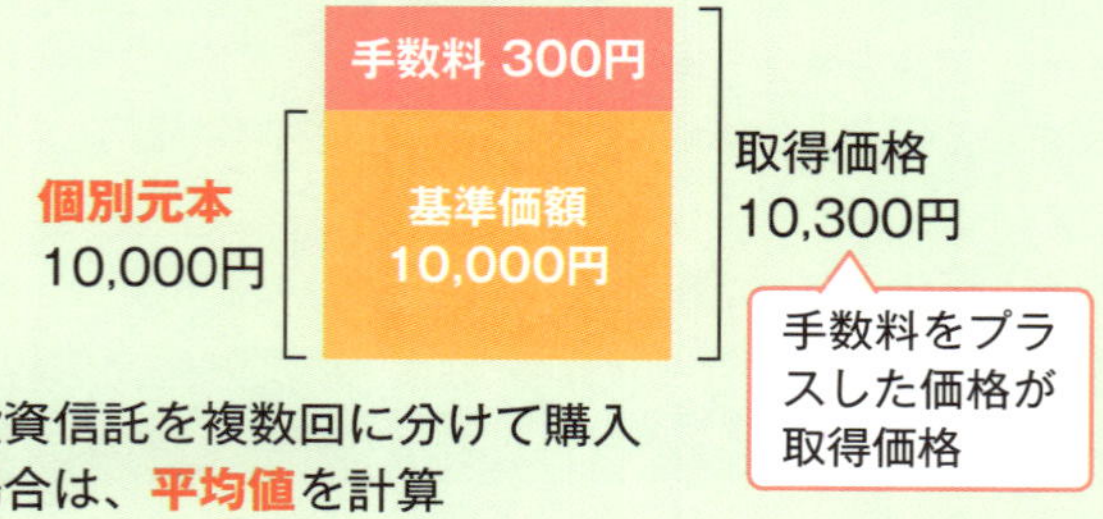

同じ投資信託を複数回に分けて購入した場合は、**平均値**を計算

1月	2月	3月
10,000円	10,500円	10,700円

個別元本（平均）

10,000円+10,500円+10700円÷3=10,400円

1万円の時に購入した投資信託の個別元本は1万円ですが、手数料が3%だった場合の取得価格は1万３００円。投資信託を売却する場合は、その時の**基準価額が取得価格を上回っていなければ利益になりません**ので、この2つの金額の使い分けと違いをしっかり把握しておきましょう。ちなみに、購入時の手数料がかからない場合は2つの価格の違いを気にする必要はありません。

税金の扱いでもこの2つの違いがポイントとなります。67ページで説明した特別分配金は、個別元本を基準に計算します。個別元本1万円、平均取得価格1万３００円の投資信託で、分配後の基準価額が９５００円だった場合、特別分配金の扱いとなるのは1万円を割り込む５００円分です。一方、投資信託の売却時に得た利益は平均取得価格を基準に計算。手数料負担を含む平均取得価格を上回った分が課税対象です。

利益計算は取得価格で考えよう

投資信託を売却する場合は、個別元本ではなく取得価格を使って計算。

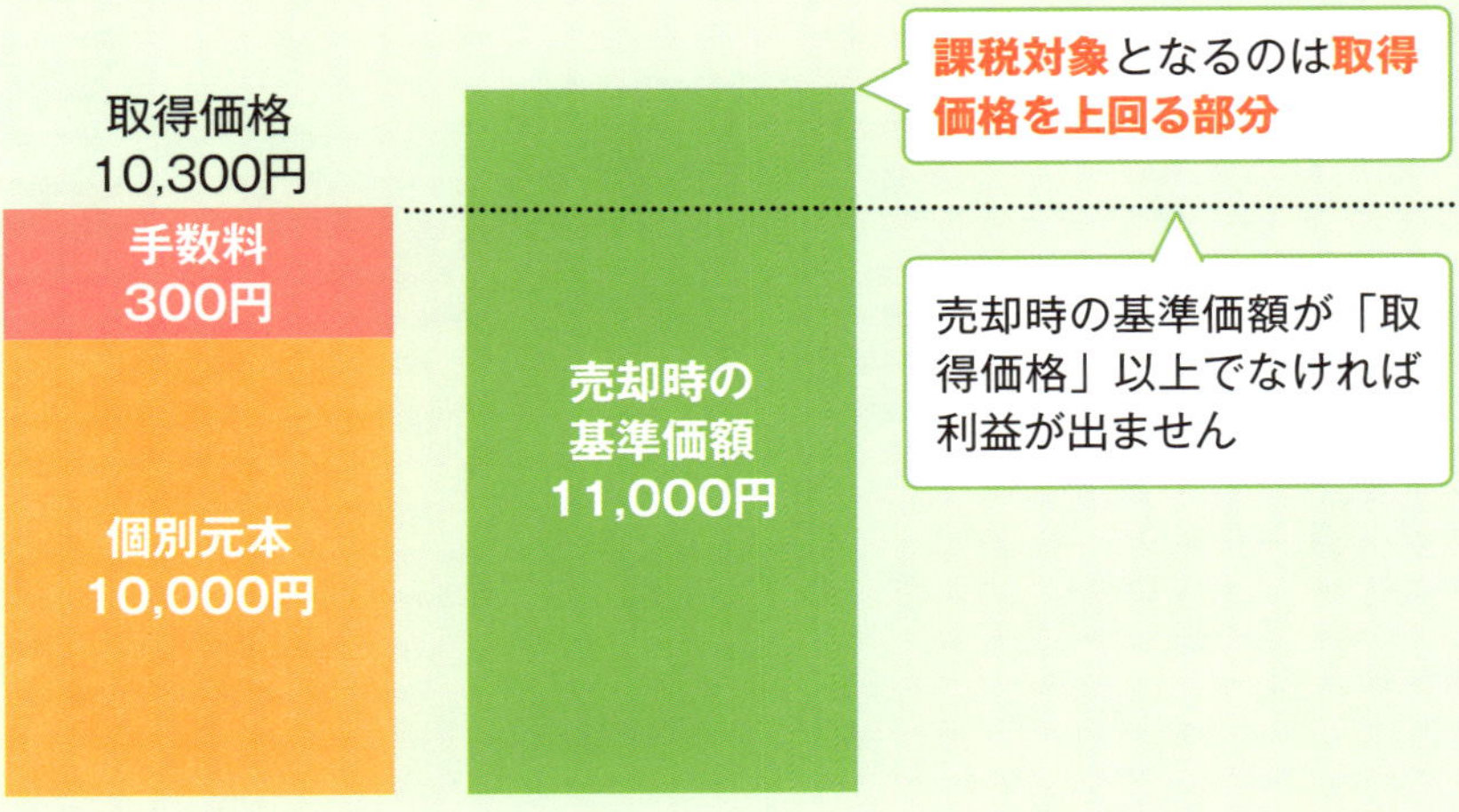

7

トータルリターン＝利回り

分配金＋基準価額で利益を見よう

分配金と売却益の合計額を確認

投資信託には2つのリターンがあります。1つは、定期的に受け取る分配金。もう1つは、基準価額が値上がりした場合に得られる売却益です。ただし、分配金を受け取ると基準価額が下落しますし、基準価額も日々変動します。そのため、基準価額が値下がりしていても、これまでに受け取った分配金を合計すると総額ではプラスとなったり、分配金が多い投資信託でも、基準価額が下がって総額がマイナスになるといったことが考えられます。つまり、全体としてどれくらいの利益を得ているのか、どの程度の利回りで運用できているのかを把握するためには、分配金や基準価額の推移を個別に見るのではなく、両方を合わせて考えることがポイントとなるのです。

この計算をわかりやすくするために、現在販売中の投資信託は、分配金と値上がり金額を計算した**トータルリターンを通知**することが義務づけられています。トータルリターンは、わかりやすくいえば、投資信託の利回りを表すもの。すでに保有中の投資信託は、証券会社のウェブサイトなどで現在のトータルリターンを確認できます。また、商品一覧のページで表示される騰落率もトータルリターンを使用していることが多いので、同じようなタイプの投資信託で迷った場合はトータルリターンを見て運用能力を比較・検討してみましょう。

用語解説 【トータルリターンを通知】

「トータルリターン通知制度」（2014年12月開始）により、販売会社は年1回以上トータルリターンを通知する。基準価額、分配金、コストを考慮した実質的な損益が簡単に把握できるようになった。

トータルリターンに注目

トータルリターン ＝ 投資信託の利回り

**分配金の総額と基準価額の変動を合わせたリターンの総額。
投資信託の運用成績を示す重要な指標**

例 保有中の投資信託のリターンを知る

分配金はどれくらい受け取った？

基準価額はどれくらい上昇した？

投資信託A

累計10万円 **現在5万円**

↓

計15万円

2つのリターンを合算して獲得した（できる）利益を正確に把握

例 購入検討の投資信託を比較する

投資信託A

分配金 基準価額の上昇

↓

トータルリターン 3%

投資信託B

分配金 基準価額の上昇

↓

トータルリターン 5%

似たタイプの投資信託はトータルリターンで良し悪しを比べましょう

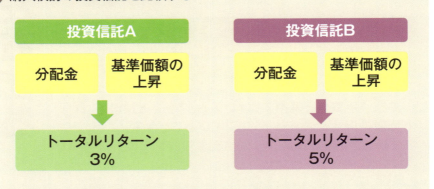

8 コストがリターンを左右する

販売手数料と信託報酬で比べよう

買い方によってコスト負担が変わる

投資信託には主に2つのコストがあります。1つは、前ページで説明した取得価格に含まれる「**販売手数料**」で、これは購入時に販売会社である証券会社や銀行などに払うもの。もう1つは「**信託報酬**」です。これは、ファンドマネージャーなどに対する報酬のことで、**投資信託を保有している期間中かかります**。

手数料は実質的なマイナスですから、運用成果が同じであれば、いずれの手数料も安い方がよいといえます。また、積立方式で投資信託を増やす場合は販売手数料、保有期間が長くなる場合は信託報酬の負担が大きくなる点に注意しましょう。

投資信託の2つのコスト

投資信託のコストには、購入時にかかる販売手数料と、運用中にかかる信託報酬がある。

申込・購入　→　**運用中**　→　**売却・償還**

販売手数料
購入時に販売会社（証券会社や銀行など）に支払う手数料。基準価額の何％と決まっていることが多い

信託報酬
投資信託を保有している期間中かかるコスト。年何％と決まっていることが多い

運用成果が同じなら手数料が安い方を選択。率・額を目論見書で確認しましょう

買い方と手数料負担を考えよう

積立てる人と中長期で1つの投資信託を保有する人とでは手数料の注目ポイントが異なります。

ケース①

毎月積立てて購入する人［毎月10,000円ずつ積立て購入した時の例］

購入 → 購入 → 購入 → 購入

販売手数料（300円）　販売手数料（300円）　販売手数料（300円）　販売手数料（300円）

積立てる予定の人は販売手数料の率・額に注意。購入回数が増えるほど手数料負担も大きくなります

ケース②

長期保有する人［100万円投資した時の信託報酬（累計）］

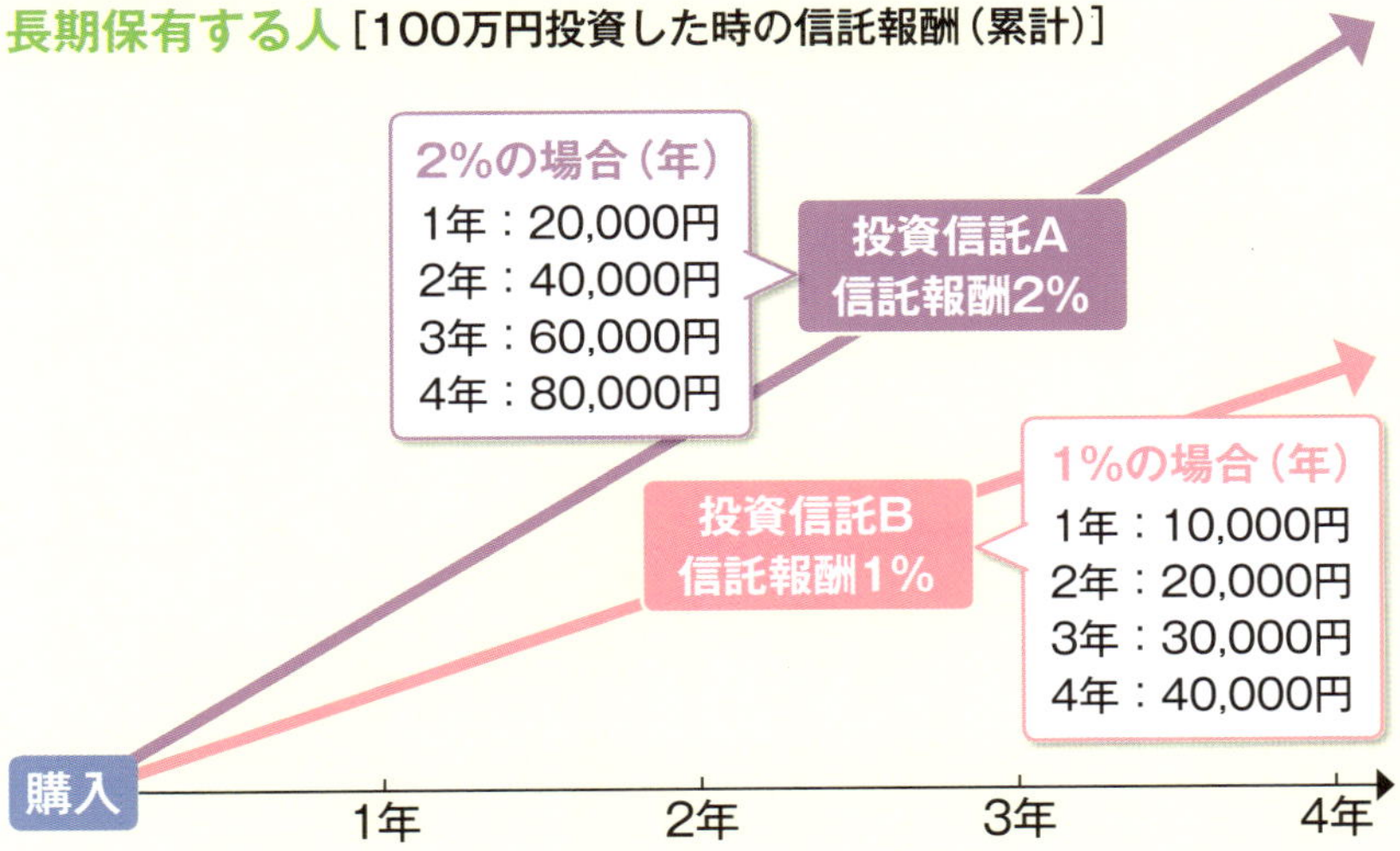

長期保有する予定の人は信託報酬に注意。**1%の差**でも長期になるほど**コスト負担の差は大きくなります**

Column 成功メモ④

景気は投資の追い風だが景気がよすぎるのはリスク

主に株や不動産で運用する投資信託は、好景気に向かっている時に値上がりしやすい傾向があります。理由は、景気がよい時ほど株価や地価が上がるため。投資信託の純資産総額・基準価額は、組み入れている商品（株、不動産）の価格で決まりますから、このタイプの投資信託にとって好景気は追い風といえます。ただし、好景気に「向かっている」と「いま好景気」は意味が違います。好景気に「向かっている」のであれば、投資信託の値上がりが期待できますので買い時といえるかもしれません。しかし「いま好景気」である時は、すでに株価や地価が高値に達し、下落に向かう可能性があります。株価の平均値を示す日経平均株価や、地価の平均値が急上昇している場合には、いったん様子見してみるのも１つの手。景気は循環し、株価・地価も上下を繰り返しますので、焦って高値で飛びつかないように注意しながら、安値で買えるタイミングを待ってみましょう。

第4章

投資信託の種類を知る

～自分に合った商品を探す～

投資信託の種類は、投資先のジャンルや取引方法などによってさまざま。どんなタイプがあるのか、タイプごとにどのような特徴があるのかを知り、自分の投資目的に合う商品探しに役立てましょう。

早わかり！

商品選びが投資信託運用のカギ

投資信託はそれぞれ、購入可能なタイミング、投資先、値動きなどが異なります。そのため「中長期で安全に運用したい人」は国内債券を組み込むタイプ、「大きな利益を狙いたい人」は海外の株や債券を組み込むタイプが向いているなど、目的によって適した商品も変わります。まずは「購入方法」と「投資先」を基準に、自分の投資目的と合いそうなジャンルを探してみましょう。

購入のタイミングによる分類

投資信託は、商品によって、購入できる期間が決まっているもの、決まっていないもの、株のように市場で売買するものに分けられる。

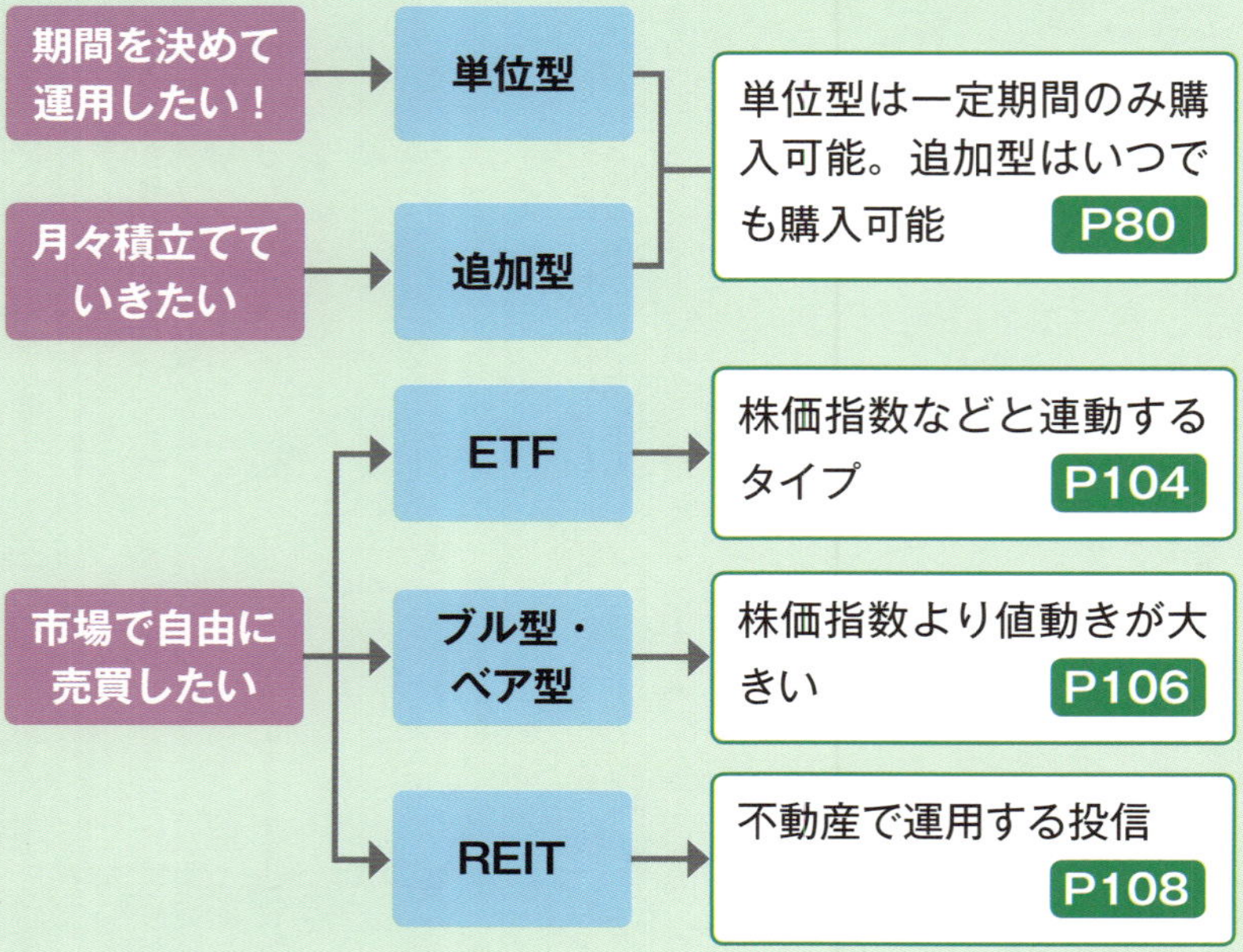

投資信託の種類

どんな商品に投資する？

投資・運用のカギを握る「商品選び」。狙いたいリターンと、投資信託が組み入れている商品の特徴を比べて、自分に合う商品を見つけましょう。

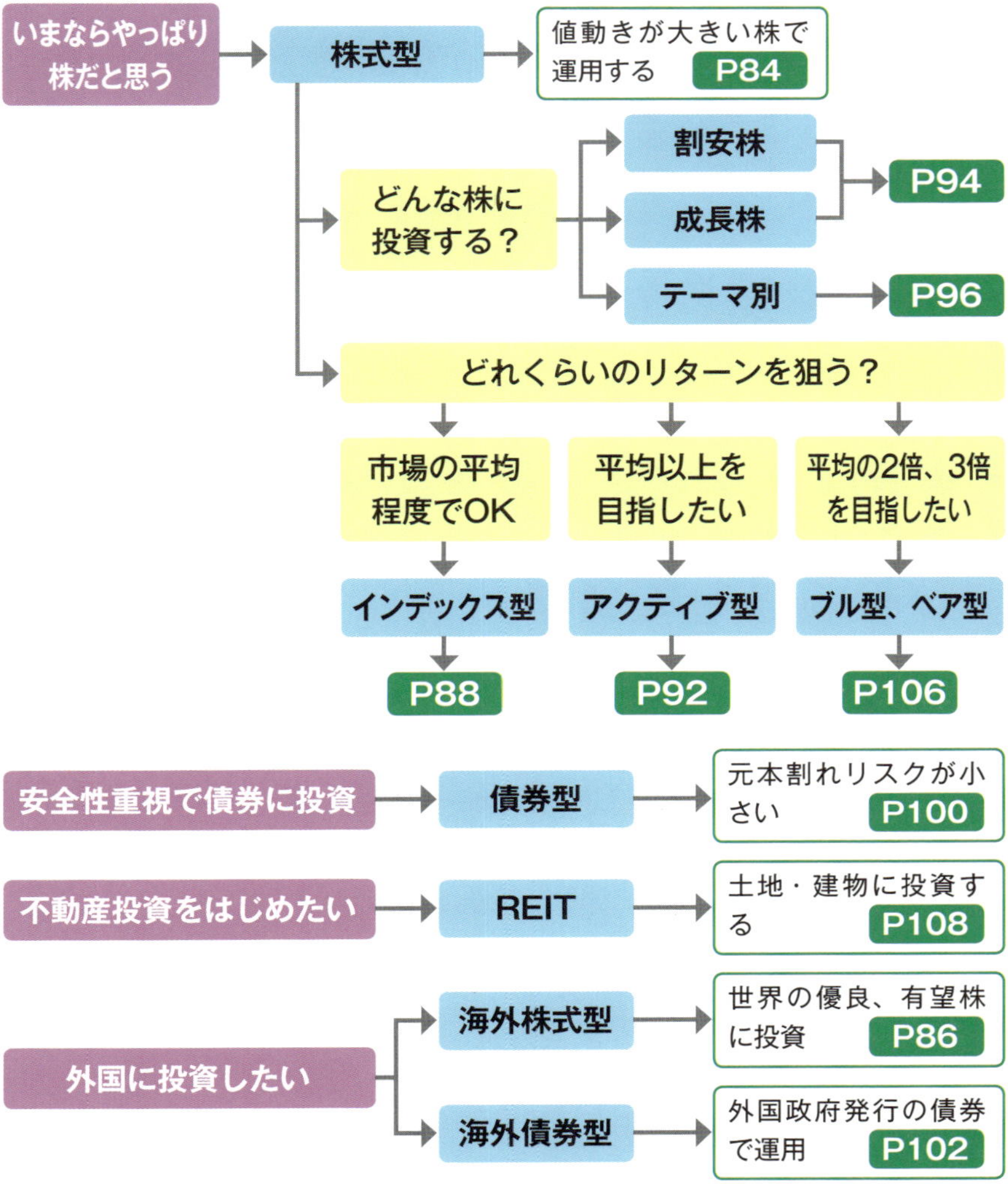

1

いつでも買えるもの、買えないものがある

単位型は安定、追加型は自由

募集期間は投資信託ごとに異なる

投資信託には、購入できる期間が決まっている「単位型」と、いつでも追加購入可能な「追加型」があります。

単位型を購入できる期間は、投資信託が運用開始される前に設定され、たとえば1か月や3か月と投資信託によって違いがあります。この期間を「募集期間」といい、募集期間を過ぎてからは購入できません。ただ、人気がある単位型の投資信託は**シリーズ化**され、同じ方針・内容で毎月募集していることがあります。気になる商品が単位型で、すでに募集期間が過ぎている場合は、同シリーズの商品を探してみましょう。

募集期間に購入する場合の価格（基準価額）は1万円。切りがよい数字のため、運用開始後の成果が把握しやすいというメリットがありますが、運用前に購入するため、どのような商品に、どの程度の割合で投資するかが分からないなどのデメリットもあります。リスク・リターンの方針などは、目論見書を読んで確認しましょう。

一方の追加型は、いつでも自由に購入できるタイプ。オープン型とも呼ばれ、最近の投資信託では主流といえます。メリットは、買付け期間が決まっていないため、資金状況などに応じて自由に購入のタイミングを決められること。売却のタイミングも自由ですので、資金管理の柔軟性も高くなり、同じ商品をコツコツ買い増す積立式の投資もできます。

用語解説【シリーズ商品】

同じ投資方針で再販売される商品。定時定型投資信託とも呼ばれる。たとえば、投資先や分配方針などが同じ（定型）で、毎月販売される（定時）ものなど。需要・人気が高い商品に多い。

単位型と追加型の違い

単位型は購入期間が決まっているタイプで、買付価格は10,000円、追加型はいつでも購入できるタイプで、時価で購入します。

単位型 募集期間がある

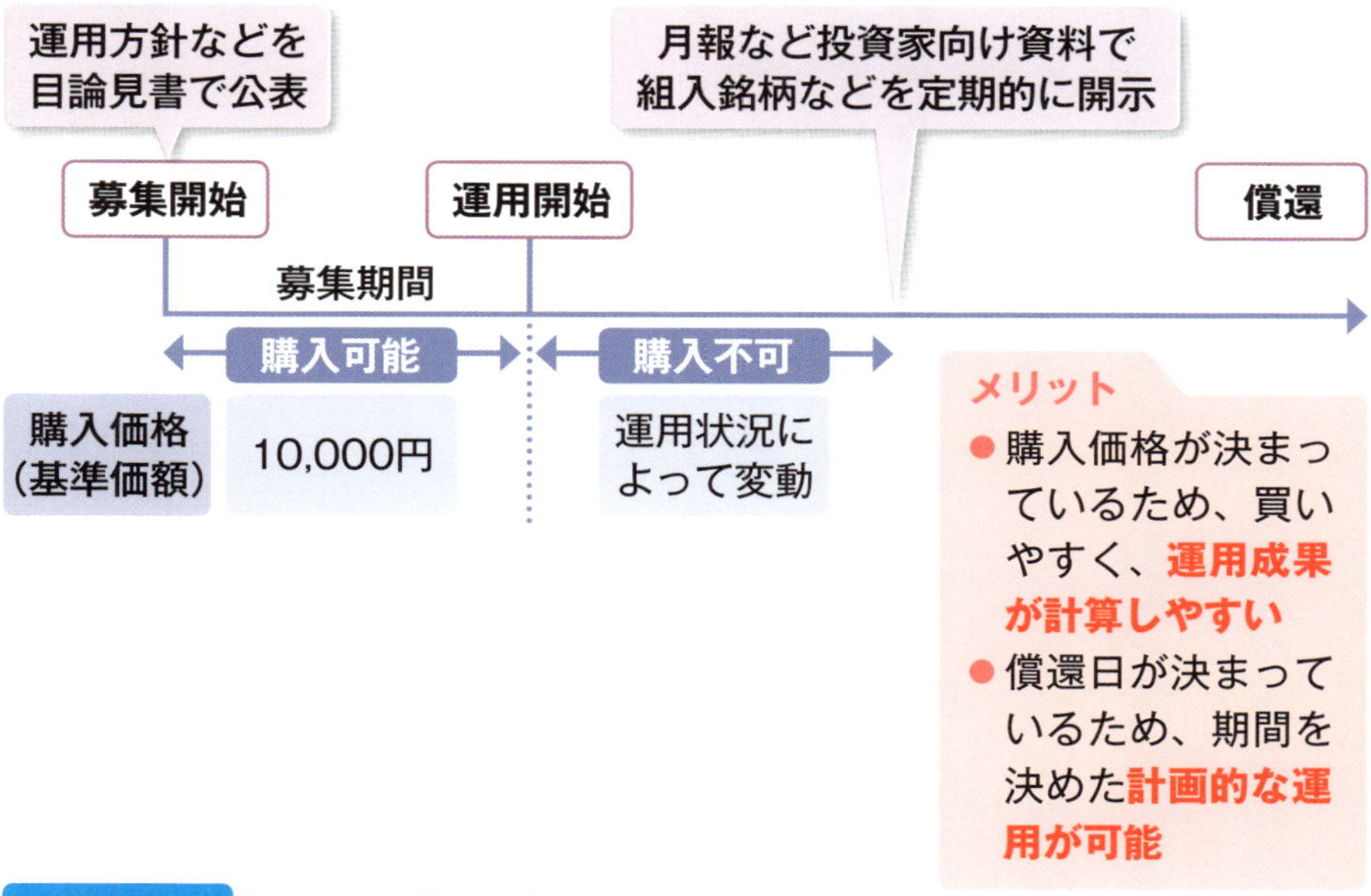
運用方針などを
目論見書で公表
月報など投資家向け資料で
組入銘柄などを定期的に開示
募集開始
運用開始
償還
募集期間
購入可能
購入不可
購入価格
(基準価額)
10,000円
運用状況に
よって変動
メリット
●購入価格が決まっているため、買いやすく、運用成果が計算しやすい
●償還日が決まっているため、期間を決めた計画的な運用が可能

追加型 いつでも購入可能

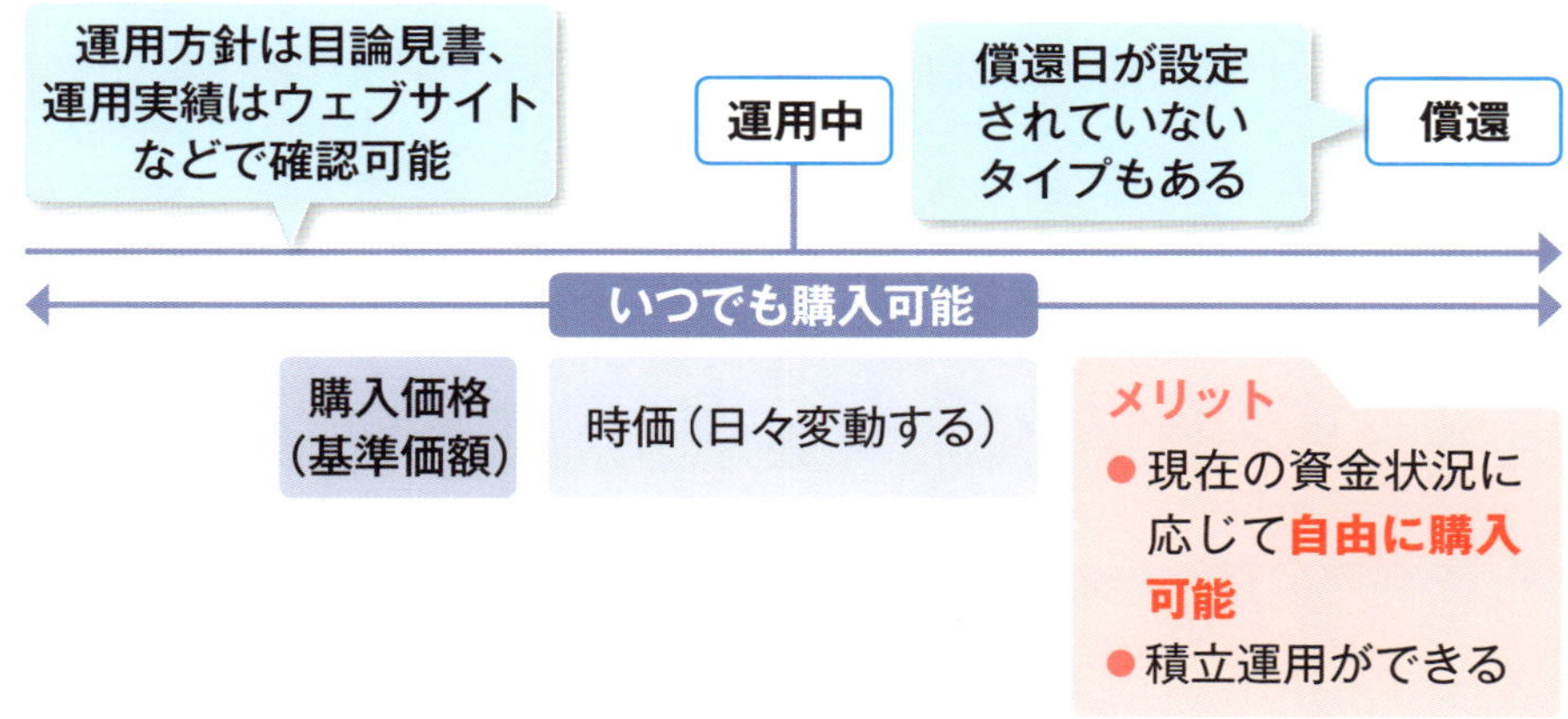
運用方針は目論見書、
運用実績はウェブサイト
などで確認可能
運用中
償還日が設定
されていない
タイプもある
償還
いつでも購入可能
購入価格
(基準価額)
時価(日々変動する)
メリット
●現在の資金状況に応じて自由に購入可能
●積立運用ができる

2 単位型はクローズド期間に注意

「解約できない期間」の有無を確認しよう

クローズド期間とは何か

単位型と追加型は、購入時のほかに解約時についても違いがあります。

単位型は、投資信託の運用開始から「**一定期間は解約できない**」という条件がついているものがあります。この期間を「クローズド期間」といいます。クローズド期間の長さは商品によって異なり、半年から1年のものがあれば、償還日まで解約できないものもあります。投資家の視点で見ると、クローズド期間中は自由に資金を出し入れできないということですので、**償還日まで使う予定のない余剰資金を使う**などの対策が必要です。

一方の追加型は、多くの場合クローズド期間がなく、あっても数カ月程度と短期です。そのため基本的にはいつでも解約・売却可能。急に資金が必要になる可能性がある人など、**資金の流動性**（現金化する自由度のこと）を**確保したい場合は追加型**がよいでしょう。

流動性という点から見るとクローズド期間は短い方がよいといえますが、単位型は、運用面では安定性が向上するというメリットがあります。投資信託はまとまった資金を運用しますので、たとえば、解約する人が増えて信託されている資金（純資産総額）が減ると、返金のために一部資産を売却したり、分散投資の範囲が小さくなるといった影響を受けます。一方、クローズド期間があればこのようなリスクを抑えることができ、**純資産総額や基準価額が下落しづらく**なるのです。

用語解説【資金の流動性】
投資商品には、希望するタイミングで現金化できなかったり、希望する価格で売れない可能性がある（流動性リスク）。クローズド期間中は資金が拘束されるため流動性が低くなる。

解約できないクローズド期間に注意

単位型には解約・売却ができない期間が設定されているものがあります。急に換金する必要性がどれくらいあるか確認して余剰資金で投資しましょう。

クローズド期間の仕組み

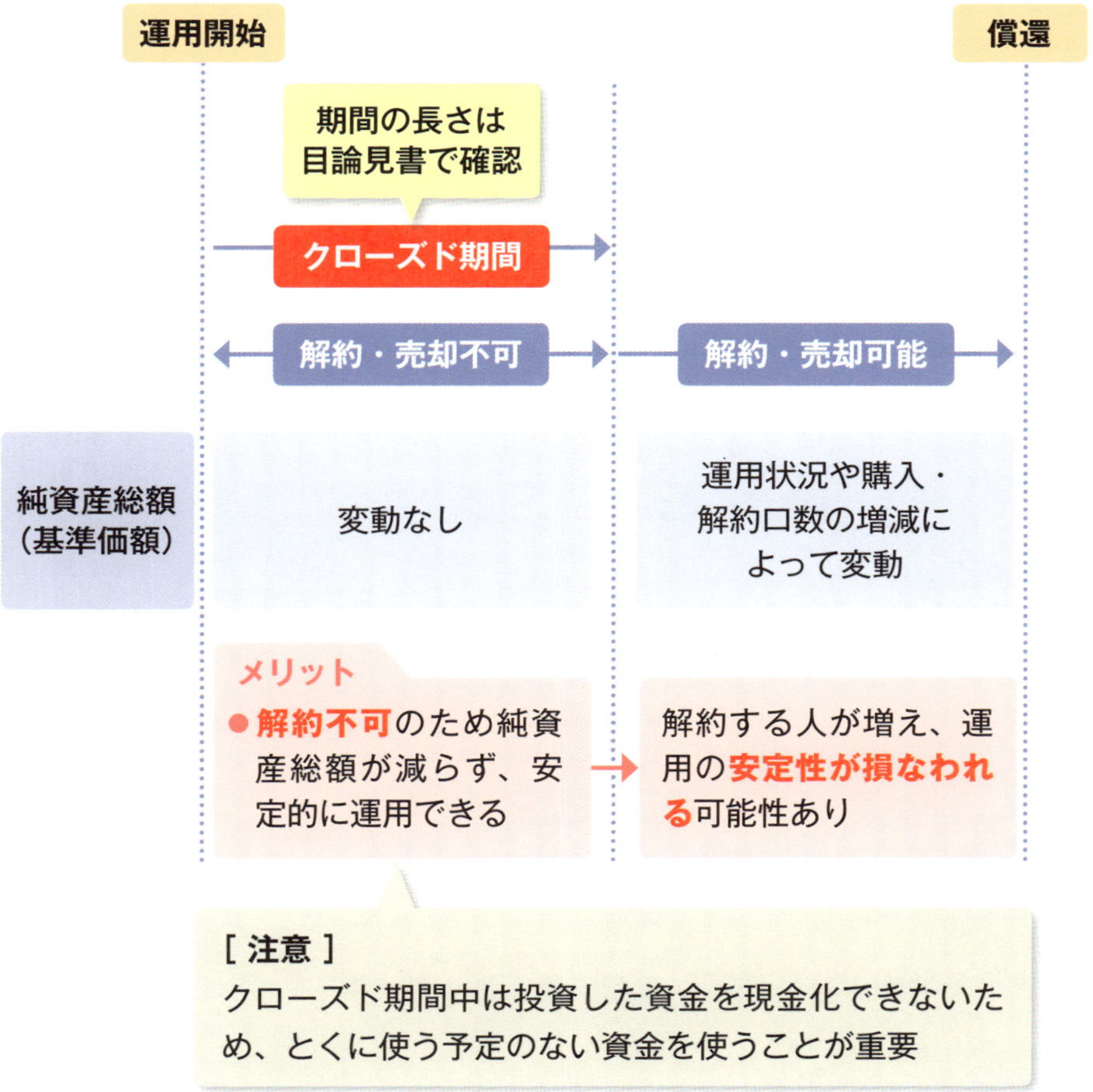

3

株価上昇によるリターンを狙う

複数銘柄に分散投資ができる株式型

市況が追い風になる

投資信託の中で、投資先に株式を組み入れることができるタイプのものを「株式型」といいます。このタイプは、組入銘柄の株価に応じて基準価額が変動し、債券型（→P100）よりも大きなリターンが狙えます。

株式型は、**株式市場の状態（市況）**と、組み入れる銘柄のタイプによって成果が変わります。たとえば、市況がよければ基本的に株式型の基準価額も上昇します。その中でも「環境関連銘柄の値上がりが大きい」「小型株の上昇力が強い」といった傾向があれば、そのような銘柄を中心に組み入れている投資信託はより大きく値上がりします。そのため、株

株式型の4つのメリット

株式型は、市場で取引されている銘柄を組み入れ、配当金や値上がり益によって利益を得るタイプの投資信託。

メリット

1. 株価上昇による大きなリターンが狙える
2. 複数の株に少額で分散投資できる
3. 個別の銘柄の分析が不要
4. 債券型よりも種類が豊富で選択肢の幅が広い

用語解説【株式市場の状態（市況）】

株式市場は、国内の場合、主な銘柄が取引される東京証券取引所を指すことが多い。景気がよくなると株取引をする人が増えて市場が活況になる。この状態を「市況がよい」という。

式型を検討する場合は、まずは市況の良し悪しを見ることが大切。２０１３年から続く株高傾向のように全体的に株価が上がっている状態ほど、効率よく利益を獲得することができます。

また、国内の株式市場では約３５００種の銘柄が取引されているため、個々の企業の業績を調べたり、今後の株価を予想するのは大変な作業ですが、投資信託は銘柄の選択や入れ替えを任せられますので、細かな分析などは不要。「優良企業の株で運用したい」「できるだけ大きな利益を狙いたい」「不況に強い銘柄で運用したい」など、リスク・リターンについてのある程度の目安や方向性さえ決まっていれば、そのタイプの投資信託を選ぶことで、手軽に株式投資ができます。１銘柄あたり10万円前後の株を複数買うのが資金的に難しい人でも、投信なら少額で複数の銘柄に分散投資できます。

目的に合わせて手軽に株式投資

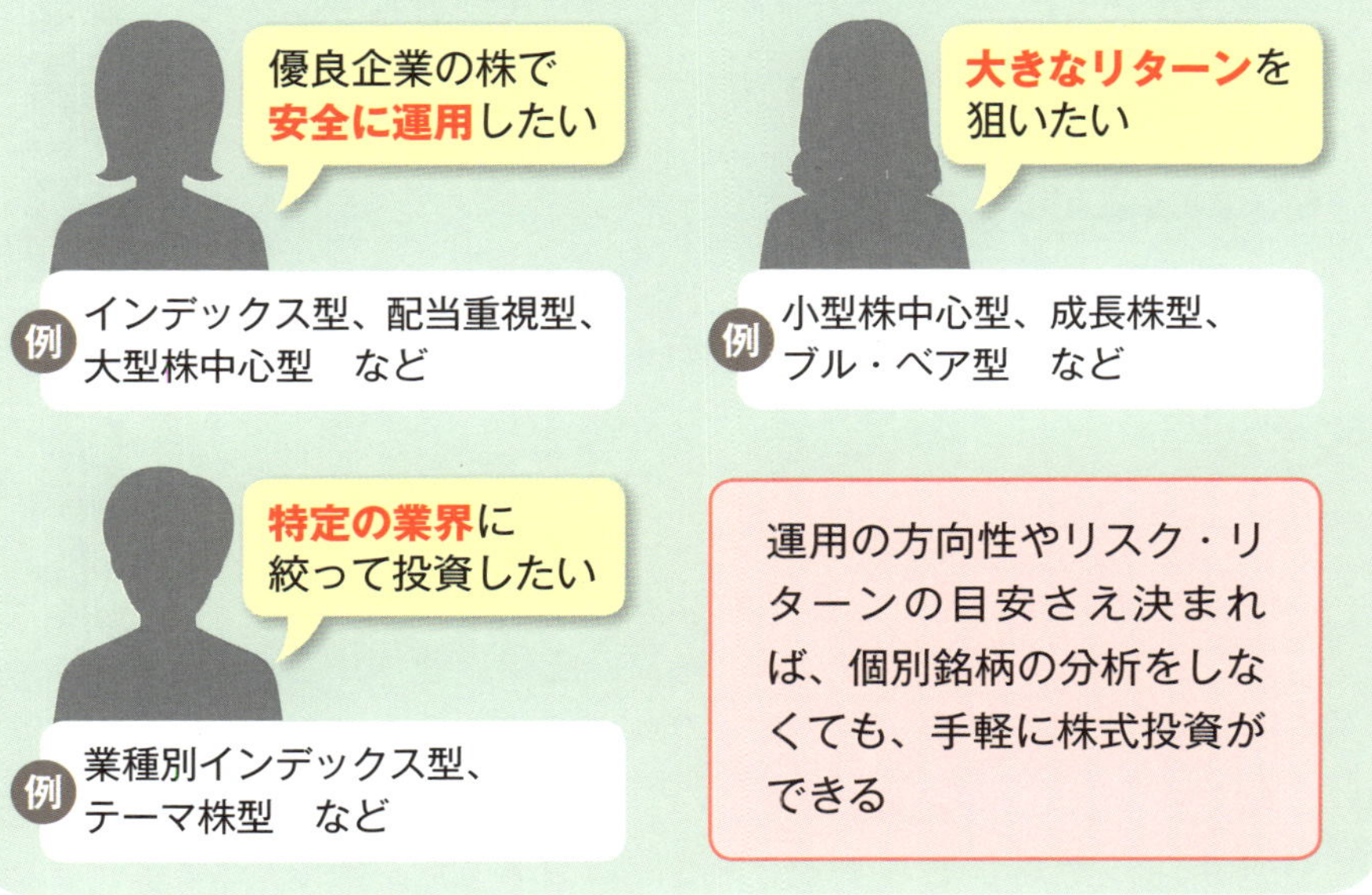
優良企業の株で安全に運用したい
例 インデックス型、配当重視型、大型株中心型　など
大きなリターンを狙いたい
例 小型株中心型、成長株型、ブル・ベア型　など
特定の業界に絞って投資したい
例 業種別インデックス型、テーマ株型　など
運用の方向性やリスク・リターンの目安さえ決まれば、個別銘柄の分析をしなくても、手軽に株式投資ができる

4

グローバル企業や将来有望な企業に投資

海外株式型で投資範囲を拡大

投資先の選択肢が広い

株式型の中で、主に海外企業の株を組み入れるものや、海外企業の株のみで運用するものを「海外株式型」といいます。

海外株式型の魅力は、**数・種類が豊富な**ことです。たとえば、アメリカ市場では約５０００種の銘柄が取引されていますし、欧州やアジア市場を含めると、その数は国内株式市場の銘柄数（約３５００種）の数倍に増えます。種類の面では、海外市場には世界を舞台に活動する**グローバル企業が多く上場しています**。たとえば、アメリカ市場にはマイクロソフトやグーグルといったＩＴ大手や、コカ・コーラやウォルト・ディズニーなど有名な企業が上場していますし、欧州市場にも

海外株式型で投資先の範囲を広げる

海外株式型は、海外市場の銘柄を組み入れるもの。グローバル企業や新興国の成長株などに投資できます。

海外株式型

［ 先進国市場 ］
アメリカ市場
欧州市場

世界の名だたるグローバル企業は活動規模が大きく、安定的に運用できる

［ 新興国市場 ］
中国市場
ロシア市場
ASEAN市場
南米市場

成長力ある国の企業は、経済力の伸びを追い風に受けて、大きなリターンを狙える

ドイツの大手自動車メーカー、フランスの大手ファッションブランドが上場。このような銘柄を個人で買うのはハードルが高く、購入できない銘柄もありますが、海外株式型の投資信託であれば簡単に投資できます。より大きなリターンを得たい人は、BRICsやASEANなど新興国の株を組み入れる商品を検討してみましょう。日本やアメリカなどの先進国は、すでに市場や企業が成熟していますが、新興国には将来有望な企業も数多くあり、成長次第で大きなリターンを狙うことも可能です。

もう1つ特徴的なのは、分配金や値上がり益に為替が関係することです。円高の時に購入し、円安の時に売却すると、受け取れる利益はさらに大きくなりますので、海外株式型を検討する場合は、投資先の地域や企業の状態とともに、為替の値動きにも注目することがポイントです。

為替変動でリターンが増える可能性

海外株式型は、購入時と、売却時・配当金受取時の為替レートの差によって為替差益が得られる可能性もあります。

例　アメリカA社株を10万円で購入したケース
株価1,000ドル、配当金50ドル（配当利回り5%）

	購入時	売却時 配当金受取時
為替レート	1ドル＝100円	1ドル＝120円

円安に変動

評価額 （A社株の時価）	1,000ドル （10万円）	1,200ドル （12万円）
配当金	5000円 配当利回り5%	6000円 配当利回り6%

株価の値上がり益とは別に、**為替差益**を得られる可能性がある

円安ドル高により配当利回りも向上

5

インデックス型は値動きが安定

「市場を丸ごと買う」タイプの投資信託

手数料が安く値動きが安定

投資信託は、どれくらい積極的にリターンを狙いにいくかによって「インデックス型」と「アクティブ型」に分けることができます。**インデックス型は、日経平均株価やTOPIXといった株価指数に連動**するように設計・運営されているものが中心。日経平均株価が100円上がれば、日経平均株価連動型の基準価額も100円上がるといったように、**ベンチマーク**（目標）とする平均株価などと連動して基準価額が変わります。

特定の業種やテーマに関連する銘柄に絞って組み入れる商品と比べると、インデックス型は組み入れる銘柄数が多いため、**分散投資効果が大きく、値動きが安定**しやすくなります。TOPIX連動型のように東証一部全体の値動きと連動するタイプは、市場を丸ごと買っているのと同じで、投資家としては少額で1800以上もの銘柄に分散投資できることになります。ベンチマークとなる日経平均株価やTOPIXは日々ニュースで報じられますので、基準価額の変動を簡単に把握できるというメリットもあります。

もう1つ特徴的なのは、運用コストの安さです。たとえば、日経平均株価連動型なら、平均株価の計算に組み入れられている銘柄（225銘柄）をすべて組み入れればよいため、銘柄入れ替えの手間などがほとんどかかりません。そのため、**信託報酬が安く設定され、低コストで運用できる**のです。

用語解説　【ベンチマーク】

インデックス型の投資信託が目標とする「指標」。ベンチマークの算出に使われる銘柄（日経平均株価の場合は主要225銘柄）をすべて組み入れることで、ベンチマークと同じ動きになる。

インデックス型の仕組みと特徴

インデックス型は、株価指数（インデックス）と連動して値動きするように設計・運用される商品。その仕組みを見てみましょう。

例 日経平均株価連動型、TOPIX連動型

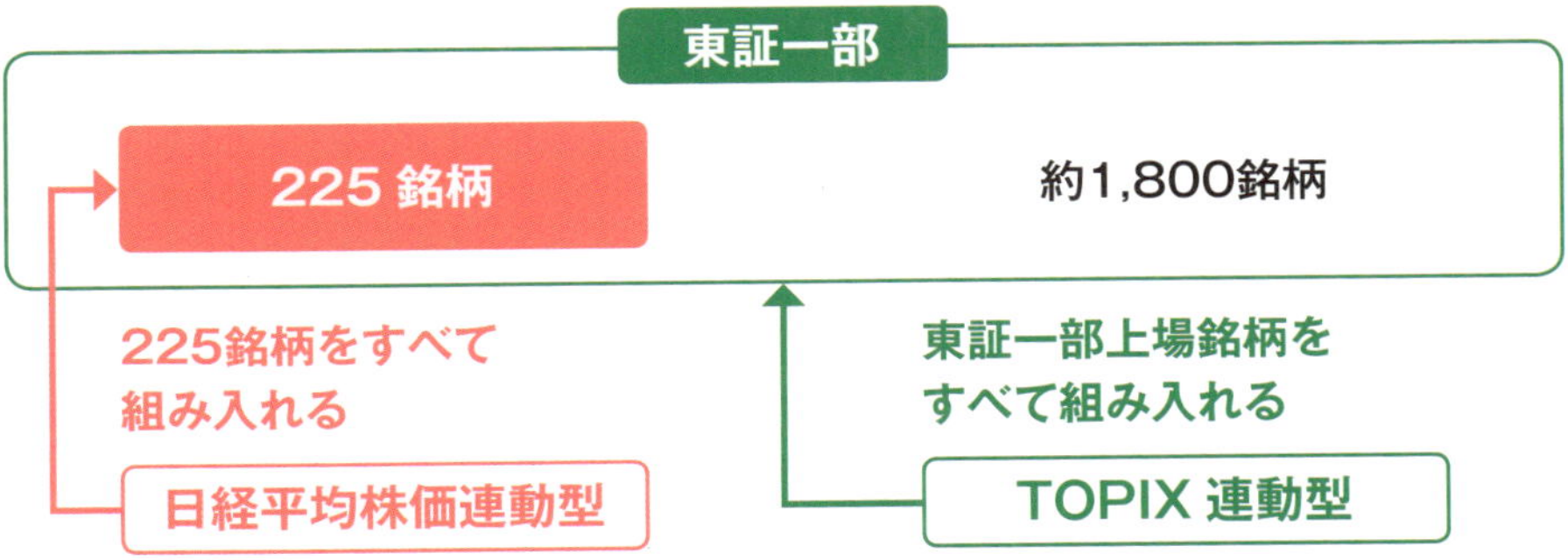

※**日経平均株価**
日本経済新聞が選出した大手・優良企業225社の平均株価

※**TOPIX**
東証一部に上場している企業の時価総額（株価×発行済株数）

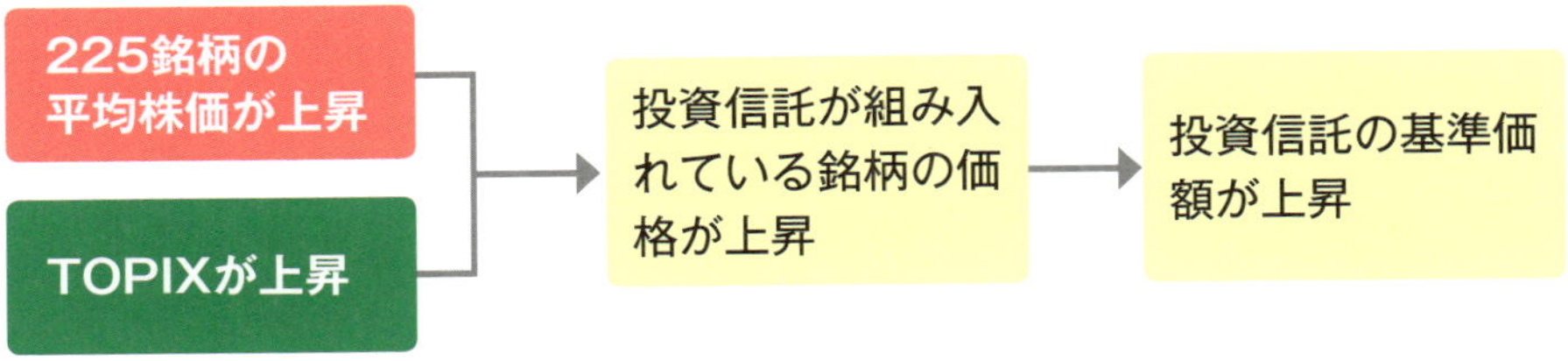

ポイント

- 株式市場の状態がよく、日経平均株価やTOPIXが上昇している時ほど、**インデックス型も利益が得やすい**
- 組み入れ銘柄数が多いため、組み入れ銘柄を絞り込むタイプの投資信託よりも**値動きが安定しやすい**

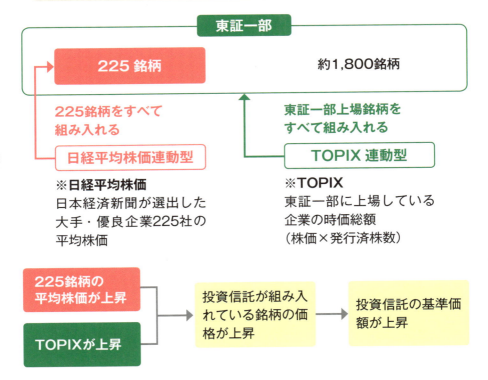

6

業種ごとの指数に連動するインデックス型

業種別インデックス型は好況業種を

景気・為替動向から好況の業種を選ぶ

インデックス型の中には、日経平均株価やTOPIXといった大きなベンチマークではなく、もう少し投資対象を絞り込んだタイプのものもあります。建設、電機、不動産といった**業種を絞り、関連銘柄を組み入れる「業種別インデックス型」**です。

仕組みはインデックス型ですので、ベンチマークの指数と連動するように設計・運用されている点は同じ。たとえば、東証には33種類の業種があり、それぞれに業種別株価指数という指数がありますので、それをベンチマークとして運用されます。

このタイプの商品選びでは、景気や為替の動向に注目することがポイント。景気が上向

業種別インデックス型の仕組み

業種別インデックス型は、建設、電機、不動産といった業種を絞り、関連銘柄を組み入れる業種別株価指数という指数に連動するように投資できます。

株式市場（33業種）

水産・農林業　鉱業　建設業　食料品
不動産　パルプ・紙　化学　医薬品　など

↑

投資信託A　業種を絞って関連銘柄を組み入れる

不動産関連銘柄の平均株価が上昇 → 投資信託が組み入れている銘柄の価格が上昇 → 不動産のインデックス型投資信託の基準価額が上昇

値動きの仕組みは日経平均株価やTOPIXと連動するインデックス型と同じ

きだと判断できる場合には、株価が景気に敏感に反応する業種（景気敏感株）に絞る、景気が伸び悩んでいるようであれば、景気の影響を受けにくい業種（ディフェンシブ株）に投資するといった方法が考えられます。為替についても、基本的には円安は輸出企業、円高は輸入企業の追い風となりますので、動向を見きわめることによって、市場全体に投資するインデックス型よりも大きなリターンを狙うことができます。また「これから不動産業の業績が伸びそうだ」「エネルギー関連企業を応援したい」といった予想や希望がある場合も、このタイプを検討してみることができます。ただし、日経平均株価やTOPIXの連動型と比べると組み入れる銘柄数が少なくなるため、分散投資効果が下がる点に注意。ニュースなどで景気・為替の動向を確認しながら、投資額や保有口数を調整するなどしてリスク管理しましょう。

景気動向を見て投資先業種を選ぼう

株式市場で取引されている銘柄は、業種によって景気上昇時に強い、不景気時に強いといった違いがあります。

景気に敏感な業種

景気や為替動向によって受注量や業績が変動する業種
紙パルプ、化学、鉄鋼、機械、運輸など

この業種の銘柄を「**景気敏感株**」と呼ぶ

国内の景気が上向きになると、他の企業よりも業績がよくなりやすく、**株価も上昇しやすい**

影響を受けにくい業種

生活必需品や生活に密着した業種
食品、薬品、電力・ガス・鉄道など

この業種の銘柄を「**ディフェンシブ株**」と呼ぶ

国内の景気が低迷しても、他の企業よりも業績が悪くなりにくく、**株価が安定しやすい**

7

アクティブ型はファンドマネージャーの腕次第

割安銘柄、成長銘柄で大きなリターンを狙う

指数を上回る運用を目指す

指数との連動を目指すインデックス型に対して、**指数を上回るリターンを目指すのが「アクティブ型」**。たとえば株価が割安の銘柄を見つけ出したり、成長力ある銘柄を選び出すなどして、インデックス型以上のリターンが得られるように運用するタイプの商品です。インデックス型は指数（日経平均株価やTOPIXなど）が下がれば基準価額も下落します。その点、アクティブ型は投資に**「向かい風」の状況でも、利益を得られる可能性があるということです。**

アクティブ型の商品選びでポイントとなるのは、運用成績です。指数に連動するインデックス型は、ベンチマークが同じであれば、基本的にはどの商品も同じ運用成績になります。一方のアクティブ型は、銘柄の選出、見直し、入れ替えを行うファンドマネージャーの腕次第。どれくらいのリターンを目指し、そのためにどれくらいのリスクを取るか、どの業種・地域に重点を置いて投資するかといった方針は商品によって異なりますので、目論見書で運用方針を確認しましょう。運用中のアクティブ型は、**運用実績を比較**することが重要です。また、銘柄の入れ替えなどに手間がかかるため、アクティブ型はインデックス型よりも信託報酬が高く設定されています。運用実績がよくても手数料が高ければ投資家の利益にはなりません。しっかりとコストを比較することが大切です。

知っておこう【アクティブ型を選ぶ】

アクティブ型はインデックス型よりも選択が難しい。過去の実績がインデックス型を上回っているもの、純資産総額が大きいもの、コストの低いものなどを探してみよう。

アクティブ型の仕組みと特徴

アクティブ型は、株価指数（インデックス）を上回るリターンを目指すように設計・運用される商品。その仕組みを見てみよう。

アクティブ型の方が値動きが大きくなる

例 日経平均株価連動型との比較

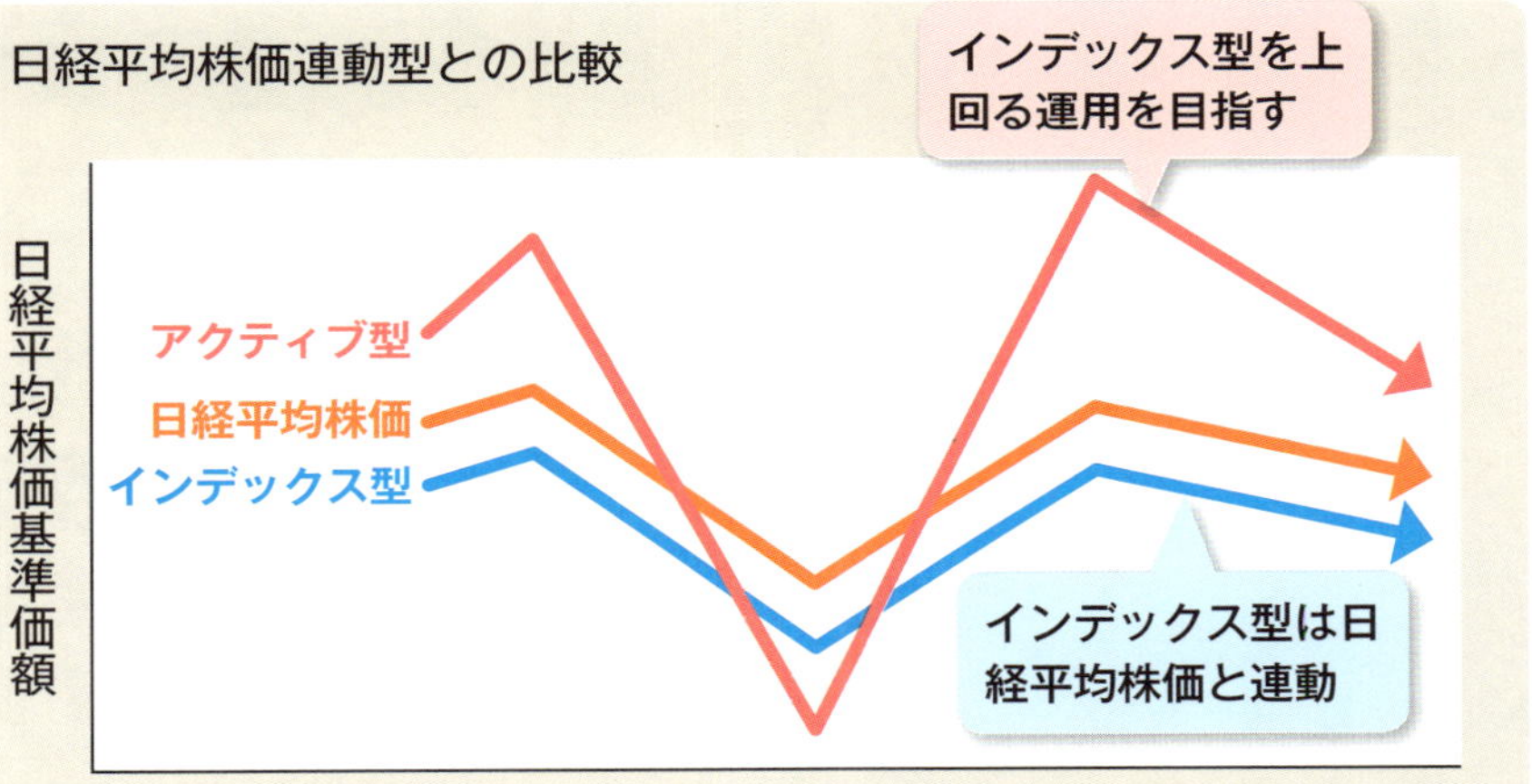

市況全体や、各業界・企業の業績などに応じて柔軟に銘柄を入れ替える

投資対象

国内株式　海外株式　債券　不動産

	投資信託 A	投資信託 B	投資信託 C
運用実績	年5%	年3%	年2%
信託報酬年	1.5%	1.0%	0.8%

ポイント

- 投資信託によって運用成績は違い、コストも異なる
- より大きなリターンを狙いたい人に向いている

8

割安株を狙うか、成長力ある銘柄か
アクティブ型のバリューとグロースの違い

銘柄選びの基準が違う

アクティブ型は、インデックス型を上回る運用を目指し、収益性が高い銘柄を積極的に組み入れます。その際の基準は「バリュー型」と「グロース型」にわけられます。

バリュー型は、企業の利益や資産に対して、現在の株価が安いものを組み入れるタイプ。株価は、**需要と供給のバランス**や、投資家の注目度によって上下するため、業種全体の株価が割安の場合もありますし、同一業種の中でも、投資家の注目度が低い銘柄は割安になりやすいという傾向があります。そのような割安株を組み入れ、適正な価格まで戻った（値上がりした）時に売ることで、利益を獲得するのがこのタイプの特徴です。

グロース型は、業種や企業の成長性に注目して銘柄を選ぶもの。競争力、業界の伸び率、製品やビジネスモデルの新しさなどに注目して銘柄を選びます。また、株には、環境関連株が買われる、医療関連株が注目されるといった流行があります。そのような動きも踏まえながら、株価上昇が期待できる銘柄を組み入れます。

いずれのタイプも、個人で**割安株や成長株を探す時間がない人や、複数の銘柄に分散投資する資金がない人に向いている**といえます。ただし、運用成果はファンドマネージャーの手腕次第。必ずインデックス型を上回るとは限りませんので、同タイプの中で実績を確認・比較して購入しましょう。

用語解説【需要と供給のバランス】

株を売買する買い手（需要）と売り手（供給）の力関係。株価はこの力関係によって上下するため、売り手の力が強い場合、企業の資産額や実力よりも株価が安い状態（割安）となることがある。

バリュー型とグロース型

アクティブ型は、主に組み入れる株の種類によって、割安株中心のバリュー型と成長株中心のグロース型にわけられます。

バリュー型の考え方　割安の銘柄を買い、値上がりを狙う

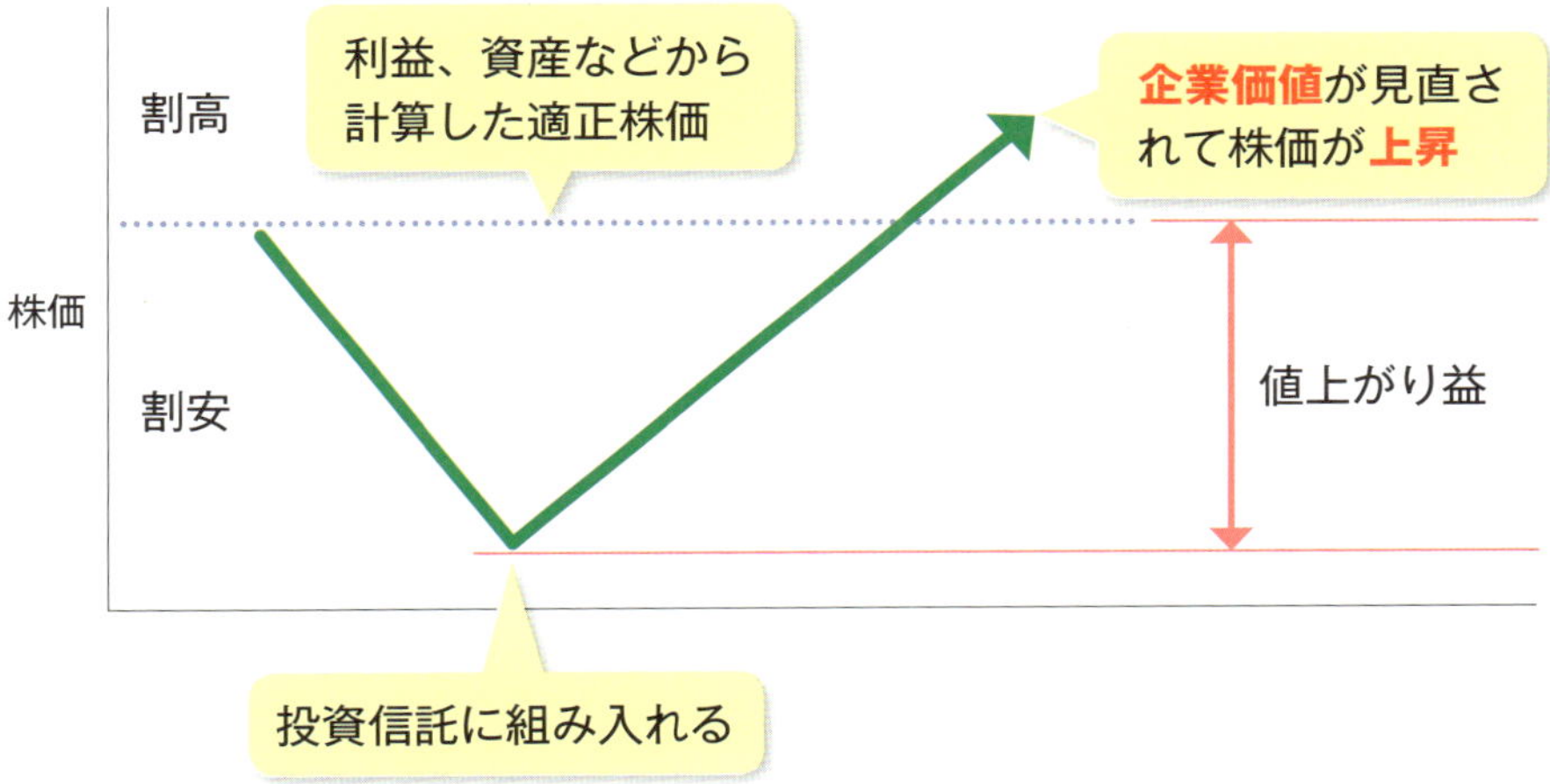

グロース型の考え方　成長力ある銘柄を買い、値上がりを狙う

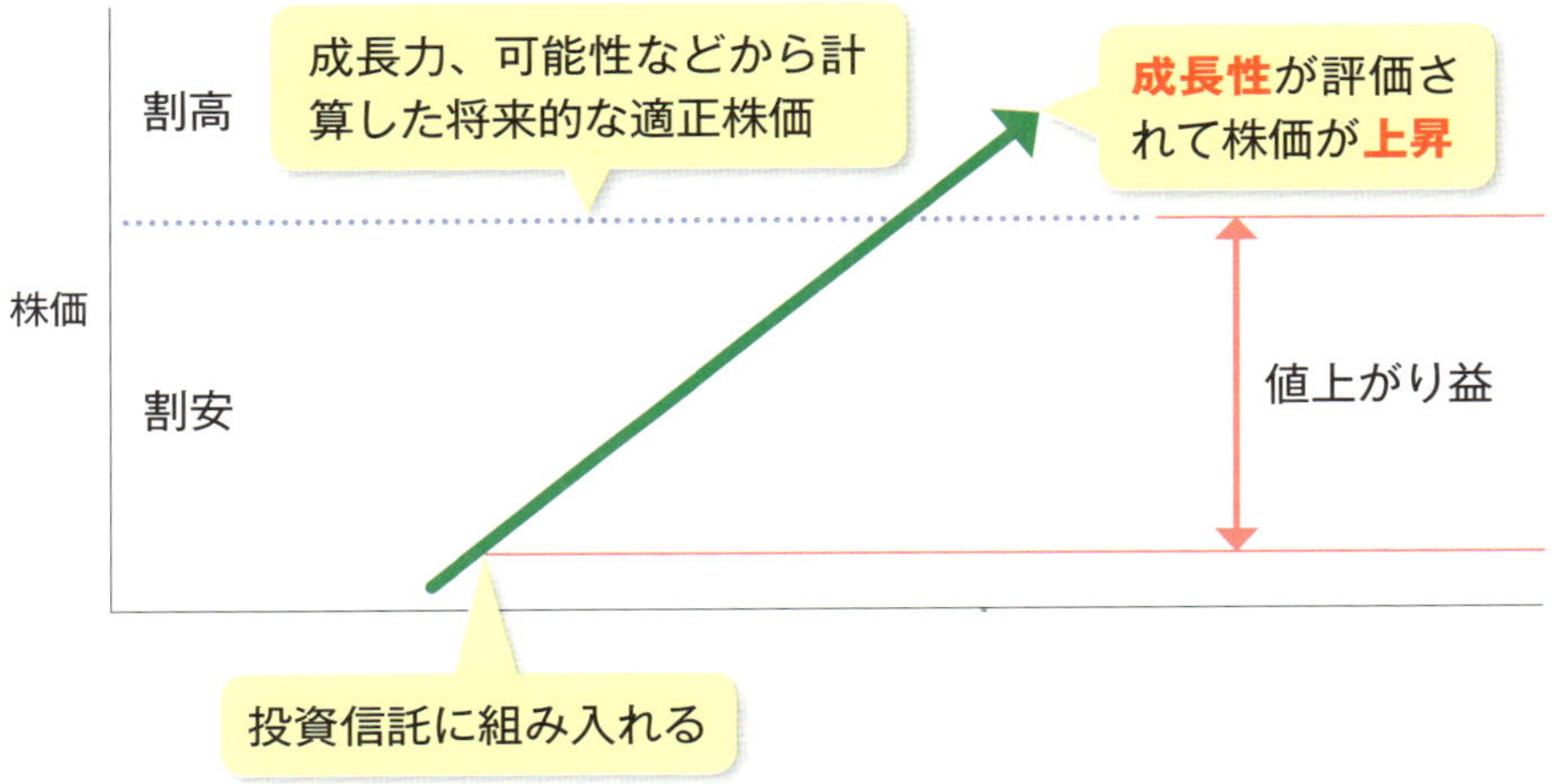

9

注目度で選ぶテーマ型投信

環境、ITなど話題の分野に投資

世間の注目を味方につけよう

「**テーマ型**」とは、環境、IT、食糧問題といった特定のテーマを投資信託の運用方針に掲げて、そのテーマに関連する銘柄を組み入れるタイプのものです。たとえば「エコファンド」と呼ばれる環境テーマの投資信託であれば、再生可能エネルギー、廃棄物処理、エコカーなどの分野から、環境保全への貢献度が高い銘柄を運用会社が選出し、組み入れます。また、産業以外の分類として、特定の地域に本社や工場などを持つ企業の株を組み入れる「ご当地ファンド」などもあります。

投資家としては、投資信託の運用方針がわかりやすいのがメリット。また、ニュースなどで多く取り上げられたり、世間の注目度が高いものがテーマとなることが多いため、時流を追い風にして基準価額の値上がりにも期待できます。注目しているテーマや、応援したい分野がある場合には、それをキーワードとして投資信託を探してみましょう。

ただし、世間の注目は移り変わります。そのため、注目度が下がると、テーマ型もその影響を受けて、解約数が増えたり、基準価額が低下するリスクがあります。また、ニュースなどで話題になった時に、そのテーマの関連銘柄がすでに高値であれば、結果としてテーマ型を高値で購入してしまう可能性もあります。注目度の高さと基準価額の推移を見ながら、安く購入できるタイミングを見計らうことが大切です。

知っておこう【テーマ型が人気の理由】

テーマ型は投資目的・投資先がわかりやすく、ビギナーにも買いやすい商品。また、テーマが注目を集める期間が比較的短いため、短期運用の対象として注目する人も多い。

自分なりの着眼点から特定分野に投資

特定のテーマを掲げて関連銘柄を組み入れるテーマ型投資信託は、投資したい分野が決まっている人に向いています。

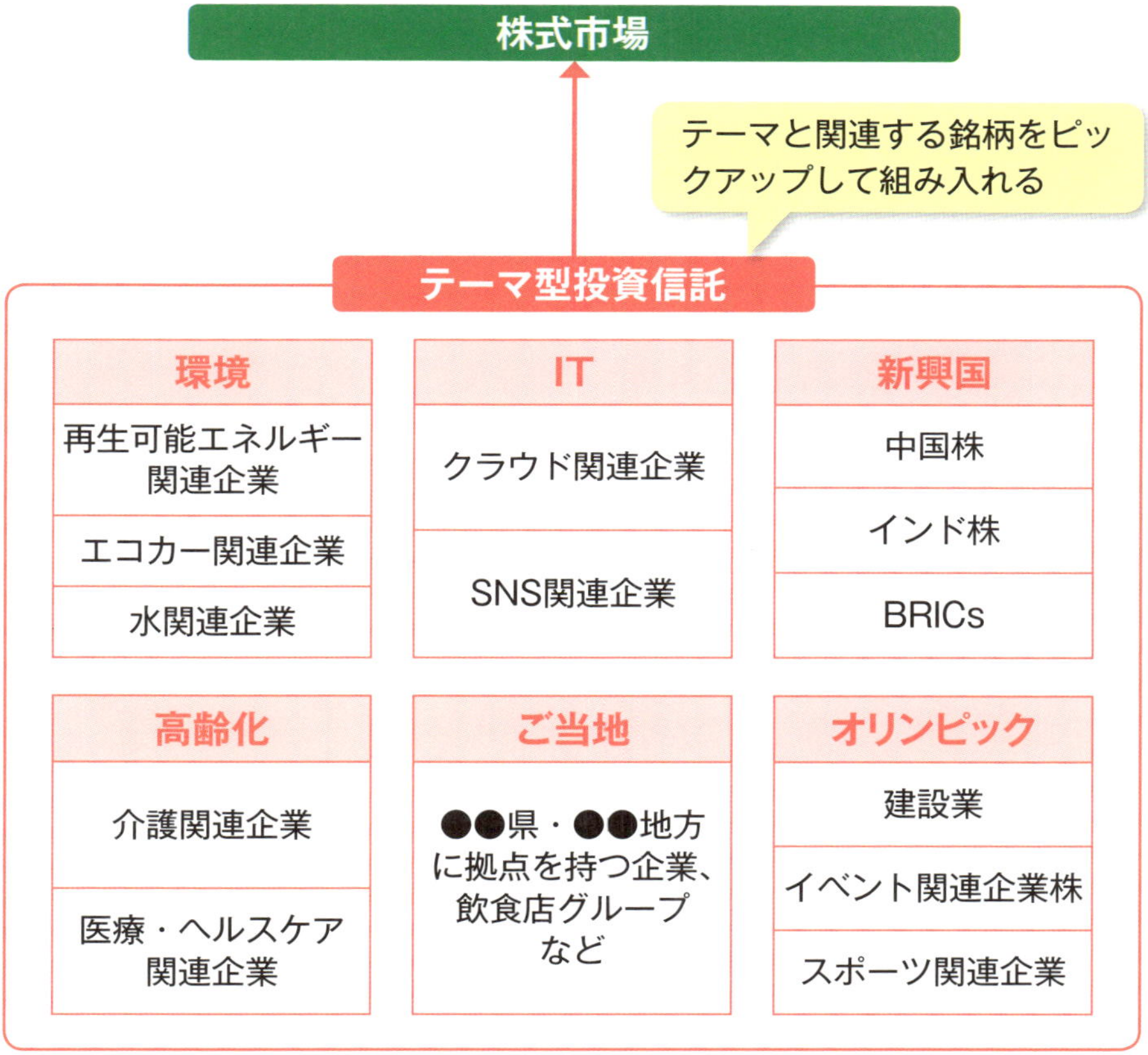

ポイント

- テーマにより、注目度が長続きするもの、しないものがある点に注意。
- 世間の関心が薄れると、解約数が増えて基準価額が低下する可能性がある。

10

販売手数料が無料の低コスト型

インデックス型に多いノーロード投信

指数に連動する運用を目指す

投資信託の運用では、購入時に販売会社に支払う販売手数料と、信託期間中に運用会社に支払う信託報酬があります。このうち、**販売手数料が無料のタイプのものを「ノーロード投資信託」といいます。**

そもそも販売手数料は、投資信託を窓口で買う際に、証券会社や銀行などから商品の説明などを受けるためのコストという意味合いがありました。しかし、最近はほぼすべての商品がインターネットで購入でき、商品の概要（目論見書）も投資家自身がウェブサイトで確認するようになったため、販売会社の負担が軽くなりました。このような変化の中で、販売手数料がかからないノーロード投資信託が普及するようになったのです。

ノーロード投資信託のメリットが大きいのは、**投資金額が大きい人や、積立てながら買い増す予定の人**です。たとえば販売手数料2・0％の投資信託を買う場合、10万円分買う人の負担は2000円ですが、100万円分買う場合は2万円の負担になります。投資金額も2万円を引いた98万円となりますので、**投資効率**も低下します。積立てながら購入する場合も、その都度販売手数料がかかりますので、**購入回数が増えるほど、販売手数料も増えていきます**。コストは実質的なマイナスですので、商品ごとによる運用成果がほとんど変わらないインデックス型を買う場合はとくに、ノーロード型を探してみましょう。

用語解説【投資効率】

投資した資金をどれくらい効率よく利益に結びつけるか。資金をあますことなく運用できるのが望ましいが、実際には手数料分を引いた分が投資されるため手数料が高いほど効率が低下する。

ノーロード型で低コスト・高効率運用

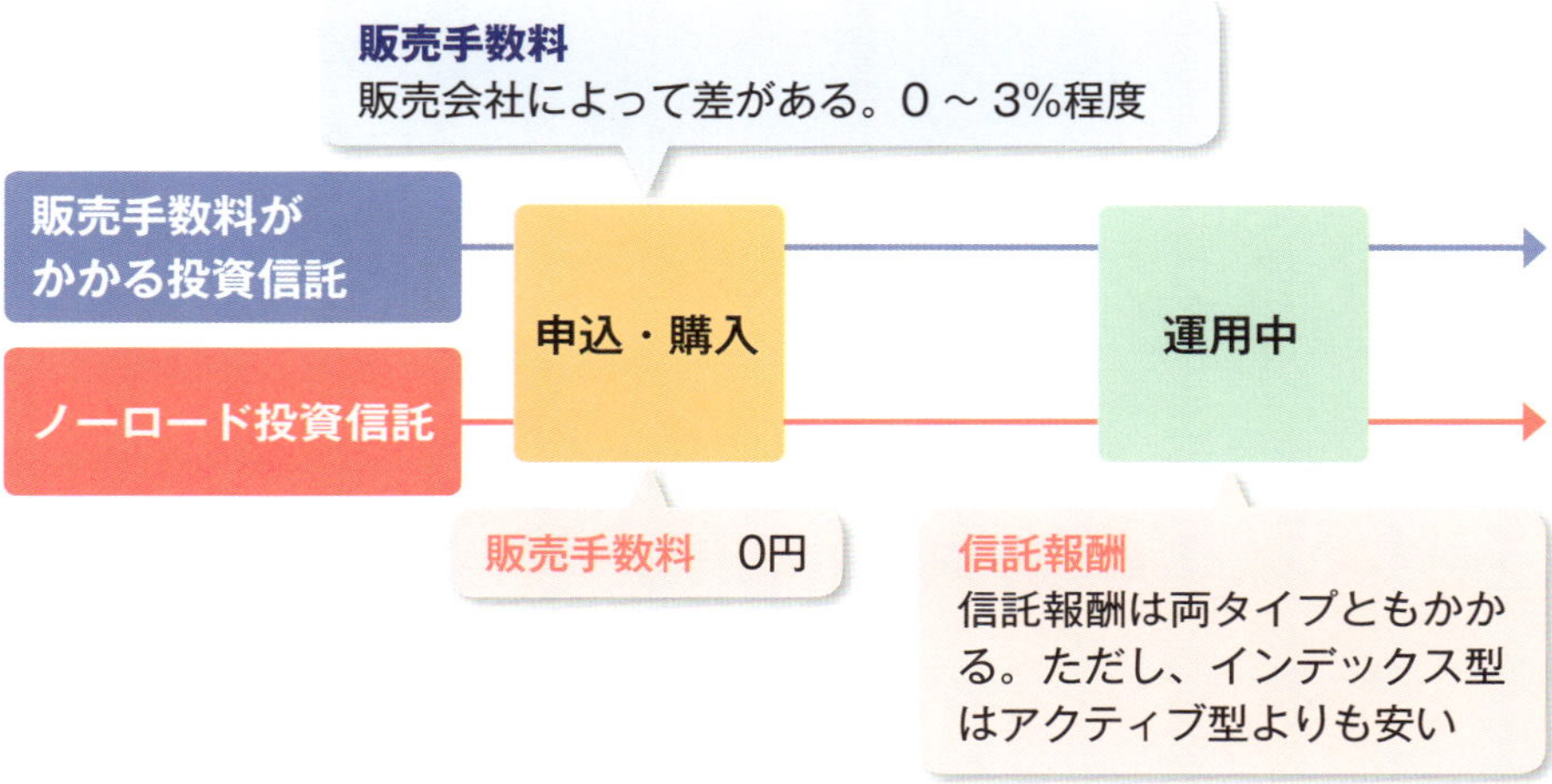

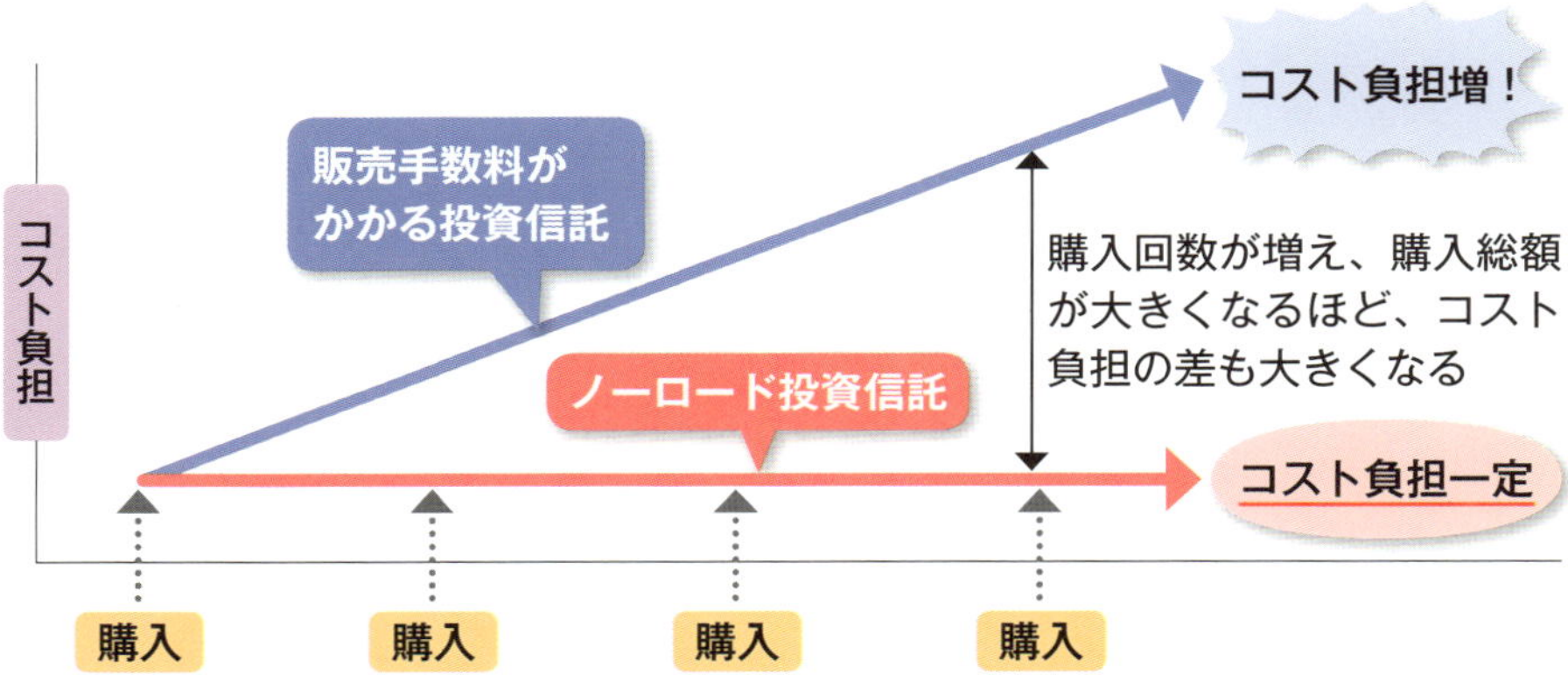

例 販売手数料2.0%の投資信託を購入する場合

購入総額	10万円	30万円	50万円	100万円	500万円
コスト負担	2000円	6000円	1万円	2万円	**10万円**
投資金額	9万8000円	29万4000円	49万円	98万円	**490万円**

購入額と比例して負担が大きくなる

手数料分は投資されないため運用効率は低下

11

債券型は安全性が高い

株を含まないので値下がりリスクが小さい

中長期の安全運用に向いている

投資信託の投資先として、**株式を組み入れることができないタイプのものを「債券型」や「公社債投信」といいます。**

このタイプは、株式型と比べて値下がりリスクが小さいのが特徴です。国債や社債などの債券は、国や企業にお金を「貸す」投資のことで、貸している期間中は定期的に利息を受け取ることができ、あらかじめ決められた期間になると、貸した資金が原則全額戻ります。つまり、貸付先が破綻・倒産した場合をのぞけば、**基本的には元本割れすることがなく、安定して利益を受け取ることができる**ということ。債券で運用する債券型も安全に運用できるということです。また、株とは違い、

債券型は安全に運用できる

債券型は、国債、社債、地方債などで運用。基準価額の値動きが小さく、リスクが小さいのが特徴。

株式型（▶P84）	債券型（公社債投信）
投資先に株を組み入れることができる	株を組み入れてはいけない

［債券市場］複数の債券に分散投資

国債　地方債　社債　←　投資信託

安全性が高い債券のみで運用

メリット

- 元本割れリスクが小さい
- 複数の債券に少額で分散投資できる
- 値動きが小さいため中長期で安全運用できる
- 分配金額の変動が小さく安定的に利益を得られる

債券価格が大きく変動することは少ないため、基準価額も変動しにくいという特徴があります。

　このような点から、債券型は元本割れリスクを抑えたい人、安定的に利益（分配金）を受け取りたい人、長期で運用したい人に向いているといえるでしょう。すでに株式投資をしている人は、リスクを分散する1つの手段として債券型を持つこともできます。

　ただし、リスクが小さい分、リターンも株式型より小さくなります。利益総額を増やすためにはある程度の期間を見込んでおく必要がありますので、直近で使う予定がない資金をあてるといった工夫がポイントです。また、債券の利息は、一般的に国債よりも社債や地方債の方が高く設定されています。債券型の中でも商品によってどのような債券をどれくらいの比率で組み入れるかが異なりますので、購入前に目論見書を確認しましょう。

債券型はローリスク、株式型はハイリターン

　債券型、株式型は、組み入れる商品が異なるため、リスク・リターンの大きさも異なります。

商品数

株式型 多い ＞ 債券型 少ない

株式の種類の方が、債券の種類よりも多いため、商品数は株式型の方が多い

リスク・リターン

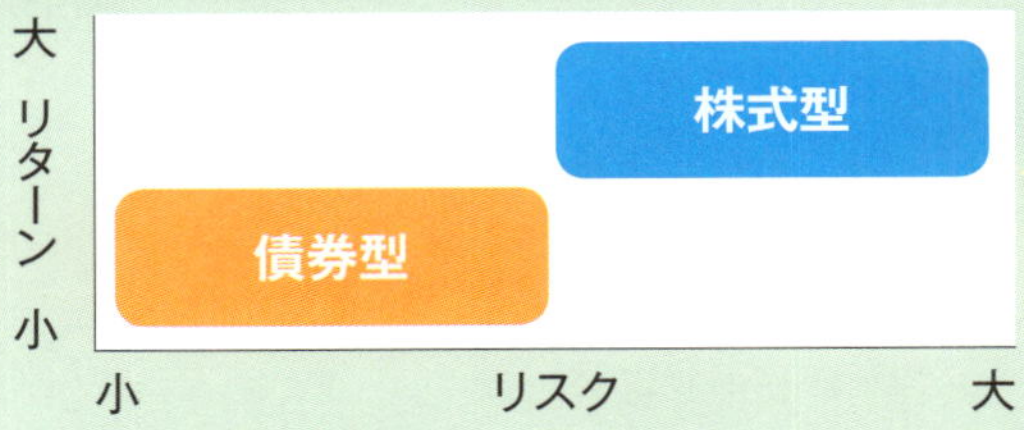

債券型（公社債投信）は基本的に元本割れしないため、債券型はローリスク・ローリターン

12

海外債券型は高金利が魅力

債券型でも大きなリターンが狙える

円高の時に買い、円安の時に売る

株式型の投資信託に外国株を組み入れるものがあるように、債券型にも外国政府が発行した債券を組み入れ、利息や売買益を投資家に分配する「海外債券型」があります。

どの国の債券も、発行元である政府が破綻しない限り、**現地の通貨ベースでは元本割れしません**。破綻リスクは、格付け機関と呼ばれる安全性を審査・評価する機関のレートが参考になるでしょう。一般的には、**格付けがBBB以上のものは安全性が高く、BB以下のものは投機的**（ギャンブル性が大きい）と考えられています。先進国の債券は格付けが高く、リスクが小さいため、先進国発行の債券（ソブリン債とよびます）を中心に運用す

海外債券型で大きなリターンを狙う

海外債券型は、外国政府が発行する債券を組み入れて運用するもの。国内債券型よりも金利が高く、利回りがよい。

海外債券型

ソブリンファンド

［ 先進国 ］
アメリカ、イギリス、ドイツなど、G8に含まれる国、OECD加盟国など

安全・安定性が高いのが特徴。日本国債よりも金利が高いものが多い

エマージングファンド

［ 新興国 ］
中南米、ASEAN諸国、南アフリカなどの国々

金利の高さが魅力。ただし、信用リスクは先進国債券より大きい

る投資信託（ソブリンファンド）は安定的な運用を求める人向きといえます。

一方、新興国が発行する債券（エマージング債とよびます）は、政情が不安定だったり、紛争などが始まる可能性があるなどの理由で、日本の国債やソブリン債よりも破綻リスクが大きくなります。しかし、その分利息が高く、大きなリターンを狙いたい人に向いています。エマージング債を組み込む投資信託（エマージングファンド）を購入する場合は、投資国の政治・経済状況などを確認するようにしましょう。

また、いずれのタイプも、売買する際には為替変動の影響を受けます。そのため、購入時より売却・解約時の方が円高になれば、元本割れする可能性があります。外貨建て商品のキホンは「円高の時に買い、円安の時に売る」ですので、タイミングを見計らって上手に購入しましょう。

格付けを見て破綻リスクを確認

外国債券はそれぞれ安全性が格付けされています。格付け機関のレーティングを参考にしてリスクを把握しましょう。

格付け：財務状況などを分析し、元本などの返金・利息の支払い能力を示すもの。大手格付け機関は、S&P、ムーディーズなど

安全性が高い ↑

AAA
AA
A
BBB

●投資適格格付け
信用性が高く、投資の安全性も高い

BB
B
CCC
CC
C

●投機的格付け
債務不履行（元本や利息を支払えなくなる状態となること）となる可能性があり、信用性が低い

↓ 金利が高い

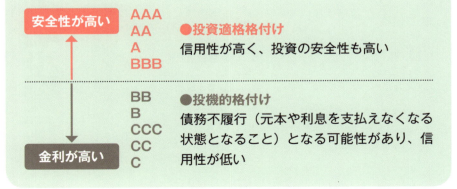

13

自由に売買できるETF（上場投資信託）

株のように安く買い、高く売って利益を出す

¥ 価格が常に変動する

投資信託の中には、株のように市場で売買する「ETF」という商品があります。通常の投資信託のように募集期間に購入するのではなく、好きな時、好きなタイミングで、直接市場で買うことができるものです。

一般的な投資信託との違いは、まず価格がリアルタイムで変動することです。投資信託は、組み入れている商品の時価を計算し、1日1回基準価額が変動します。基準価額は、純資産総額を口数で割って計算しますので、投資家はこの価格でしか購入することができません。一方、ETFは株取引と同じように、取引時間中の買い手・売り手のバランスによって価格が変動します。そのため、値動

ETFと投資信託の違い

ETFは、株のように市場で売買する投資信託の一種。購入方法やコストの違いを把握しておきましょう。

	投資信託	ETF
購入	単位型：募集期間中 追加型：いつでも可	いつでも可
売買価格	基準価額 （1日1回変動）	市場価格 （リアルタイムで変動）
購入先	販売会社 （証券会社、銀行など）	証券会社
注文方法	基準価額で申込	指値・成行
購入コスト	販売手数料 （販売会社に支払う）	売買手数料 （証券会社に支払う）
運用コスト	信託報酬	信託報酬（投資信託より安いことが多い）

き次第で安く買い、高く売ることができます。また、売買の注文も株取引のように「指値《さしね》」「成行《なりゆき》」で行うことができます。

　また、ETFは証券市場で売買する商品ですので、取扱いは証券会社のみ。他の投信のように銀行などでは購入できないため、証券会社に口座を作る必要があります。コスト面では、まず販売会社を通しませんので販売手数料がかかりません。ただし、証券会社を通じて売買しますので、売買手数料がかかります。また、信託報酬は一般的な投資信託より安く設定されているものが多く、中長期で保有したい場合に運用コストを抑えられるというメリットがあります。

　ETFは、主に日経平均株価やTOPIXをベンチマークとするものが主流ですが、中には海外の指数をベンチマークとするもの、金や不動産の価格と連動するものなど、商品の種類も増えつつあります。

指値・成行の仕組み

ETFは、指値または成行という方法で売買注文を出します。それぞれの特徴を確認。

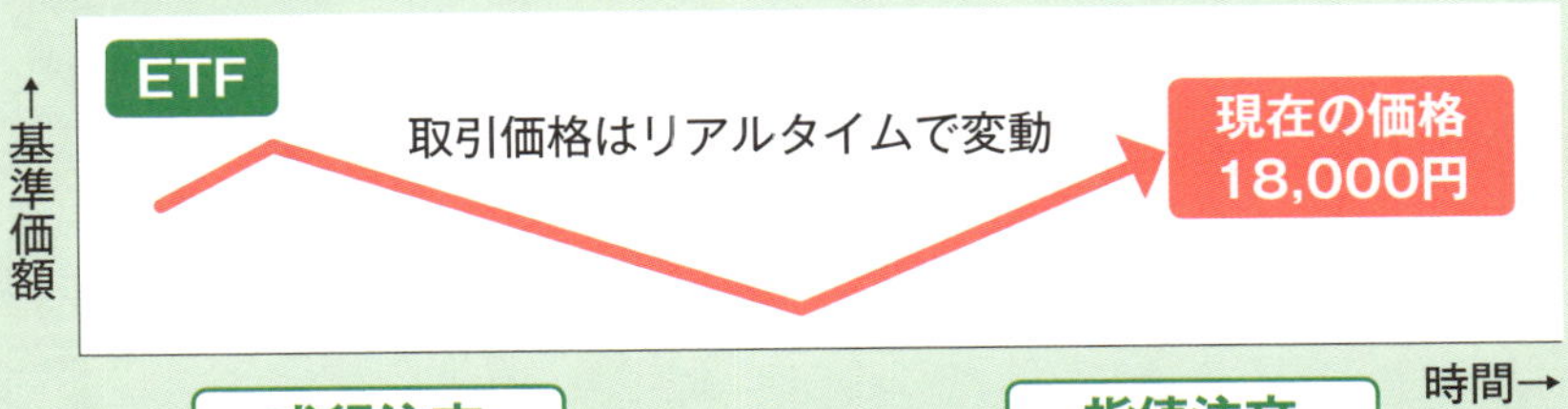

成行注文

いまの値段で買う！

現在の価格で購入したい時、必ず買いたい時に使用。上記のケースでは、18,000円で必ず購入できる

指値注文

17,500円で買う！

購入したい希望価格がある時に使用。上記のケースでは、価格が17,500円まで下がった時に取引成立

14

価格変動率が大きいハイリターン商品

ブル型・ベア型はリスク管理が重要！

ベンチマークの２倍以上の値動きをする

ＥＴＦのように上場している投資信託の中には、「日経ブル」「ＴＯＰＩＸベア」といった名前がついているものがあります。ブルは牛、ベアは熊のこと。いずれもベンチマークとする日経平均株価やＴＯＰＩＸなどに特殊な形で連動するものです。

ブル型は、牛が角を突き上げる様子をイメージしたもので、**上昇局面**で**大きく値上がりする**もの。たとえば、日経平均株価が１００円上がると「日経ブル（２倍）」は２００円上がるといったように、ベンチマークを上回る率で基準価額が上昇します。上回る率は、２倍、３倍など商品によって異なります。ただし、ベンチマークが下落した場合には基準価額の下落率も大きくなります。

一方のベア型は、熊が爪を振り下ろすイメージで、**下落局面**で**利益が得られる**もの。ベンチマークと基準価額が反対になるように設計され、日経平均株価が１００円下がると「日経ベア（２倍）」は２００円上がります。反対に、ベンチマークが上がった場合は基準価額が下落します。

ブル型・ベア型は値動きが大きいため、リスク管理には十分な注意が必要ですが、「日経平均株価がさらに上がる」「ＴＯＰＩＸはしばらく下がるだろう」といった予測が立つ場合には、**余剰資金でブル・ベアを買い、収益性アップを目指す**ことができます。

用語解説【上昇局面・下落局面】

一定期間（1カ月、1年など）の値動きで、高値や終値が上昇している場合は上昇局面、下落している場合は下落局面という。値動きの方向性や傾向を表すもので、上昇･下降トレンドとも呼ぶ。

ブル型・ベア型の仕組み

上場投資信託の中には、日経平均株価などのベンチマークより大きく値動きしたり、反対の値動きをするタイプもあります。

ブル型

＼株価上昇のときに利益が倍増／

例 ベンチマークの2倍の値動きをするブル型

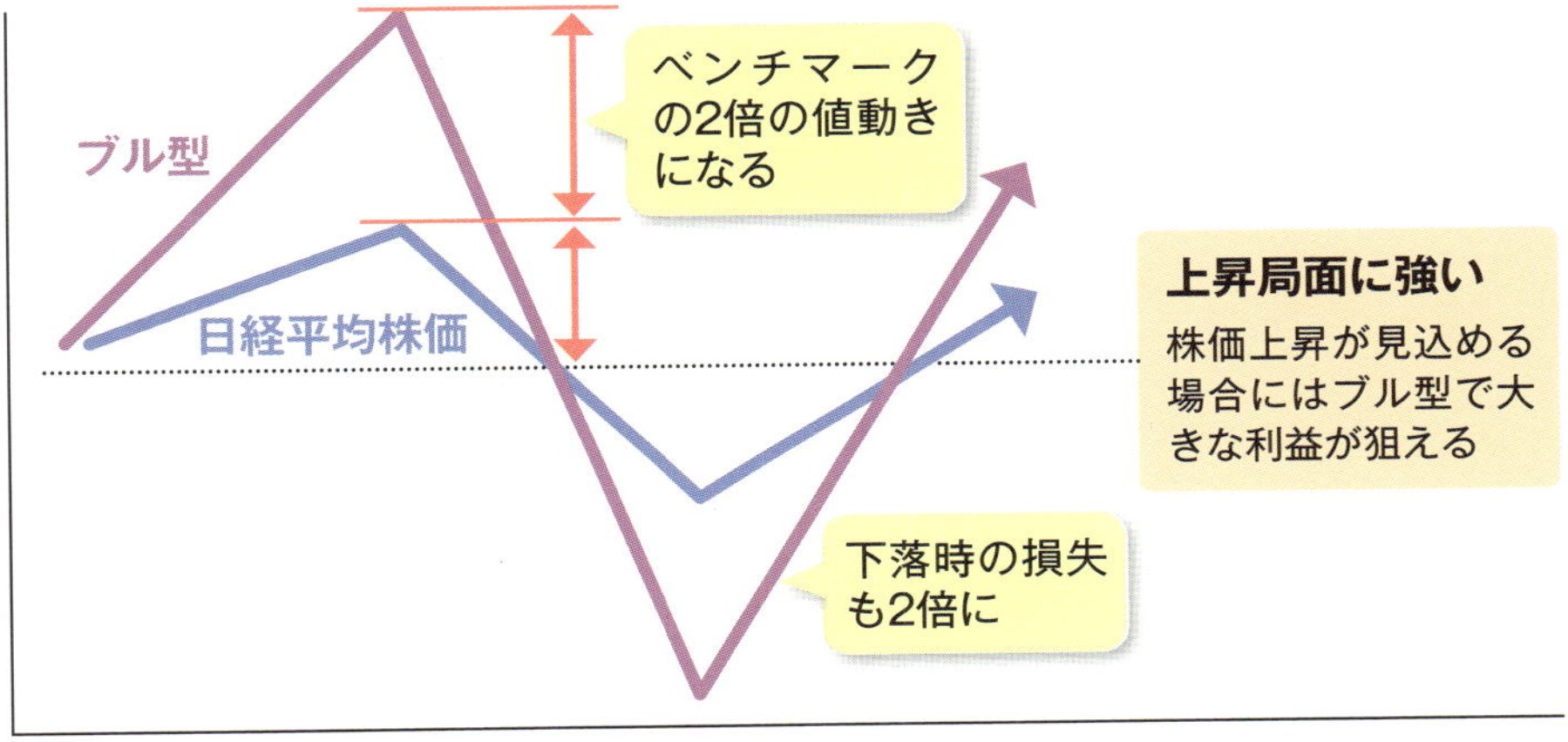

ベア型

＼株価下落の時でも利益が得られる／

例 ベンチマークの2倍の値動きをするベア型

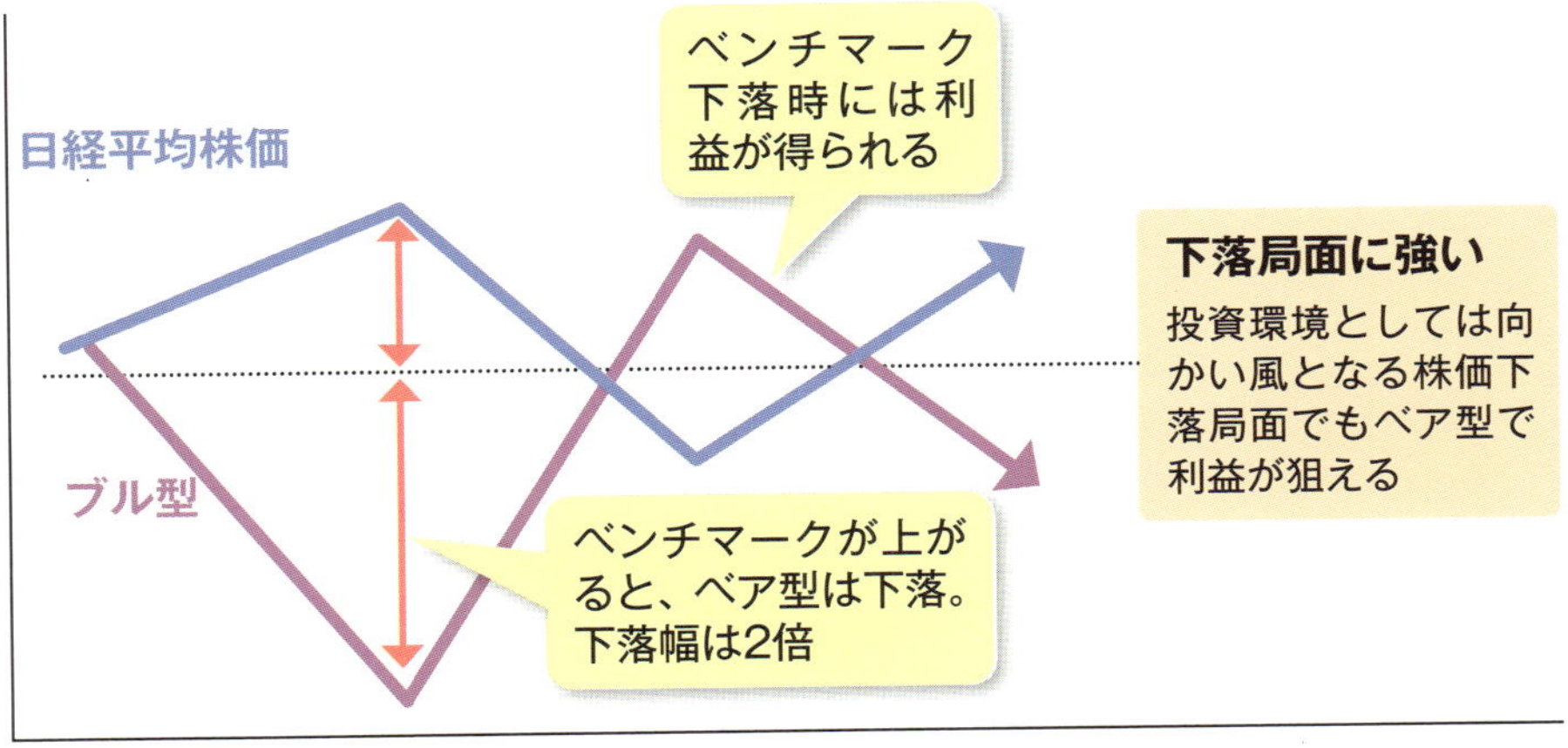

15

REITで手軽に不動産投資

投資家から集めた資金を不動産で運用

組み入れる物件のタイプに注目

「REIT《リート》」は、不動産に投資する投資信託で、株やETFのように市場で売買されるもの。株式型が複数の銘柄、債券型が複数の債券を組み入れるように、REITは投資家から集めた資金で不動産に投資し、賃料や売却益を投資家に分配します。景気がよい時、地価や家賃が上がっている時は不動産投資をはじめるチャンスといえますが、個人で不動産投資を行うためには、まとまった資金が必要。空室リスク・被災リスクなどもあります。その点、REITは少額で低リスクの運用ができるのがメリット。複数の物件に分散投資するため安全性が高く、不動産に関する専門知識もいらず、物件管理の手間もかかりません。

少額で不動産投資できる

REITは、株のように市場で売買する投資信託の一種。購入方法やコストの違いを把握しておきましょう。

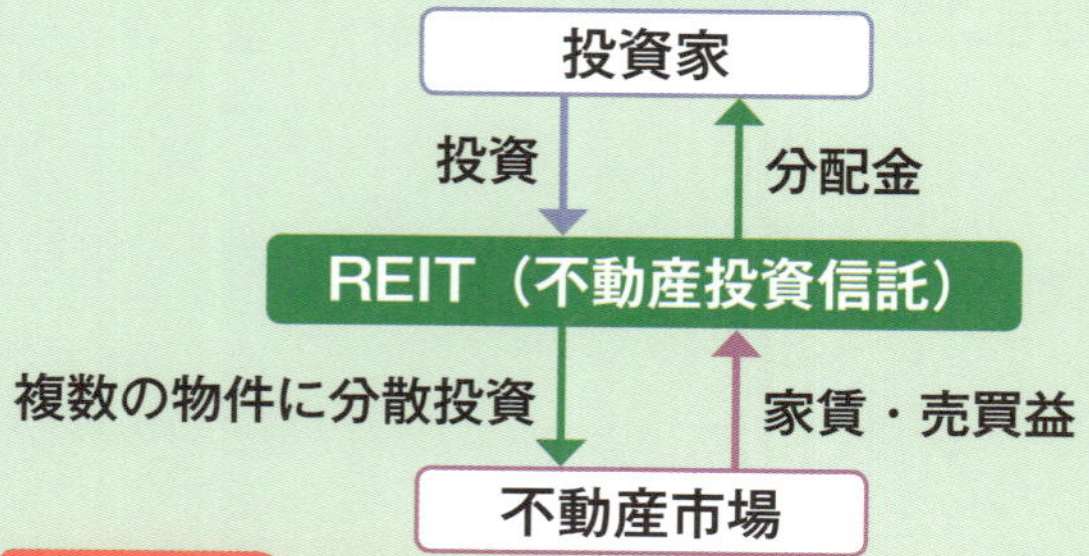

メリット

- 少額で複数の物件に分散投資できる
- 地価・家賃相場の上昇により大きなリターンが狙える
- 空室や物件の被災リスクが抑えられる
- 専門知識が必要なく、プロに運用を任せられる

ＲＥＩＴの利益は賃料や売却益から生まれますので、基本的には地価や家賃相場が上昇している時が狙い目。ただし、地域や物件の種類によって利益率が変わりますので、どのような物件を組み入れるＲＥＩＴなのかを確認して購入しましょう。組み入れる物件の分類としては、オフィス、住宅、商業施設、ホテル、物流施設などがあり、これらをミックスした「複合型」「総合型」と呼ばれるタイプもあります。

注意点は、購入から一定期間、解約できないものがあることです。不動産は流動性が低い（簡単に現金化できない）ため、解約できない期間を設定し、一定額の資金を確保することによって、安定的に運用できるようになっているのです。投資家としては、一定期間資金が拘束されることになりますので、このタイプのＲＥＩＴを選ぶ場合は、余剰資金を中長期で運用するのがよいでしょう。

REITが組み入れる物件のタイプ

REITは、組み入れる物件の種類によって分類可能。物件の用途を絞ったタイプ、さまざまな物件を組み入れるタイプがあります。

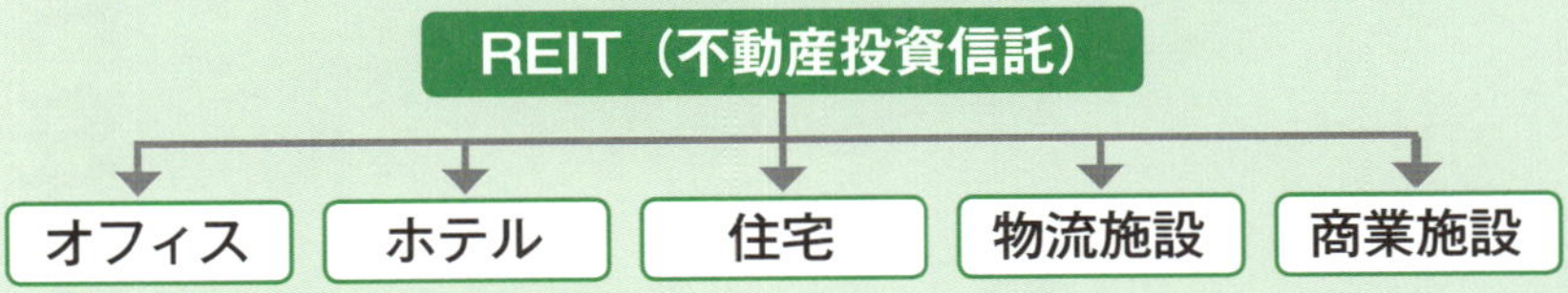

特化型

物件の用途を絞り込んで投資するタイプ。オフィス型、ホテル型など

景気がよい時、需要が大きい時などに**大きなリターン**が狙える

複合型・総合型

物件の用途を問わず、2つ以上のタイプに投資するタイプ

特化型と比べて分散投資効果が大きく、**安定的に運用**できる

16

低価格、低リスクで不動産投資ができる
ＲＥＩＴを組み込んだＲＥＩＴファンド

低予算で買うならＲＥＩＴファンド

ＲＥＩＴ《リート》は、機関投資家を対象とする一部のものをのぞいて、証券取引所に上場し、株やＥＴＦのように時価で取引されています。一般的にＪ-ＲＥＩＴと呼ばれるのはこのタイプで、「上場不動産投資信託」といいます。

市場で取引されているＲＥＩＴは50種ほどあり、価格帯は10万円から１００万円前後まで広いのが特徴。ただし、一般的な投資信託と比べると購入価格が高いため、投資予算の都合などにより「高くて購入しづらい」という人もいるでしょう。そのような時に検討したいのが、複数のＲＥＩＴを組み入れて運用する「ＲＥＩＴファンド」です。

ＲＥＩＴファンドは、直接不動産に投資す

REITも含んだファンド・オブ・ファンズ

複数の投信を組み入れるタイプ。REITファンドもその1種で、REITを複数組み入れます。

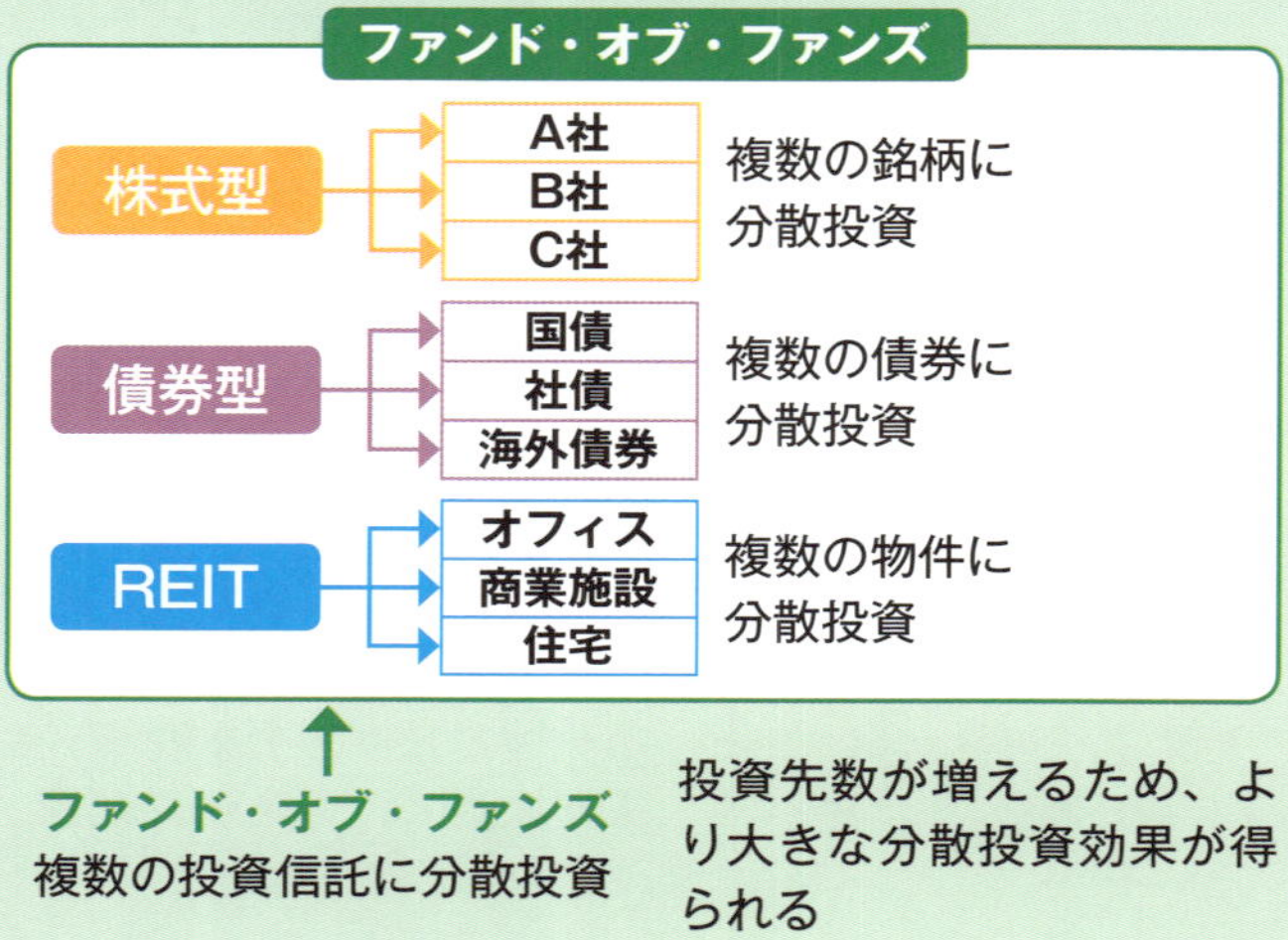

るのではなく、不動産に投資する投資信託を組み入れたもの。株式型が複数の株を組み入れるように、REITファンドは複数のREITを組み入れます。このように「投資信託を組み入れる投資信託」のことを「ファンド・オブ・ファンズ」（右下図）といい、REITファンドもその一種。一般的な投資信託のように、1万円程度の少額で投資することができます。

運用方針は、他の投資信託と同じようにインデックス型とアクティブ型に分けることができます。たとえば、東証REIT指数という上場REITの時価総額をベンチマークとして運用するものはインデックス型で、組み入れる商品が多く値動きが安定しやすくなります。一方、成績のよいJ-REITを選別して組み入れたり、海外市場で上場しているREITを組み入れ、大きなリターンを目指すものがアクティブ型です。

REITファンドの全体像

REITファンドは、組み入れるREITの種類によって分類可能。物件の用途を絞ったタイプ、さまざまな物件を組み入れるタイプのREITがあります。

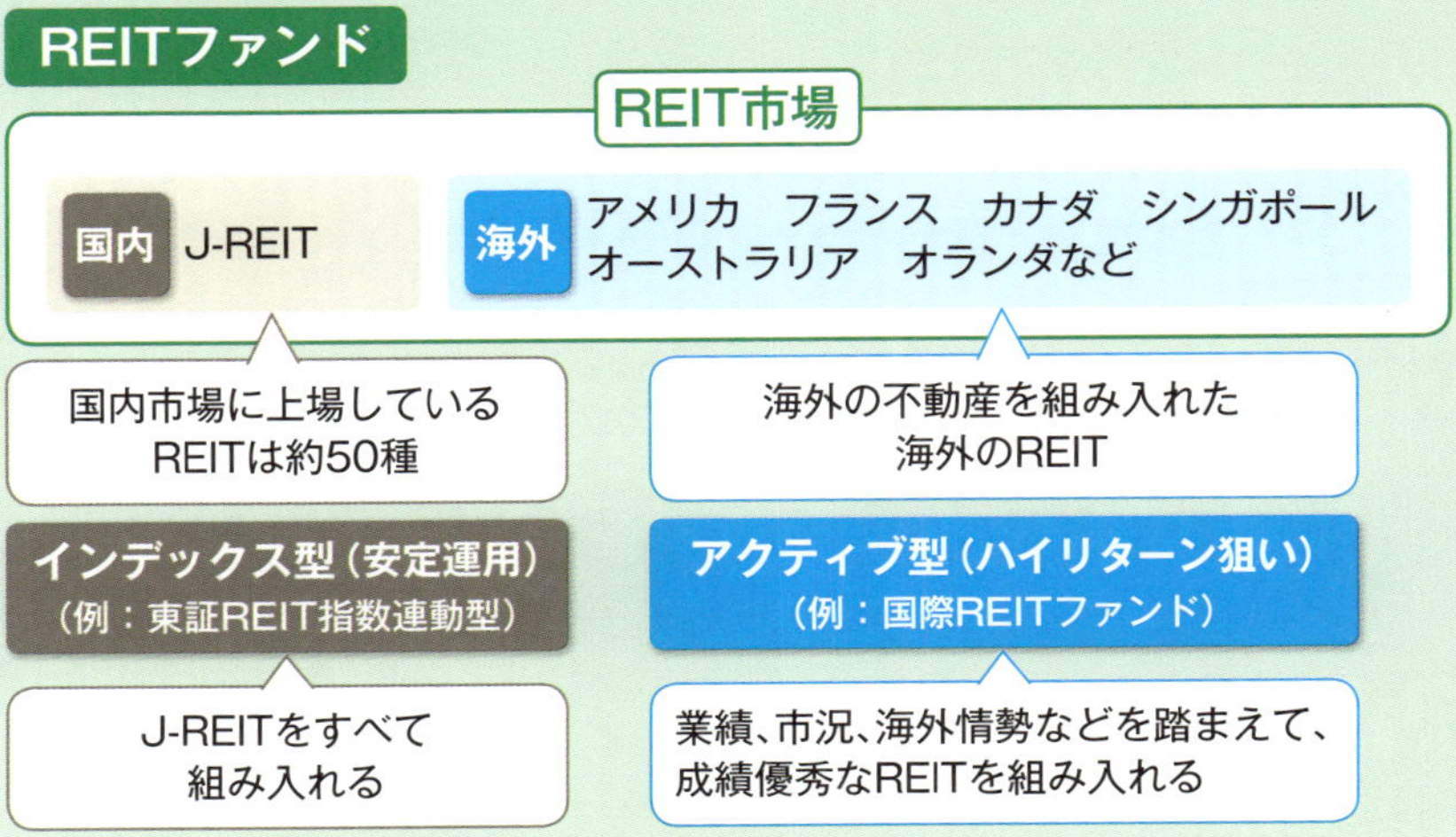

Column 成功メモ⑤

REITは法人税がかからず分配金が多くなる

REIT《リート》は市場で時価で取引される商品ですので、基本的な売買方法は株と同じと考えてよいでしょう。また、REITには分配金、株には配当金というインカムゲインがあり、定期的に利益を得られる点も同じです。ただし、分配金・配当金の利回りを比べてみると、一般的にはREITのほうが高め。その理由は、税金の仕組みが違うためです。株（上場会社）は、事業活動を通じて得た利益から法人税（40%）を引き、残った額が配当金の原資となります。一方のREITは、家賃や土地・建物の売買益などの収益を90%以上分配金にするという条件を満たせば、法人税がかかりません。つまり、REITが得た収入を丸々分配金として受け取ることができ、税金がかからない分だけ株よりも利回りが高くなるのです。分配金狙いで投資信託を買う場合、不動産関連株とREITのどちらを買うか迷った時などには、REITの方がお得に運用できる可能性が高いという点を覚えておくとよいでしょう。

第5章

お金を増やすための必勝戦略

～投信成功の手順～

投信は「どれを購入するか」が最大のポイント。多くの種類と数の中から、自分に合った投信、優良な投信、お得な投信を見つけ出す手順を紹介します。「買ってよかった」と思えるような投信を選びましょう。

1 まず自分のゴールを見極めよう

「何年後にいくら必要か」目標に合う商品を！

目標がなければ走れない

投資信託を検討する前にまずすべきなのは、「**自分自身のゴール**（＝目標額）」を設定することです。なぜなら投信は原則として、〝**長期保有**向け〟の金融商品だからです。

「すぐに2倍、3倍になるような投資がしたい」と考えているなら、投信での資産運用はすすめられません。投信は「長期でじっくり資産運用をしたい」という人に向いているのです。

長期運用をするためには、大切なことが2つあります。

①できるだけ早くはじめること
②ゴールを設定すること

投資をしていると忘れがちなのが、②のゴール設定です。

たとえばマラソンは、ゴールがあるからこそペース配分ができるのです。ゴールのないマラソンでは、どんなペースで走ればよいのかわかりません。

つまり、実際に投信をはじめる前に、「何年後の・どんな目標のために・いくら必要なのか」をあらかじめ決めておくことが大切なのです。「なんとなくお金を増やしてみたい」と漠然と考えている人は、まず自分自身のゴールを設定しましょう。

ゴールを設定することで、効率的に目標達成できる投信はどれなのかという視点で検討することができます。

用語解説【長期保有の定義】

金融商品の保有期間は「短期」「中期」「長期」の3つに分けられる。一般的に、短期保有は数日から数ヵ月、中期保有は数ヵ月から数年、長期保有は数年から数十年の期間を指す。

資産運用のゴールを決める

35歳くらいまでに
マイホームの頭金
として運用したい

安田さん（28歳）

→ ゴール
7年後（35歳）
目標額 **600万円**

今から**老後資金**づくりの
ための運用をはじめたい

島田さん（32歳）

→ ゴール
33年後（65歳）
目標額 **3000万円**

子どもが生まれたので、
将来の**大学進学費用**
として運用したい

田辺さん（30歳）

→ ゴール
18年後（48歳）
目標額 **800万円**

子どもにお金を残す
ために、残りの人生で
資産を運用していきたい

佐々木さん（65歳）

→ ゴール
15年後（80歳）
目標額 **3000万円**

memo 自分のゴール設定

資産運用の目的	
必要な時期	年後（　　）歳
必要な金額	万円

効率的な運用のために
ゴール設定が重要!

2

投信に元本保証なし！

投資できる額を見極めよう

元本が大きければ効果も大きい

投資は**元本**が大きければ大きいほど、投資効果も大きくなります。

たとえば元本１０００万円を３％で20年間運用できれば、利息は約８００万円にもなりますが、同じように運用しても、元本10万円なら利息は約８万円です。同じ期間、同じ利率で運用しても、元本次第で大きな差がついてしまうのです。このように、どのくらいの金額を投資できるかが運用結果に大きく関わります。

しかし忘れてはならないのは「投信は元本保証がない」こと。銀行預金などと違って、投信は元本割れの可能性があり、元手が大きければ元本割れしたときの痛手も大きくなります。また、長期運用ではよいときもあれば悪いときもあり、この山あり谷ありを乗り越えていかなければなりません。

このため、投信の購入資金は

- **しばらく使わないお金であること**
- **余裕資金であること**

の２つが条件。自分が投信の購入に回せるお金はどのくらいなのかを把握しておきましょう。「毎月ギリギリで全然余裕がない」という人にはおすすめできません。

ただし、１００万円、１０００万円などの大きなお金が必要なわけではありません。少額からでもはじめられるのが投信のメリット。「月々1万円なら投資に回せる」という人でも、気軽に投資をはじめられます。

用語解説【元本】

収益を生む元となる財産のこと。ちなみに投信の場合、購入したときの基準価額（取得金額を保有口数で割った金額、手数料をのぞく）のことを「個別元本」という。

自分が投資できるお金を考える

安田さん（28歳）

投資資金
200万円
＋
月々 2万円

島田さん（32歳）

投資資金
300万円
＋
月々 2万円

田辺さん（30歳）

投資資金
150万円
＋
月々 1万円

佐々木さん（65歳）

投資資金
2000万円

余裕資金の割り出し方

❶ 現金・預貯金の額は？

まずは現金や預貯金などの合計を割り出す。これには持ち家などの不動産、株式投資や国債など別の投資に回しているお金は含まない。

❷ 備えておくべき額は？

次に備えておくべき金額を割り出す。車や家電の購入費など近日中に使う予定のあるお金も含まれる。特別な出費の予定がなくても、いざというときに備えて月収×6ヵ月分くらい（目安）はいつでも引き出せる状態にしておく。

❸ ❶から❷を差し引いたものが余裕資金

必要なお金で投信を購入してしまうと、換金したくないときに換金してしまうことになりかねない。**投信は元本割れの可能性もあるため、必要なお金は銀行預金や国債などにしておいたほうが安全**。もしくはMMF やMRF、公社債投信など安全性の高いものを選ぶとよい。

memo **自分の投資資金設定**

❶現預金		❷備えておくべき金額		❸余裕資金
万円	－	万円	＝	万円
				＋
		今後の積立て（毎月・毎年）		万円

3

ゴールと運用資金からわかる

目標利回りを割り出そう

無理な利回りは再検討が必要

次は「目標**利回り**」を確認しましょう。ゴール設定と運用資金がわかれば、目標利回りは簡単に計算できます。モーニングスターのウェブサイトにある「金融電卓」というツールを使って、自分の目標利回りを算出してみましょう。

「金融電卓」に「元本100万円を25年で1000万円にしたい」と数値を入力してみると、年間9・7%の運用利回りが必要という結果になりました。

しかし、さすがにこれは現実的な数字ではありません。年利10%などという金融商品はなかなか存在しませんし、存在したとしても相当のリスクを覚悟しなければなりません。

しかし先ほどの条件に「毎月2万円を積み立てる」を追加するとどうでしょうか。目標利回りは2・4%まで下がり、現実的な運用が見えてきます。このように、当初の資金が少なくとも積み立てを追加することで、安定した運用が可能になります。

利回りの目安は次の通りです。

- ～3%まで……低リスクタイプ
- 3～5%……バランスタイプ
- 5～8%……積極運用タイプ

目標利回りが高くなれば、リスクも高まります。

8%以上の利回りが必要という結果になったら、資産運用のゴール設定や運用資金を再考すべきでしょう。

用語解説 【利回り】

投資金額に対する年間収益の割合のこと。投信の場合「投資金額」に対する「利子や配当、値上がり益などを含む収益から各種コストや税金を引いた額」の割合を指す。

自分が投資できるお金を考える

安田さん（28歳）

200万円
＋
月々 2万円を
7年後
600万円
にするには……

目標利回り 9％
再検討！

島田さん（32歳）

300万円
＋
月々 2万円を
33年後
3000万円
にするには……

目標利回り 4.4％
バランスタイプ

田辺さん（30歳）

150万円
＋
月々 1万円を
18年後
800万円
にするには……

目標利回り 5.9％
積極運用タイプ

佐々木さん（65歳）

2000万円を
15年後
3000万円
にするには……

目標利回り 2.8％
低リスクタイプ

目標利回りの割り出し方（モーニングスターの金融電卓）

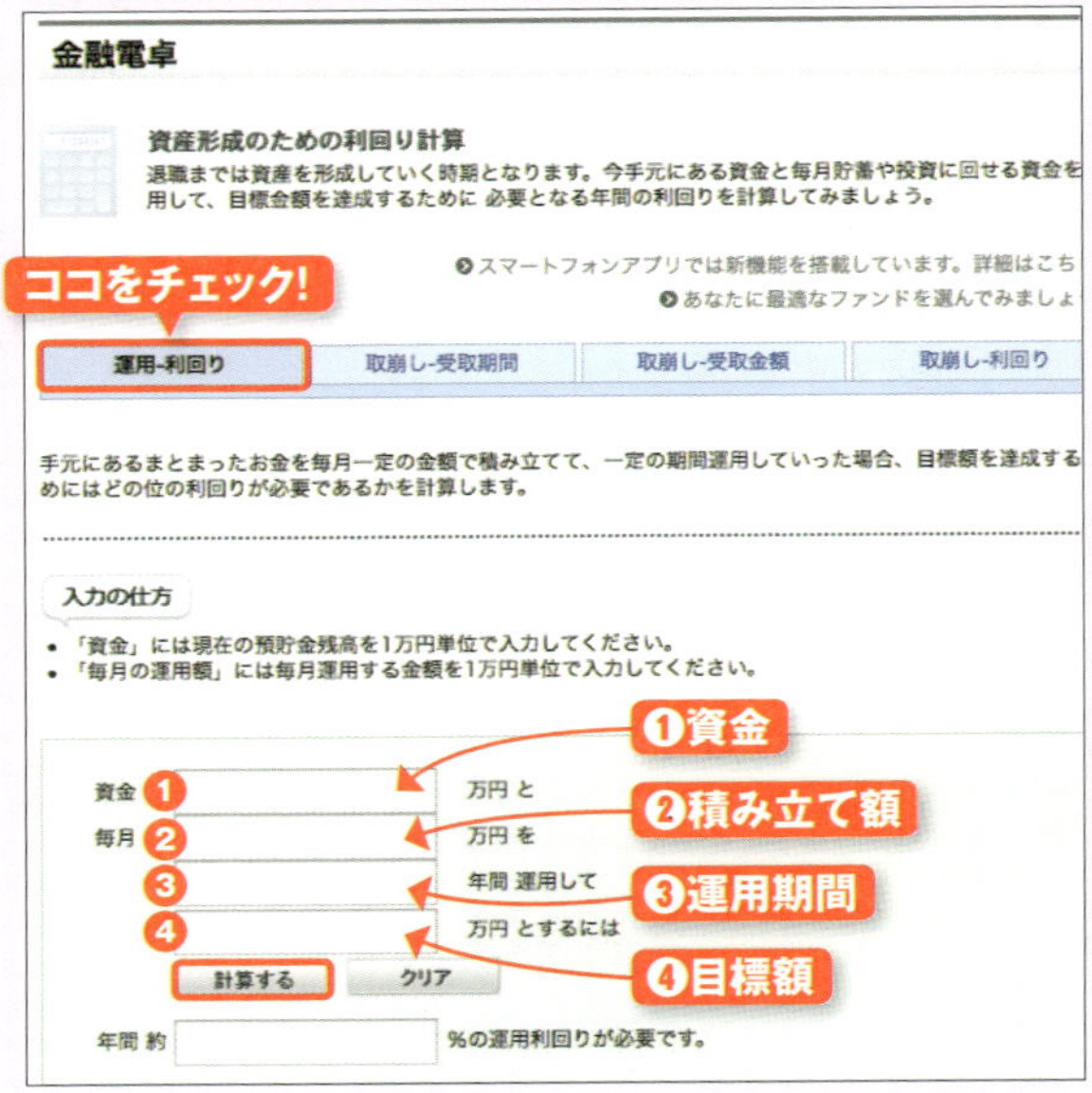

モーニングスターのウェブサイトにある「金融電卓」（http://www.morningstar.co.jp/tools/simulation/）にアクセス。「運用-利回り」を確認して、❶資金、❷月々の積み立て額、❸運用期間、❹目標額を入力して「計算する」をクリック。

memo

自分の目標利回り

％

4

国内資産中心の安定運用タイプか外国資産中心の積極運用タイプか？

理想の資産配分を決めよう

資産配分は目標利回りで決まる

目標利回りがわかれば、最適な資産配分が見えてきます。

下図のように、目標利回り3％未満の**安定運用タイプ**であれば、**国内資産を中心に先進国資産を組み合わせる**のが適切な資産配分といえるでしょう。**高いリターンを狙う積極運用タイプ**であれば、**新興国を含む外国資産を中心とした資産配分**を検討します。

自分のとれるリスクを考える

利回り3％の運用と利回り5％の運用では、当然5％のほうがリスクが高まります。割り出した目標利回りや資産配分を見て「**自分にはリスクがとれない**」と感じたら、**目標**

タイプ別の資産配分例

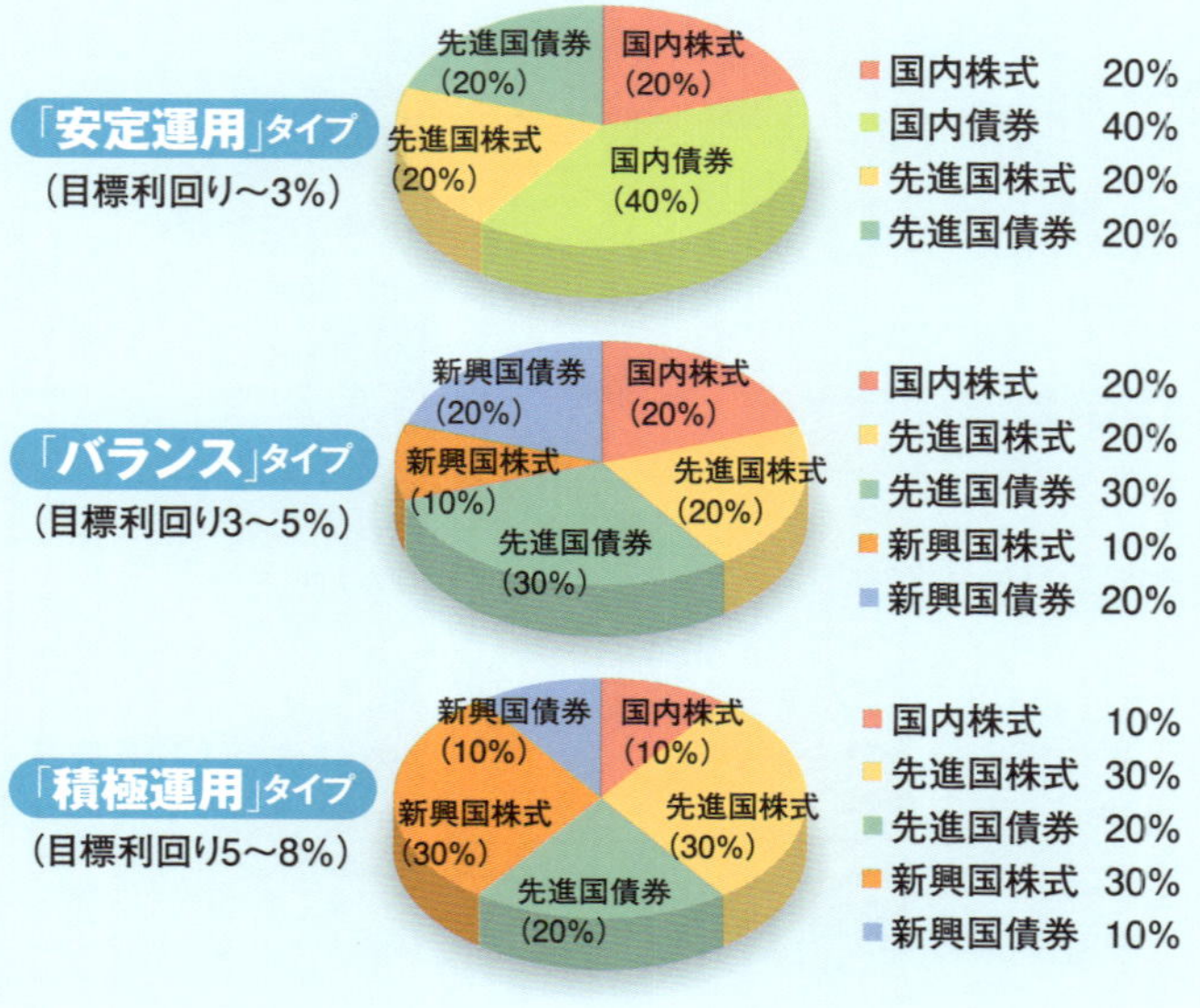

設定や投資金額の見直しをしましょう。

とれるリスクの大きさは、「年齢」「収入」「資産」などで変わるとされています。

●年齢……高齢者よりもこれから長い間働いて収入を得ることができる若年者のほうがリスクがとれる。また、家族の扶養義務がない独身者のほうが、既婚者よりもリスクがとれる。

●収入……収入が高く、安定しているほどリスクがとれる。

●資産……保有資産が大きいほどリスクがとれる。

リスクは低いに越したことはありませんが、怖がりすぎるとリターンも望めません。

理想の資産配分は投資家の状況や投資環境などによって異なり、正解はありません。自分なりの理想の資産配分を考えることが大切です。

memo

自分の資産配分

自分に合った資産配分のイメージを円グラフに書き込んでみよう。

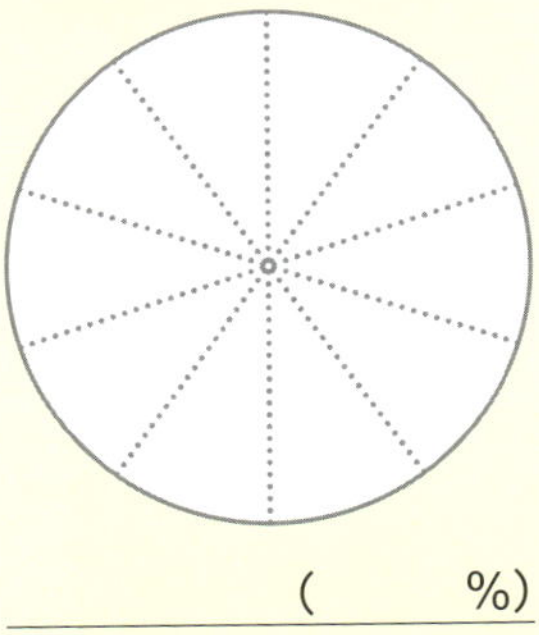

（　　%）

（　　%）

（　　%）

（　　%）

投信のタイプ別リスクとリターン

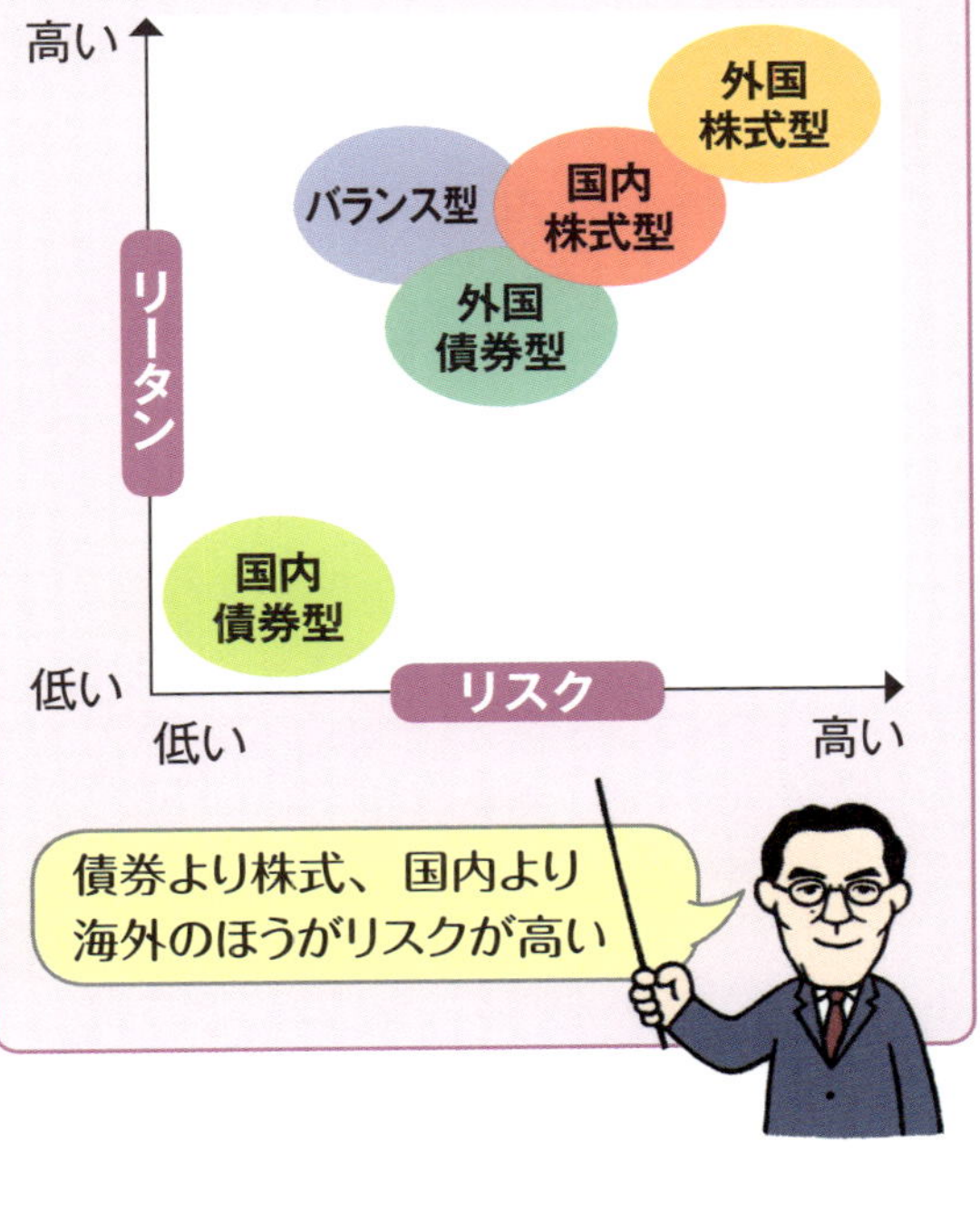

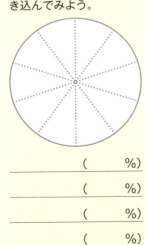

5 初心者にはインデックス型がおすすめ!

すぐれたアクティブ型を探すのは難しい

コストと成績で勝ったのは……

いよいよ投信を選ぼうとするときに迷うのが、インデックス型か、アクティブ型かということでしょう。

非常に重要なのが、コストの違いです。一般的に販売手数料や信託報酬などのコストは、アクティブ型のほうが高くなります。なぜなら、複雑な投資手法で高いリターンを狙うアクティブ型は、インデックス型よりも運用の手間がかかるためです。そのため、コストの面ではインデックス型のほうに分があるといえるでしょう。

では、パフォーマンスの面ではどうでしょうか。当然「高いリターンを目指すアクティブ型のほうが有望なのでは?」と考えがちで

インデックス型とアクティブ型の比較

	インデックス型	アクティブ型
投資目標	指数に連動する	指数を上回るパフォーマンスを目指す
コスト	安い	高い
リスク	市場平均並	市場平均より高い
商品ごとの運用成績	あまり差がない	商品によって差がある

信託報酬等（税抜）の平均値（純資産額加重平均）を見ると、インデックス型が0.70%、アクティブ型が1.48%（2014年11月末時点）

す。しかし過去のデータを見ると、多くのアクティブ型ファンドのリターンは、インデックスファンドに勝つことができていません（コストの差も一因となっている）。

もちろんすぐれたアクティブ型ファンドもありますが、実はそれを見つけ出すのが難しいのです。

指数に連動するインデックス型にくらべ、アクティブ型は千差万別です。投信を選ぶときにはさまざまなチェックポイントがありますが、特にアクティブ型ファンドを選ぶときは、運用方針や組み入れ資産、運用成績の安定性などをきちんと確認する必要があります。もちろん保有中のチェックやメンテナンスも怠ってはいけません。

これらのことから、アクティブ型はある程度運用に慣れた人向きといえます。初心者で難しいことはよくわからないという場合は、インデックス型をおすすめします。

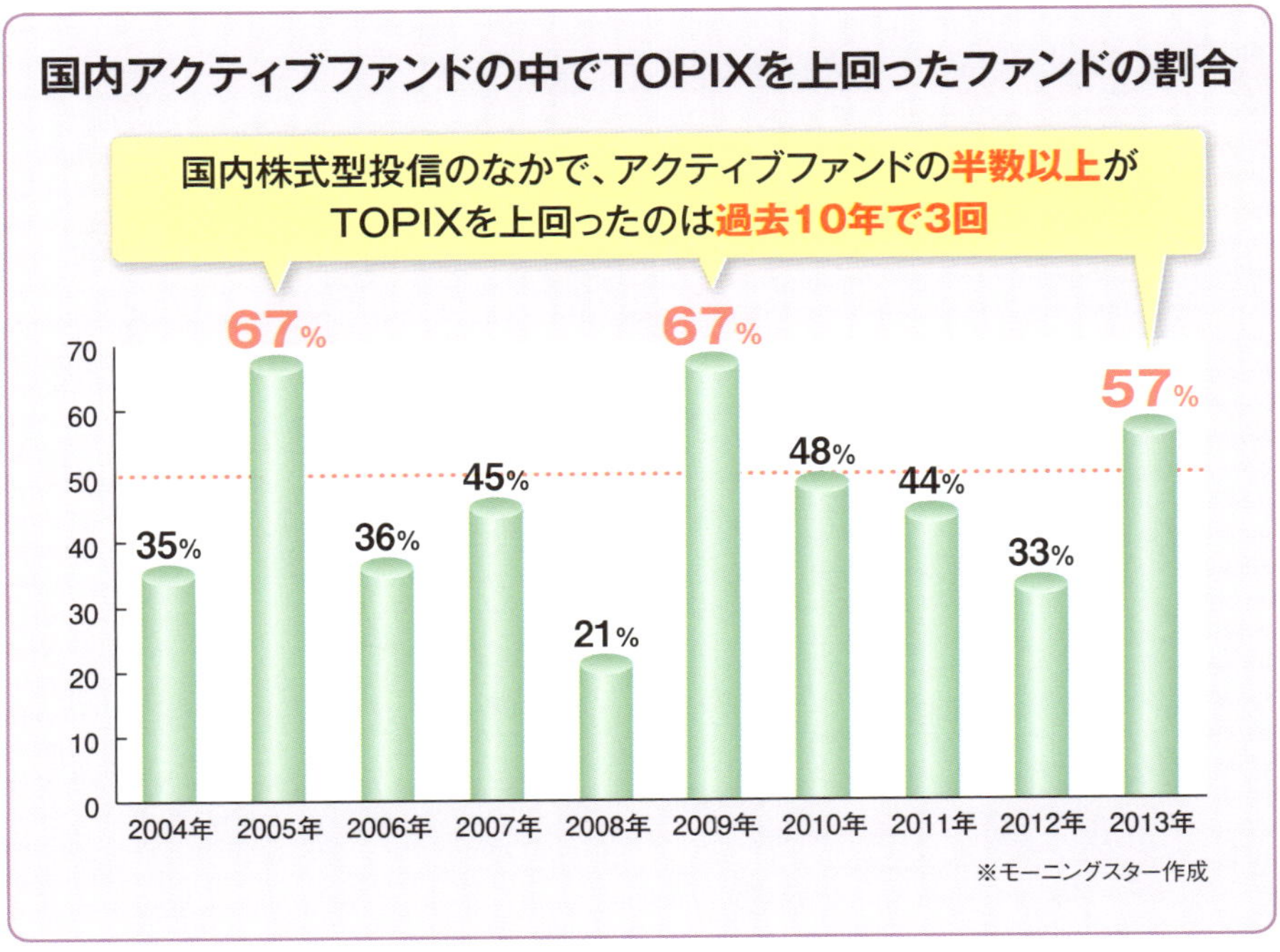

国内アクティブファンドの中でTOPIXを上回ったファンドの割合

6

長期なら「分配金なし」に複利効果が期待！

分配金ありVS分配金なし

相場によって分配が変わる

投信には「分配金あり」のタイプと「分配金なし」のタイプがあります。

運用しながら定期的に分配金をもらえるのですから、「分配金あり」のほうが魅力的に感じられます。実際毎月分配型の投信は人気があります。

しかし、実は投資効果という面では「分配金なし」のほうがお得なのです。

分配金はファンドの純資産を取り崩して支払われます。「分配金あり」の場合、分配金を出すと純資産が減るため、分配金が支払われた直後は基準価額も下がります。

対して「分配金なし」の場合、運用益をそのまま再投資できるため、運用期間が長くなるほど複利効果が期待できるのです。

では「分配金なし」のほうがよいのかといえば、そうともいえません。それは投信の基準価額が下がったとき。「分配金あり」は、上昇相場では値上がり幅が小さくなってしまいますが、下落相場では値下がり幅も小さくなります。

長期の積み立て運用を考えているなら「分配金なし」を選ぶ。リタイア後の運用で年金の足しにおこづかいがほしいという場合などは「分配金あり」を選ぶという考え方もあるでしょう。

また、「分配金あり」は信託報酬などのコストがやや高い傾向があります。コスト面での比較も重要です。

用語解説【再投資】

投信によって得られた収益分配金によって、同一の投信を自動的に買い付ける仕組みのこと。この際に販売手数料がかかることはない。

「分配金あり」「分配金なし」どちらが有利？

分配金は投信の純資産を取り崩して支払われる

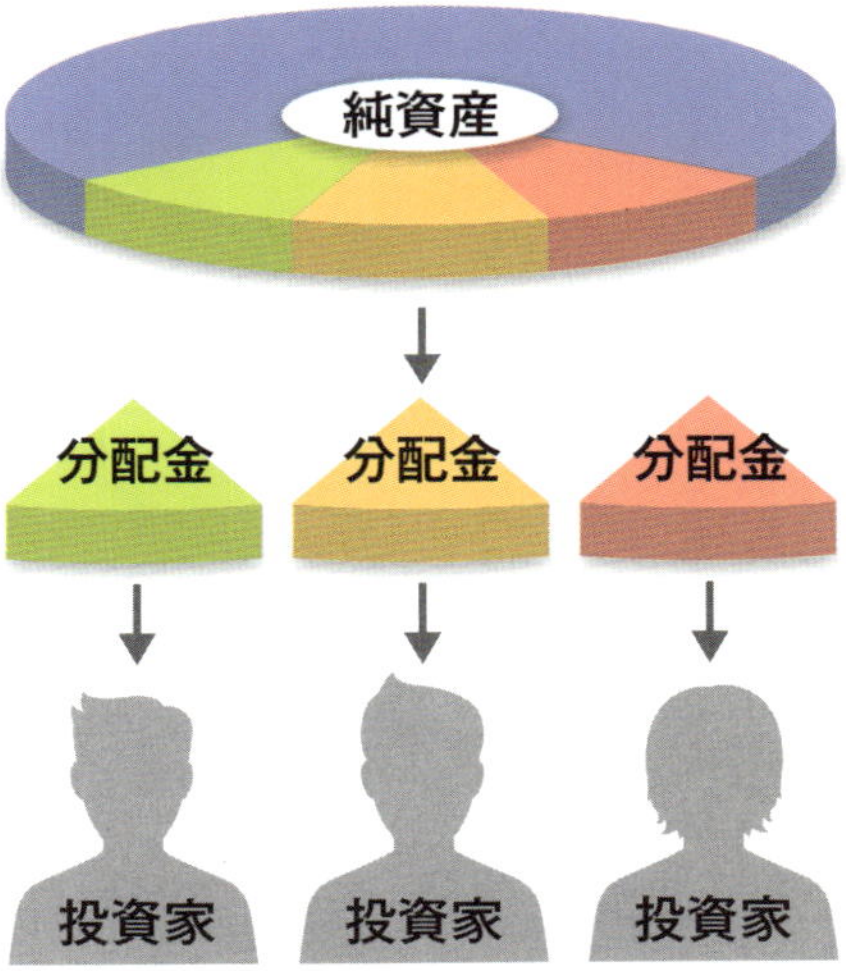

「分配金なし」のほうが値動きが大きくなる

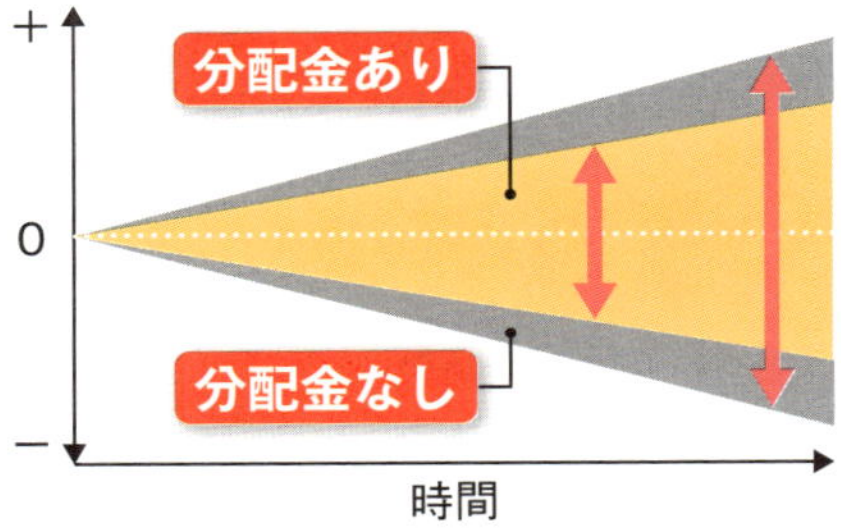

「普通分配金」と「元本払戻金（特別分配金）」の違い

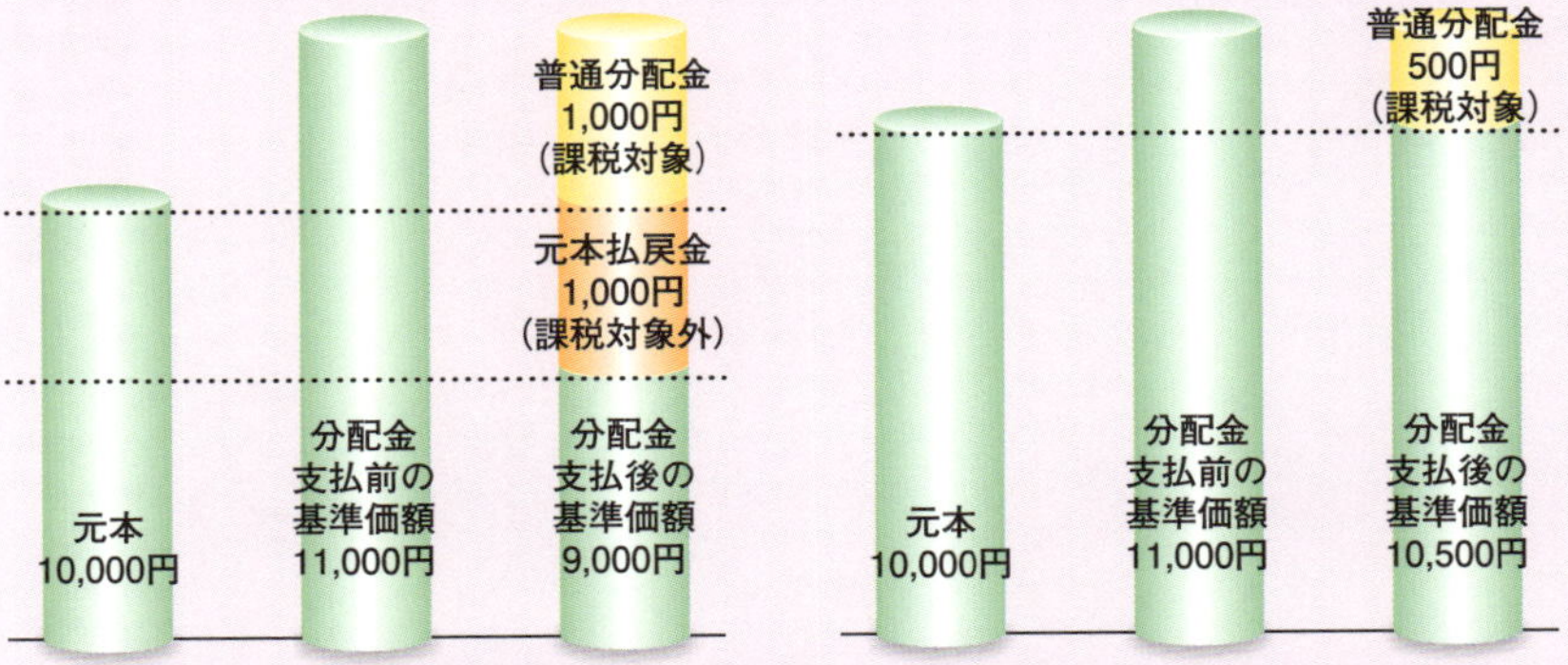

決算日の基準価額（分配金落前の基準価額）が投信購入時の個別元本を上回っているときは、「普通分配金」となり課税される。決算日の基準価額が投信購入時の元本を下回っているときは、個別元本から基準価額を引いた部分が「元本払戻金（特別分配金）」となり課税されない（分配金から「元本払戻金（特別分配金）」を引いた部分は「普通分配金」となる）。

7

複利パワーで資産を増やそう

元本が雪だるま式に増えていく

長期になるほど効果は大きい

さて、ここで複利のパワーについて考えてみましょう。

前項で複利効果のある「分配金なし」のほうが投資効果が期待できると紹介しましたが、その威力はどれほどでしょうか。

左ページのグラフのように、１００万円を年利３％で30年間運用した場合、**単利と複利**では得られるリターンに**50万円以上もの差**がつきます。

複利で運用すると、元本が雪だるま式に増えていきます。そのため利回りが高いほど、運用期間が長くなるほど、投資効果は大きくなります。長期運用が前提の投信では、**複利の大きな効果**を忘れてはいけません。

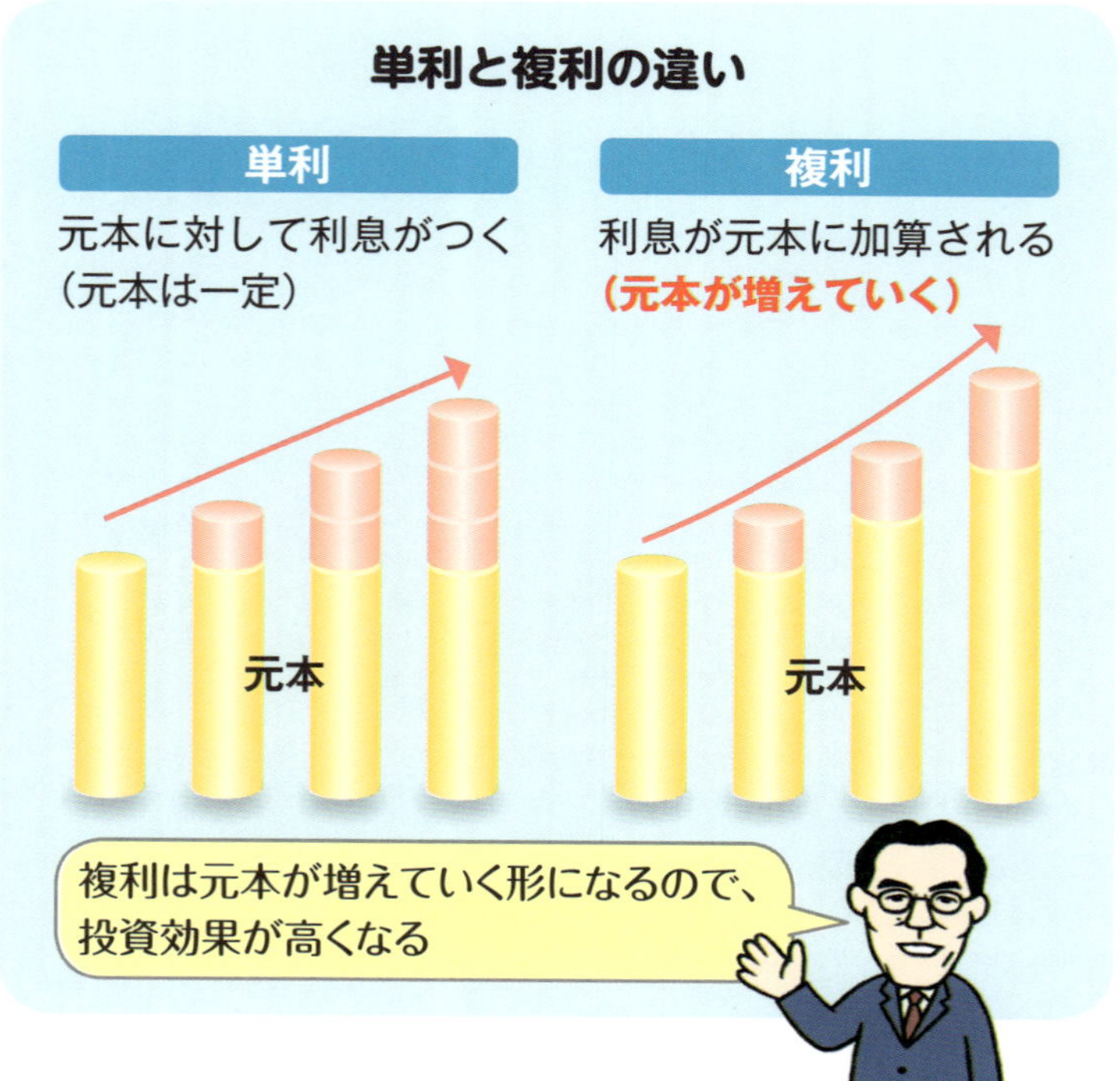

単利と複利の違い
単利
元本に対して利息がつく
（元本は一定）
元本
複利
利息が元本に加算される
（元本が増えていく）
元本
複利は元本が増えていく形になるので、
投資効果が高くなる

単利VS複利シミュレーション

100万円を年利3%で30年間運用した場合

［ 単利の場合 ］ 190万円（利息分90万円）
［ 複利の場合 ］ 242万7262円（利息分142万7262円）

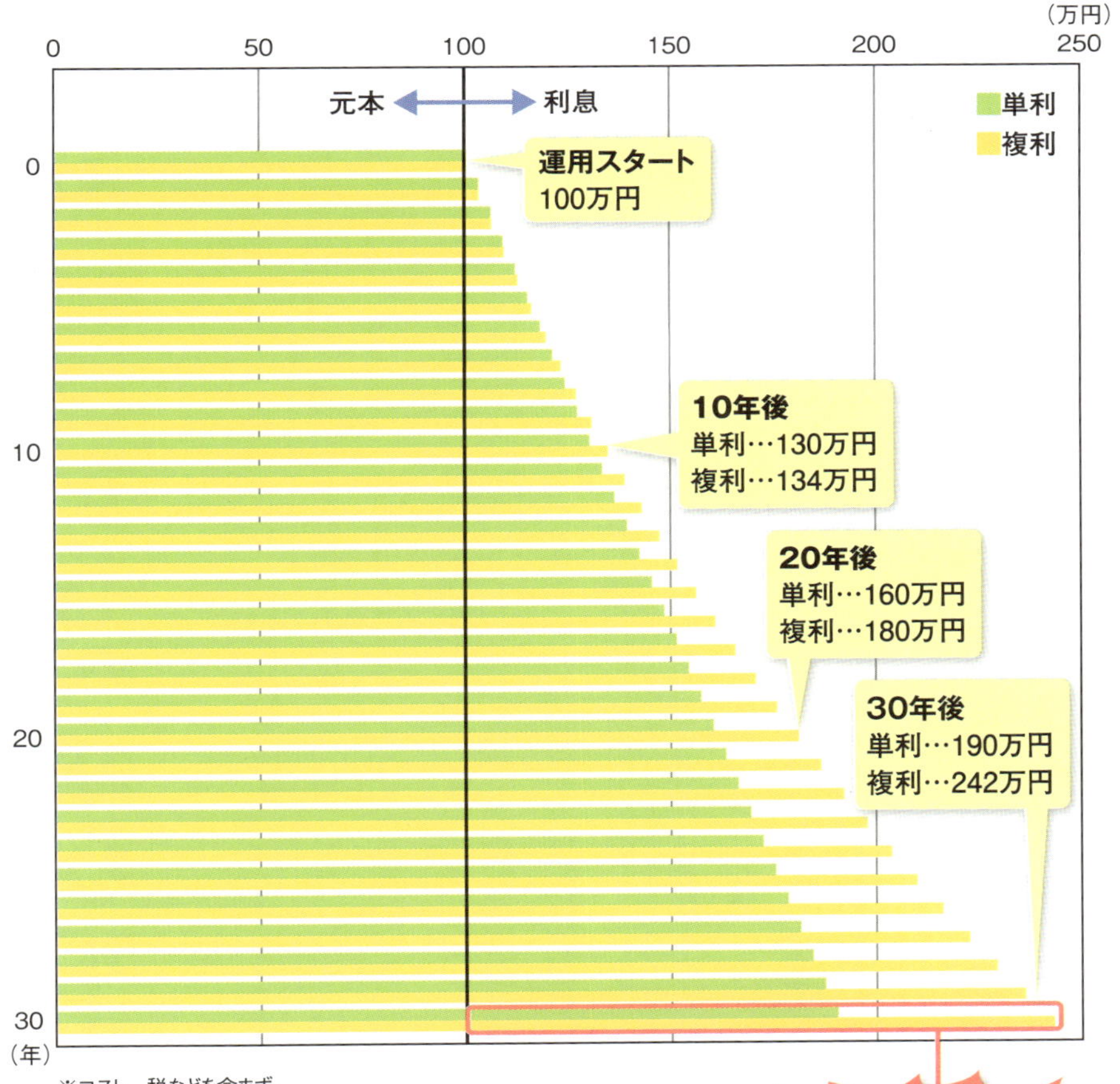

※コスト、税などを含まず。

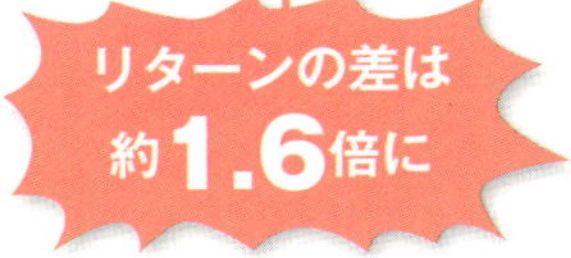

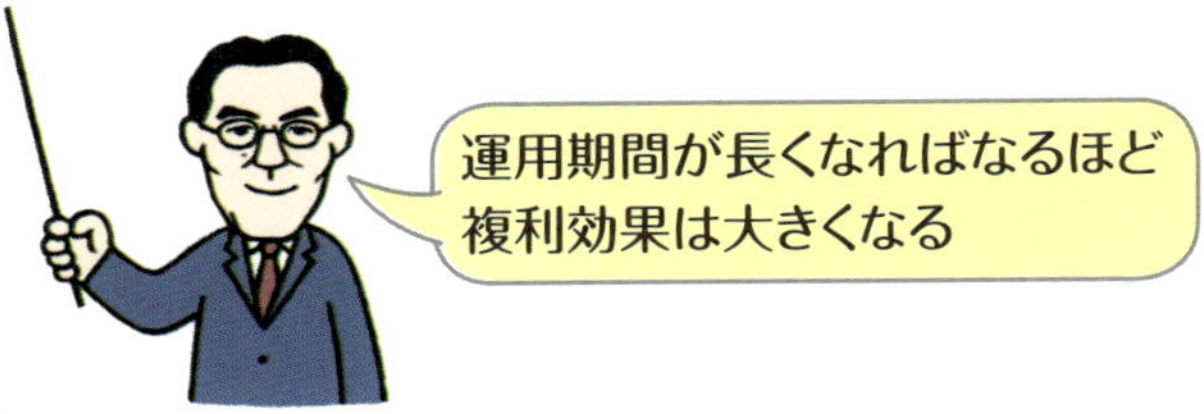

8

販売手数料や信託報酬の差が運用結果を左右する

コストを軽視するべからず！

コストは投信の落とし穴

投信を検討するとき、非常に大切なのが「**コスト**」です。軽視する人も多いのですが、決してあなどってはいけません。

投信の主なコストは販売手数料と信託報酬の2つ。販売手数料は購入するときにかかり、信託報酬は毎年かかります。特に信託報酬は運用益から自動的に引かれるため、コストがかかっているという意識が薄れてしまいがちです。

たとえば次のような条件の投信があった場合、どちらを選びますか。

①運用利回り５％、信託報酬３％
②運用利回り４％、信託報酬１・５％

この条件で１００万円を20年間運用すると、①は１４９万円、②は１６４万円と、15万円もの差がつきました。たとえ利回りが大きくても、コストが大きいことで運用結果では負けてしまうのです。

コストが1％違えば運用結果は大きく変わります。同じ利回りで信託報酬が１％違う投信の運用結果はどうなるでしょうか。

③運用利回り５％、信託報酬２％
④運用利回り５％、信託報酬１％

この条件で１００万円を20年間運用すると、③１８１万円、④２１９万円となり、38万円もの差がつきます。

長期投資では、たった０・１％の違いでも大きな差になります。投信購入時は、シビアにコストを吟味して選びましょう。

用語解説【コスト】

投信の場合、購入時に販売会社に支払う「販売手数料」、運用期間中に純資産から差し引かれる「信託報酬」、換金時にかかる「信託財産留保額」などを指す。

コストの違いでリターンが変わる

1%の差で運用結果はどうなる？

投信C…利回り5%、信託報酬2%

投信D…利回り5%、信託報酬1%

100万円を運用した場合

	投信C	投信D
10年	134万円	148万円
20年	181万円	219万円
30年	243万円	324万円

30年で**80万円以上**の差がつく！

たった0.1%の違いでも……

投信E…利回り5%、信託報酬0.8%

投信F…利回り5%、信託報酬0.7%

100万円を運用した場合

	投信E	投信F
10年	151万円	152万円
20年	228万円	232万円
30年	344万円	354万円

0.1%の違いが30年で**10万円**の差を生み出す！

たとえ利回りが高くても……

投信A…年利5%、信託報酬3%

投信B…年利4%、信託報酬1.5%

100万円を運用した場合

	投信A	投信B
10年	122万円	128万円
20年	149万円	164万円
30年	181万円	210万円

利回りがよくても**コストの安さに勝てない**

軽く考えがちなコストの差で、運用結果に大きな差が生まれる!

販売手数料は販売会社によって違う!

グローバル・ソブリン・オープン（毎月決算型）の販売手数料

販売会社	販売手数料
SBI証券	0%（ノーロード）
楽天証券	0%（ノーロード）
マネックス証券	0%（ノーロード）
イオン銀行	1.08～1.62%
新生銀行	1.050%～1.575%

※2015年1月現在

販売手数料は販売会社に支払うので各社で異なる
大口の取引になればなるほど割安になることもある!

9

投信は長期投資が有利

複利効果！リスク減！コスト減！

長期保有の3つのメリット

投資信託は、短期売買ではなく、ある程度長期で保有するのが前提の商品です。投信を長期保有することのメリットには、次のようなものがあります。

①複利効果が生まれる

126ページで紹介したように、長期運用によって利子や分配金などを再投資することで複利効果が発揮されます。

②リスク（値動きの幅）が小さくなる

下図のように、投信を5年、10年と長く保有することで、値動きの幅（リスク）が小さくなることが知られています。投信の基準価額は日々上下しますが、長く保有することで値動き幅の平均が小さくなり、安定した運用

長期保有でリスクが小さくなる

■投資期間別に見た日経平均株価の最大・最小収益率

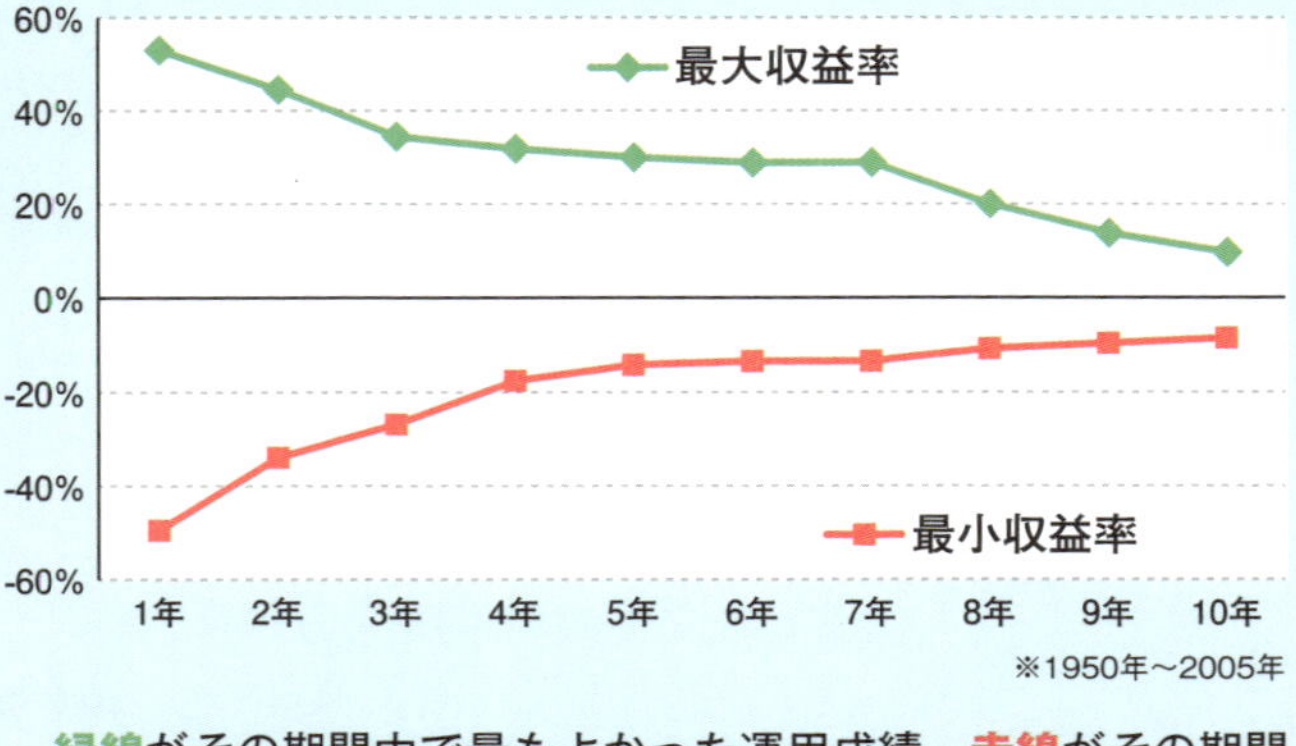

※1950年～2005年

緑線がその期間中で最もよかった運用成績、赤線がその期間中で最も悪かった運用成績。緑と赤の線の幅が広いほどその期間内の値動き（リスク）が大きい。投資期間が長くなるほど赤線と緑線の差が縮まり、値動きが小さくなっている。

ができるようになるのです。

③コストの負担が軽くなる

気づきにくいポイントですが、長期保有は購入時や換金時にかかる手数料の負担を軽減する効果があります。たとえば販売手数料が3％だった場合、運用期間が1年なら収益に与えるコストの影響はマイナス3％ですが、2年たてば1・5％、3年たてば1％と、保有期間が長くなるにつれてその影響は小さくなります。

このように、投信は長く持てば持つほど、有利に働くポイントが多いということです。投信で1～2年程度の短期運用しようという場合は、これらのメリットが享受できなくなります。

投信の運用では「時間が味方になる」ということをよく覚えておきましょう。人生は有限です。投資できる期間は限られているので、スタートは早いほどよいといえます。

長期保有でコストの負担が小さくなる

■販売手数料3％の場合の負担率（税を含まず）

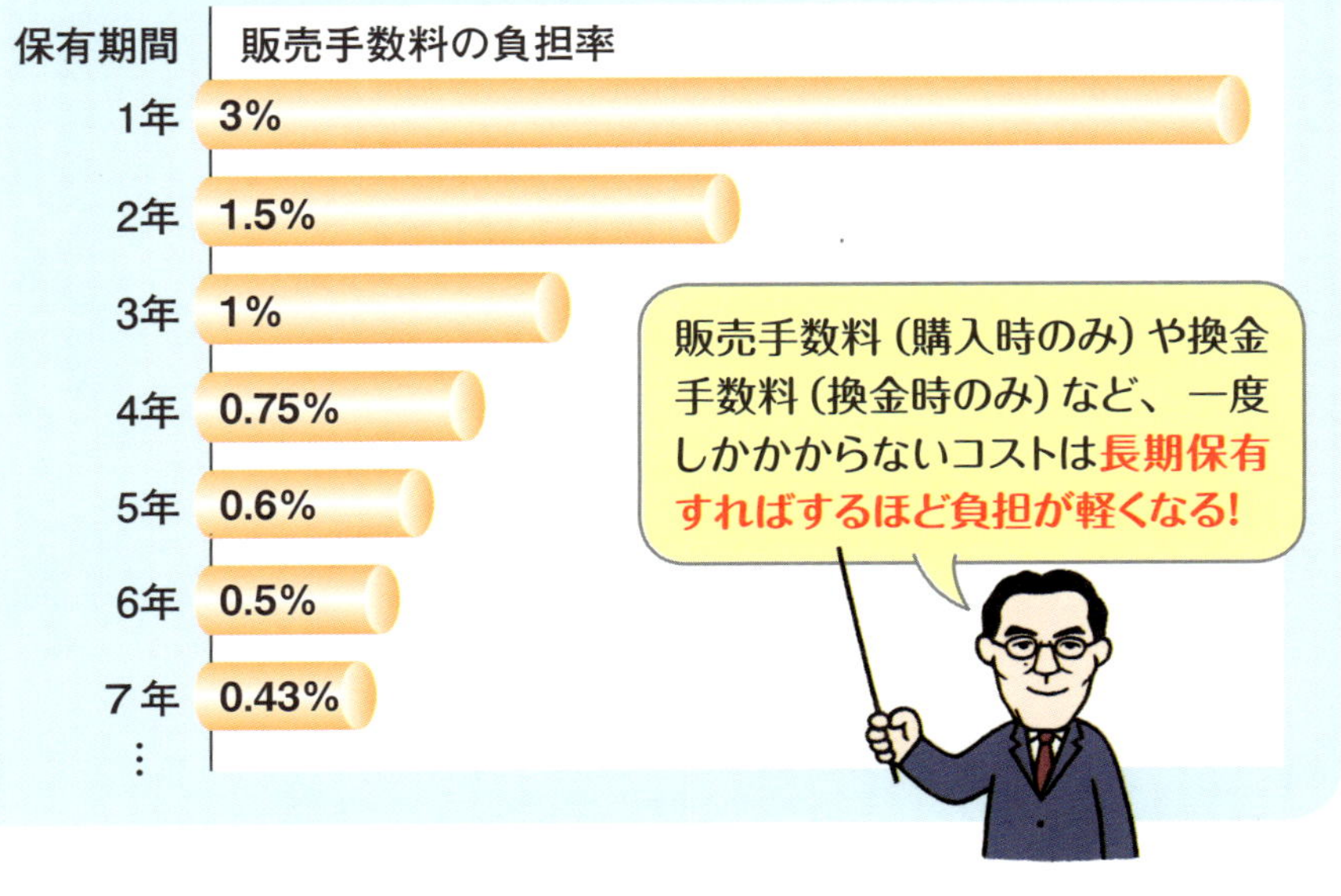

10

１０００円からはじめられる

少額積立投資の大きなメリット

投資金額をコントロールできる

これまでも何度か触れてきたように、投資信託のメリットの1つに「少額からはじめられる」ことがあります。

たとえばトヨタ自動車やＮＴＴの株を買いたいと考えても、**最低購入金額**は数十万円。株式の最低購入金額は、安めのものでも10万円程度はかかります。株で分散投資をしようと思えば、１０００万円単位の資金が必要です。これでは投資のハードルは上がってしまいます。

でも、投信なら1万円程度から分散投資をはじめることができます。**積み立てなら１０００円程度からはじめられる**ものもあります。１０００円からでもトヨタやＮＴＴへの投資が可能なのです。さらに１０００円でも投資先はさまざまに分かれているので、自動的に分散投資ができます。

少額からはじめられることのメリットは、「お金がない人でも投資できる」というだけではありません。積み立てや追加投資など、資産や運用スタイルに合わせてさまざまなタイミングで投資できるということが、大きなメリットになるのです。

たとえば「**20代では毎月1万円積み立て、30代では2万円積み立てる**」「**ボーナス時に10万円追加投資する**」など、**自分で運用額を決めながら計画的な投資**が可能です。

これは株式投資などではできない投資方法だといえるでしょう。

用語解説 【**最低購入金額**】

株式投資では、購入できる最低限の単位（単元株数）が決められている。株価が500円、単元株数が1000株なら、最低購入金額は500円×1000株＝50万円となる。

投資金額を決められるのが投信の大きなメリット

株式投資の場合

1つの銘柄を買うのに数十万円程度かかる

例 株式投資でトヨタ自動車株を購入するには

7800円 × **100**株 ＝ **78**万円

1株あたりの価格　最低取引単位　最低購入金額

※2015年1月の株価

資金が少ないから
投資なんてムリ……
いきなり大金を投資
するのは怖い……

投信なら

- **少額（1万円程度）から購入できる**
- **積立投資（1000円程度）もできる**

＋

- **目的や資金状況に合わせた投資ができる**

まとまった資金がない	現在の余裕資金と月々の余力を投資したい	収入に合わせて追加投資していきたい
↓	↓	↓
月々 1000円積立て 1年後に月々 1万円に増額	最初に100万円購入 その後月々 1万円積み立て	最初に100万円購入 その後月々 2万円積み立て 3年後に200万円追加購入 その後月々 3万円積み立て

11

初心者なら定期購入がオススメ

積立投資でリスクをおさえる

積立投資で時間を分散

投信を購入するにあたって、「いつ買えばいいのか」と悩む人も多いでしょう。

安いときに買って高いときに売ることができればよいのですが、そううまくいかないのが難しいところです。「あのときに買って（売って）おけば……」というのは投資をしていれば誰でも思うことですが、未来のことは誰にもわからないのです。

購入タイミングによるリスクを小さくしたいなら、「時間を分散させる」ことが重要です。時間を分散させるためには、一度に購入せず、何回かに分けて購入する、定期的に購入するという方法があります。特に時間分散に最適なのが「積立投資」です。

一括購入と積立投資のメリット・デメリット

	一括購入（経験者向き）	積立投資（初心者向き）
メリット	●購入後に値上がりすれば大きな利益が見込める	●少額ではじめられる ●自動引き落としを利用すれば手間がかからない ●時間の分散によってリスクが小さくなる
デメリット	●購入後に値下がりすれば大きな含み損を抱える ●購入タイミングの決断が難しい	●値上がりが見込めない資産はいくらコツコツ積み立てても意味がない

一括購入：購入タイミングをしっかりと見極められる経験者や、値上がりの可能性が高い局面向き

積立投資：忙しくこまめに値動きをチェックできない人、購入タイミングの見極めに自信のない人、貯蓄代わりにコツコツ投資したい人向き

リスクを減らせる積立投資

■一括購入と積立投資の時価／口数の推移

上の一括購入の場合、価格の変動が大きい。分散投資はある程度価格変動の小さい運用になっているが、価格変動が大きい局面では元本割れになることも。下の積立投資の場合、各時点の時価は緩やかに推移している。急上昇した際の上昇幅は限定的になるが、急落したときの影響も小さい。

一括購入

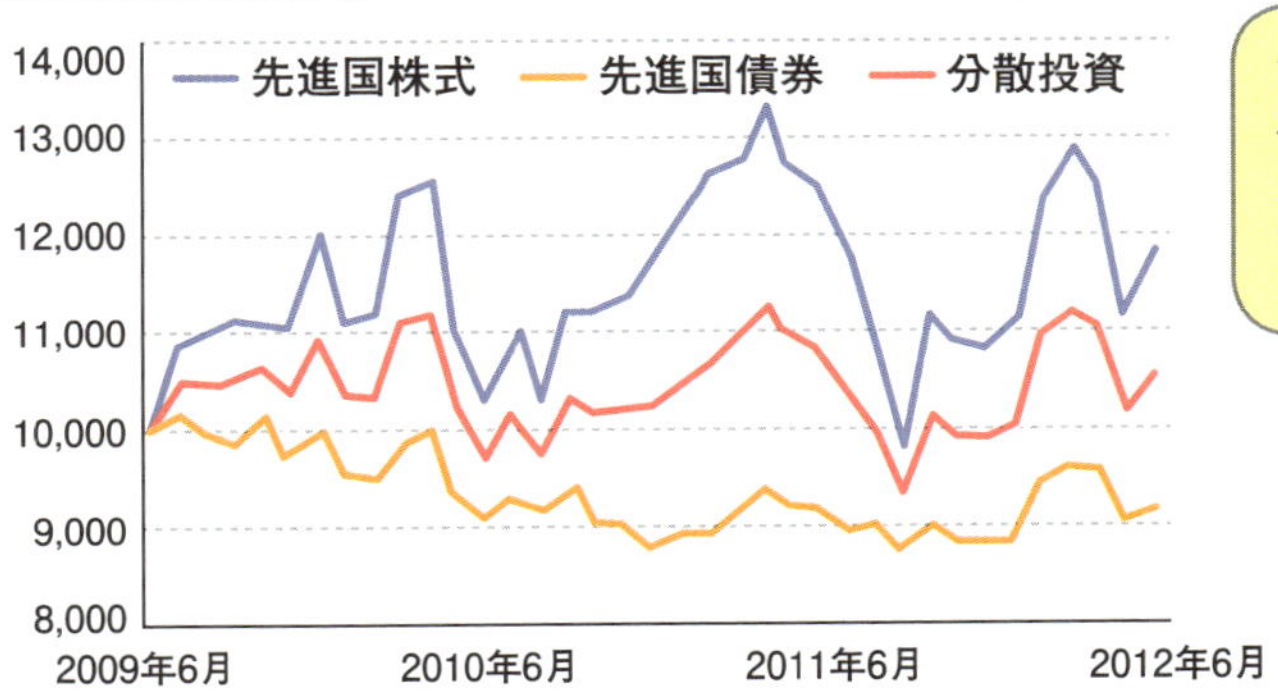

積立投資

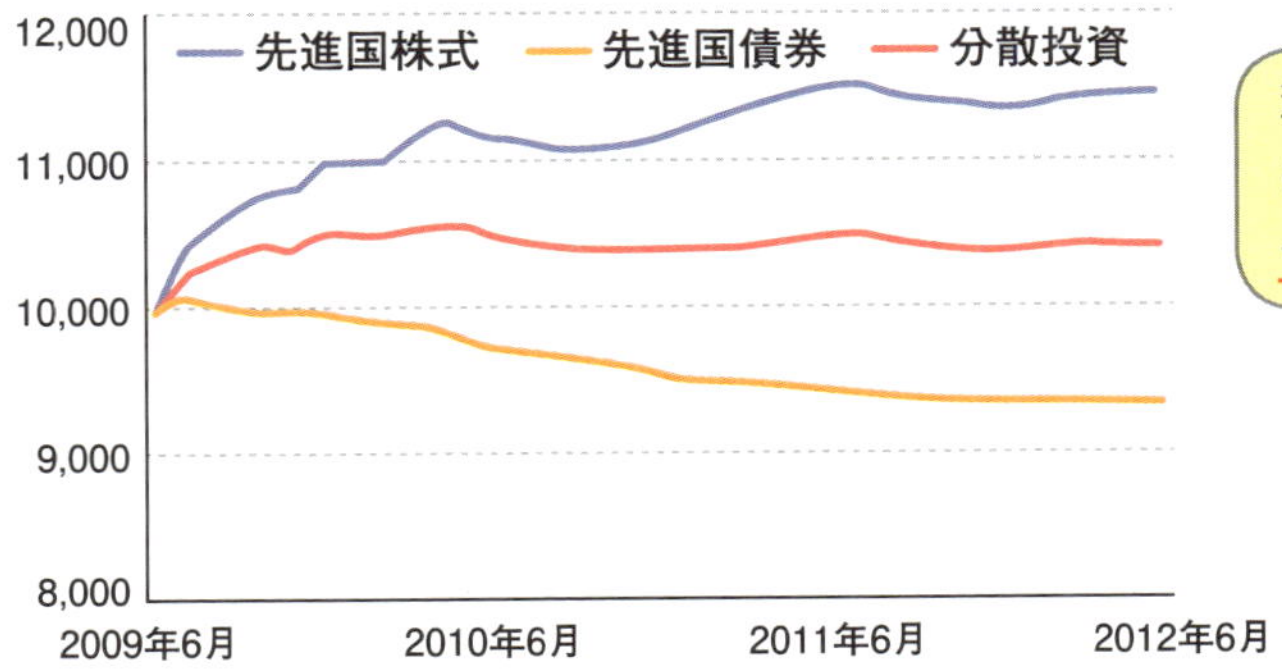

※先進国株式：MSCI ワールド指数（配当込み、円ベース）
先進国債券：シティ世界国債インデックス（円ベース）
分散投資：先進国株式50％＋先進国債券50％の割合で毎月投資したものと仮定
※モーニングスター作成

12

毎月定額積立で、有利な投資ができる

積立投資に効くドルコスト平均法

投信積立に最適な投資手法

ここで「ドルコスト平均法」という投資手法を覚えておきましょう。

ドルコスト平均法というのは、値動きのある商品に投資する際に**「均等額を定期的に継続して」購入していく方法**です。

均等額を定期的に購入することで「価格が上がったら買う口数を減らし、価格が下がったら買い増しする」という投資戦略を自動的に実行することができます。高値のときにたくさん買ってしまったり、安値のときに買い損ねるというリスクを避けることができ、投資効果が高まります。

また、細かな相場判断をせずに機械的に購入していく方法なので、手間がかかりません。「どのタイミングで買えばよいのか」という**投資家**特有の悩みから開放されることもできます。

ここまで読めばおわかりでしょう。投信の積立投資こそが、ドルコスト平均法のメリットを最大限に享受できる投資方法です。株式投資などでドルコスト平均法を実行するのは困難です。

投信購入において、口数指定も金額指定もあまり変わらないように思えますが、ドルコスト平均法は「金額指定」の積立投資です。左ページのように、積立投資の場合、購入口数を均等にするよりも、**購入金額を均等にするほうが、平均購入価格を下げることができる**のです。

用語解説【日本の個人投資家】

日本証券業協会の調査（2014年）によれば、個人投資家の中で20～30代の割合は9%、過半数は60歳以上のシニア層となっている。個人投資家の中で投信保有者は49.4%にのぼる。

積立投資は定数よりも定額がお得！

① 毎月1万円ずつ購入（定額購入方式） ― ドルコスト平均法
② 毎月1万口ずつ購入（定数購入方式）

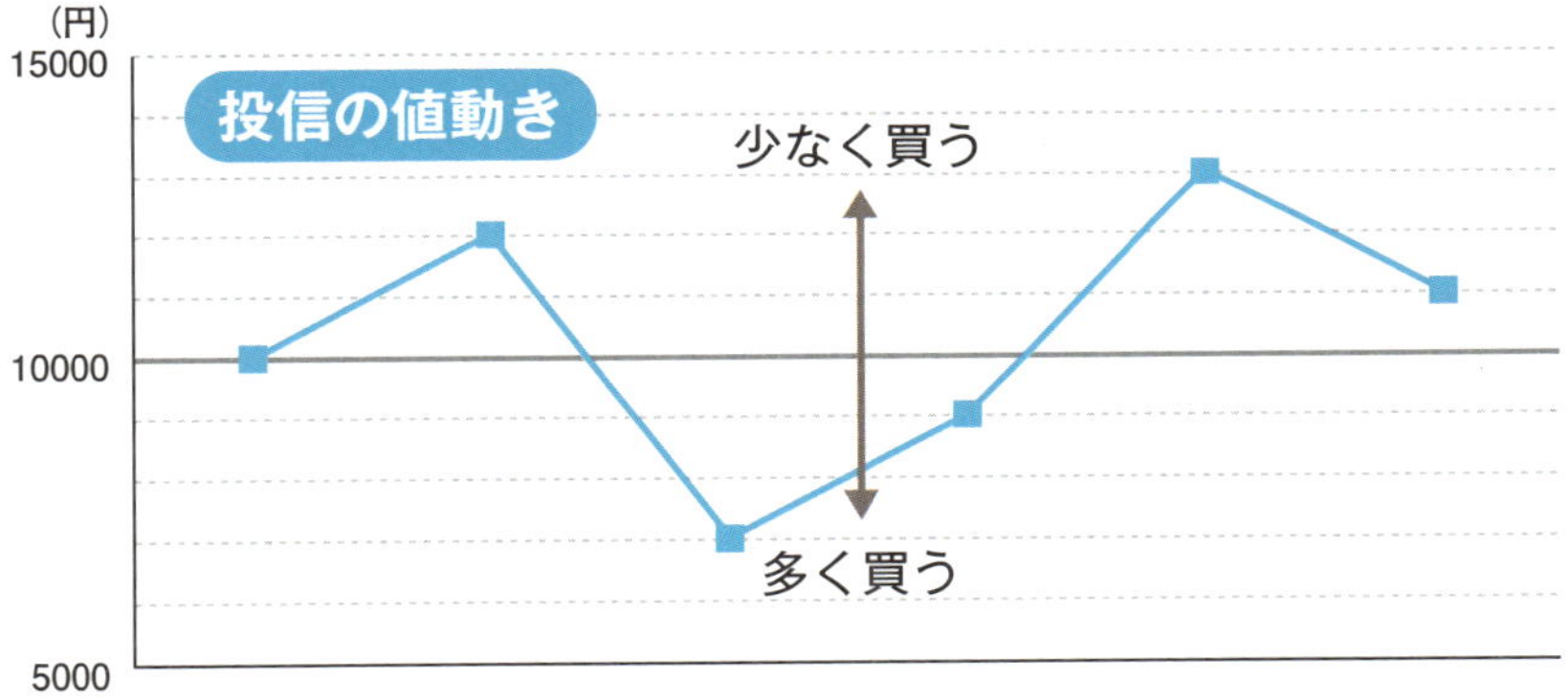

購入月	1月	2月	3月	4月	5月	6月
基準価額	10000円	12000円	7000円	9000円	13000円	11000円
① 毎月1万円ずつ購入	10000円（10000口）	10000円（8333口）	10000円（14286口）	10000円（11111口）	10000円（7692口）	10000円（9091口）
② 毎月1万口ずつ購入	1万口（10000円）	1万口（12000円）	1万口（7000円）	1万口（9000円）	1万口（13000円）	1万口（11000円）

① ドルコスト平均法

購入口数……**60513**口
購入金額……**60000**円
1口あたり **9915**円

少ない資金でたくさん買える！

② 定数購入方式

購入口数……**60000**口
購入金額……**62000**円
1口あたり **10333**円

ドルコスト平均法は高いときに少なく買い、安いときに多く買える

13

失敗しないために基本を確認

分散投資は中身をチェック！

投信の「中身」を把握する

投資には、複数の資産に投資することでリスクを分散する「分散投資」という考え方が非常に大切です。投信は「簡単に、少額から」分散投資ができる商品です。

ただし、複数の投信で資産分散を行ったつもりでも、中身を見ると気づかないうちに国内株式ばかりに投資していたり、リスクの高い海外株式ばかりに投資していたりということがよくあります。また、もともと国内で株式投資をしている人が国内株の投信を買ってしまったら、資産分散をしているとはいえません。

目論見書などで投信の中身をよく見て、トータルの資産配分を把握することが大切です。

資産の分散方法

資産分散	株式、債券、不動産など、資産の種類を分散する
地域分散	国内と海外（先進国、新興国、ヨーロッパ、アジア、アメリカなど）など、投資する地域を分散する
時間分散	投資するタイミングを分散する
通貨分散	円、ドル、ユーロなど、通貨を分散する
銘柄分散	株式などの場合は複数の銘柄（業種の違う銘柄）に分散する

分散投資の考え方

分散投資の大原則「卵は1つのカゴに盛るな」

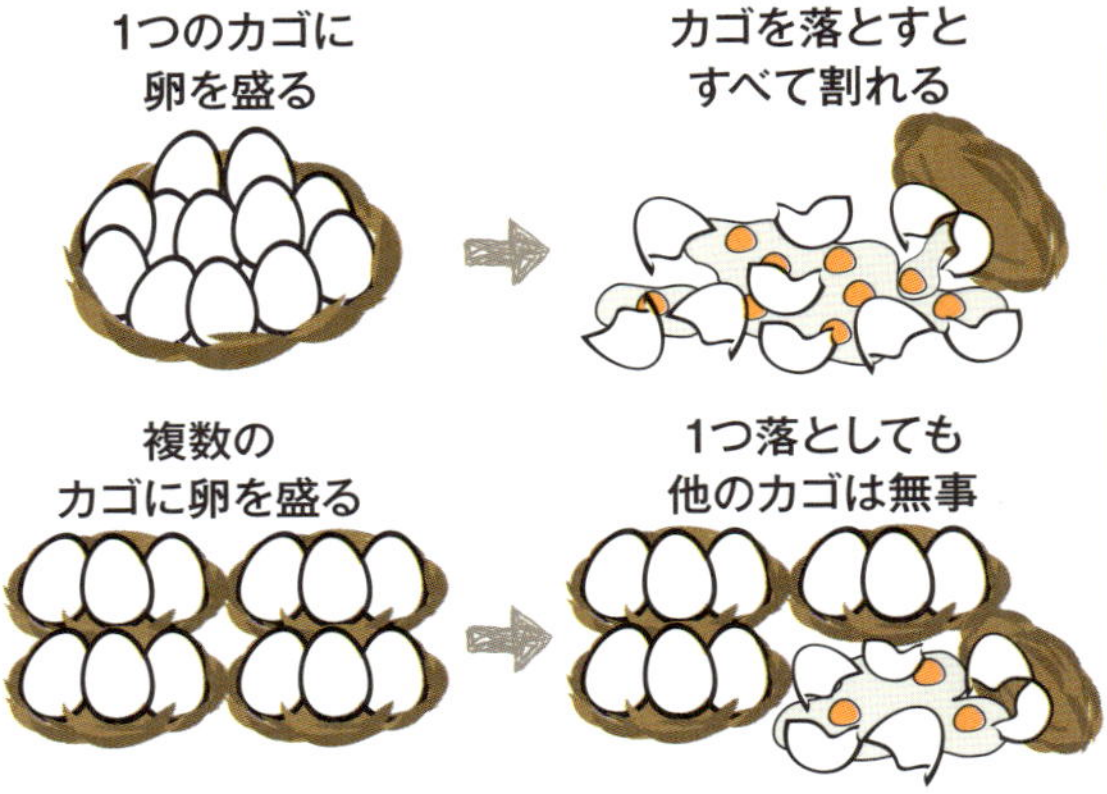

ただし、カゴの中身に注意が必要。投信の場合は違うカゴに同じ種類の卵を入れてしまいがち。

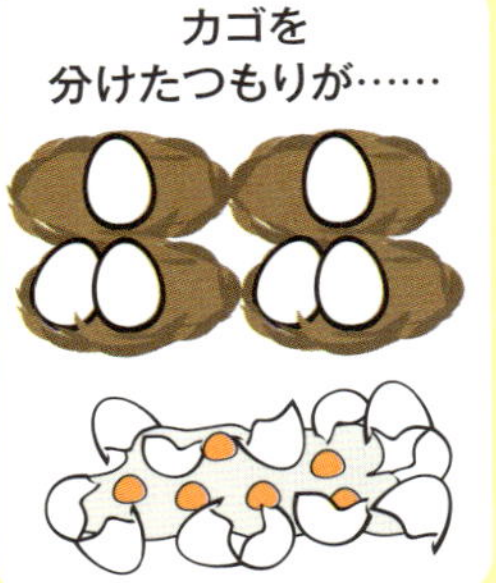

資産を複数に分けることで、ある資産の下落に対するリスクに備える

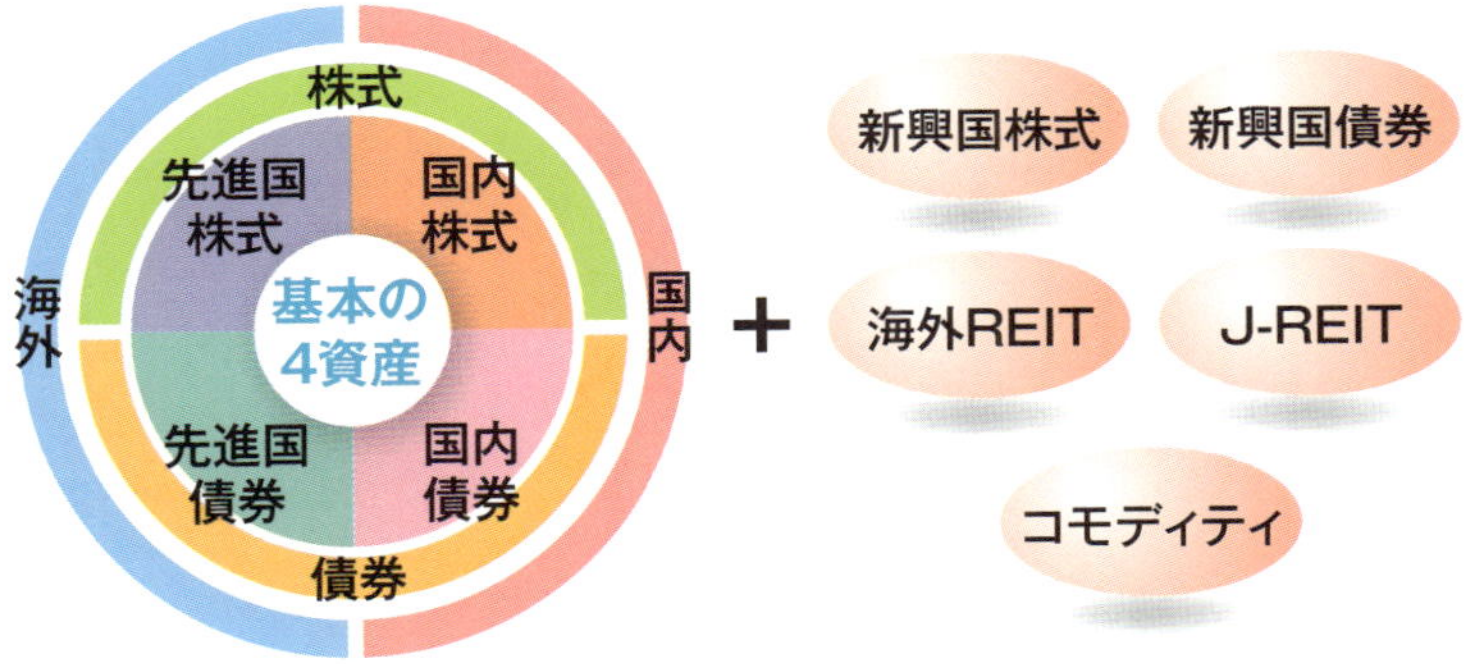

分散投資の基本は、国内株式、国内債券、先進国株式、先進国債券を核として、新興国株式、新興国債券、REITなどを、自分の資産状況やとれるリスクに合わせて組み合わせる

資産配分は人それぞれだが、国内と海外のバランス、株式と債券のバランスなどをきちんとチェックしておこう

14

複雑な名前にとまどわない！

商品名から特徴・タイプを知ろう

名前にはそれぞれ意味がある

投信選びの際にとまどうのが、投信の名前ではないでしょうか。グローバル、エマージング、バリューなど、初心者から見れば呪文のような言葉が並び、「よくわからない」「難しい」と感じてしまうのです。

投信の名前には、運用会社、対象資産、対象地域、運用スタイルなどさまざまな情報が入っています。覚えてもらうために「愛称」のあるものも少なくありません。

名前に入った言葉の意味をある程度知っておくと、ひと目でその投信の特徴がわかるようになります。ただしもちろん名前だけで選ぶのは厳禁。投信の内容は目論見書でしっかり確認しましょう。

おさえておこう！

ファミリーファンド方式とは？

投信の運用形態の1つで、ベビーファンドがマザーファンドへ投資する仕組みになっている。投資家がベビーファンドを買い、マザーファンドが投資対象に投資する。

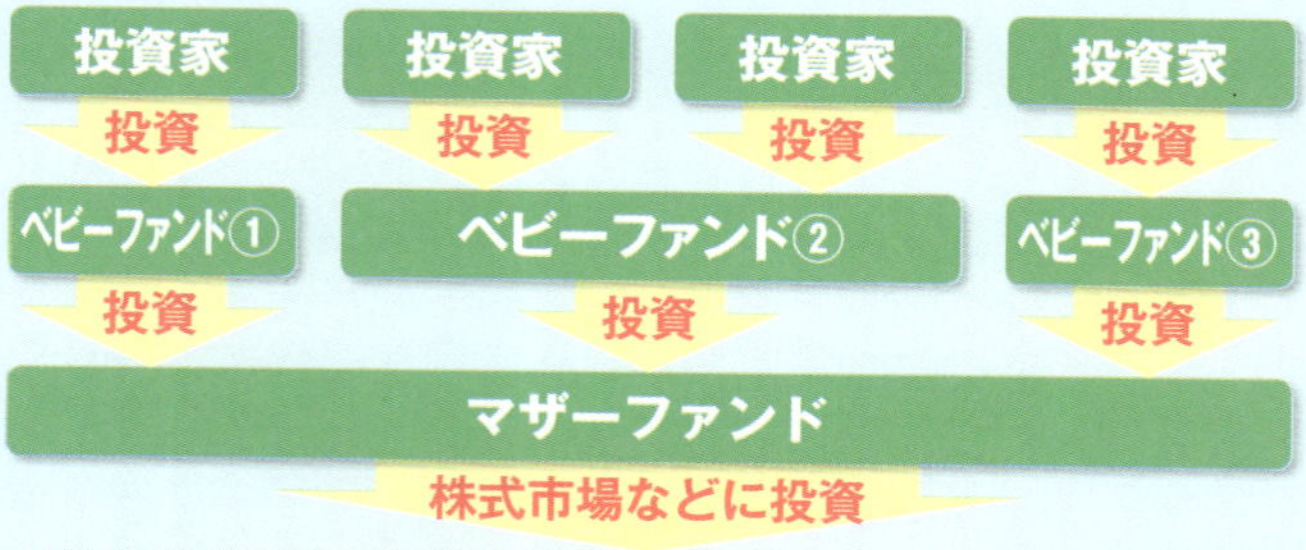

ファミリーファンド方式と似たものに、ひとつのファンドが複数のファンドに投資するファンド・オブ・ファンズがある

名前を見れば特徴がわかる

グローバル・ソブリン・オープン（毎月決算型）

グローバル	ソブリン	オープン	（毎月決算型）
世界の	政府機関などの債券に投資	追加型の投信	毎月分配金を出す

三菱UFJ 日本株「バリュー 55」

三菱UFJ	日本株	「バリュー 55」
三菱UFJが運用	日本株に投資	55の割安株に投資

名前に入る言葉の意味

三井住友、野村、フィディリティ、ダイワ、新光、DIAM、日興	運用会社
ボンド、○○債	債券のこと
オープン	**追加型**（いつでも購入・換金できる）の投信
ジャパン	日本に投資している
US	アメリカに投資している
チャイナ	中国に投資している
グローバル、ワールド	世界各国に投資している
エマージング	**新興国**に投資している
ソブリン	ソブリン債（政府機関などの信用力の高い債券）に投資している
ハイ・イールド	ハイ・イールド債（格付けが低めのハイリスク・ハイリターンな債券）に投資している
バランス	**さまざまな資産**にバランスよく投資している
インデックス	インデックス型（株価指数などに連動する）
アクティブ	アクティブ型（指数以上をの運用成果を目指す）
グロース	成長性のある対象に投資している
バリュー	割安な対象に投資している
ファンド	投資家から資金を集めて運用する**金融商品の総称**
REIT	**不動産**に投資している
毎月分配型	毎月分配金がある
インカム	**利子や配当**のこと。配当利回りのよい対象に投資している
ブル	指数や相場と相関した値動きで高い収益を狙う（トリプル・ブル：指数の3倍の値動きを狙う）
ベア	指数や相場と逆相関した値動きで高い収益を狙う

15

まず投信の概要をとらえる

投信選び① ファンドの特色をつかむ5ポイント

投信選びの第一歩

投信は千差万別で、まったく同じものはありません。似ているように見えても、少しずつ違うのです。

たとえば同じアジアに投資する投信でも、その内容はさまざまです。また、一見似ているように見えるアクティブ型の投信でも、指標の2倍を目指すものもあれば、3倍を目指すものもあります。

ですから、まずは投信の特色を理解しましょう。投資対象地域、投資対象資産、運用方針など、最低限それがどんな投信なのかを簡潔に説明できるくらいには理解しておくことが大切です。ファンドの特色は目論見書でチェックすることができます。

目論見書でファンドの特色をチェック

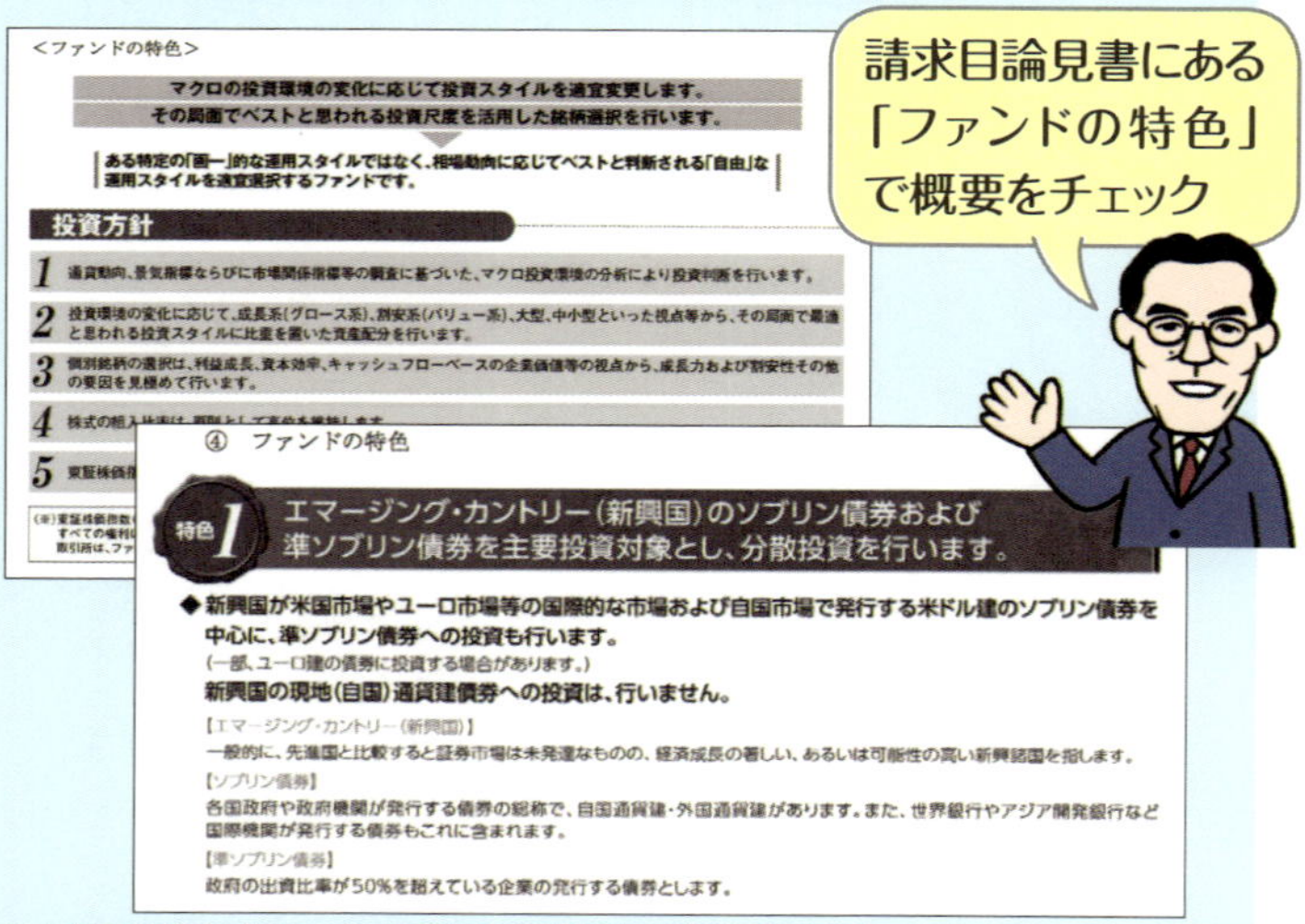
<ファンドの特色>

マクロの投資環境の変化に応じて投資スタイルを適宜変更します。
その局面でベストと思われる投資尺度を活用した銘柄選択を行います。

ある特定の「画一」的な運用スタイルではなく、相場動向に応じてベストと判断される「自由」な運用スタイルを適宜選択するファンドです。

投資方針

1 通貨動向、景気指標ならびに市場関係指標等の調査に基づいた、マクロ投資環境の分析により投資判断を行います。

2 投資環境の変化に応じて、成長系（グロース系）、割安系（バリュー系）、大型、中小型といった視点等から、その局面で最適と思われる投資スタイルに比重を置いた資産配分を行います。

3 個別銘柄の選択は、利益成長、資本効率、キャッシュフローベースの企業価値等の視点から、成長力および割安性その他の要因を見極めて行います。

4 株式の組

5 東証株価

④　ファンドの特色

特色1 エマージング・カントリー（新興国）のソブリン債券および準ソブリン債券を主要投資対象とし、分散投資を行います。

◆新興国が米国市場やユーロ市場等の国際的な市場および自国市場で発行する米ドル建のソブリン債券を中心に、準ソブリン債券への投資も行います。
（一部、ユーロ建の債券に投資する場合があります。）

新興国の現地（自国）通貨建債券への投資は、行いません。


【エマージング・カントリー（新興国）】

一般的に、先進国と比較すると証券市場は未発達なものの、経済成長の著しい、あるいは可能性の高い新興諸国を指します。

【ソブリン債券】

各国政府や政府機関が発行する債券の総称で、自国通貨建・外国通貨建があります。また、世界銀行やアジア開発銀行など国際機関が発行する債券もこれに含まれます。

【準ソブリン債券】

政府の出資比率が50%を超えている企業の発行する債券とします。

※上「DIAM 国内株オープン『愛称：自由演技』」の請求目論見書（2014年11月29日）、下「エマージング・ソブリン・オープン（1年決算型）」の請求目論見書（2014年11月5日）より

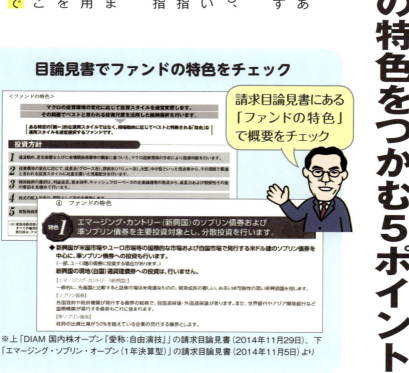

投信の概要を知るための５ポイント

POINT! 1 投資の対象国

投資対象となる地域はどこか。国内か、外国か、国内外か。海外の場合は国はどこか、先進国か新興国か。

※原則として海外資産への投資は為替変動リスクが発生する。また、先進国よりも新興国のほうがリスク・リターンが大きくなる。複数の地域に分散しているほうがリスクを抑えられる。

POINT! 2 投資の対象

主な投資対象は、株式か、債券か、不動産（REIT）か、コモディティ（商品）か。投資対象が複数ならどんなバランスか。

※原則として債券型よりも株式型のほうがリスク・リターンが大きくなる。

POINT! 3 運用方針（インデックス型・アクティブ型）

株価指数などに連動するインデックス型か、指数を上回る運用成果を目指すアクティブ型か。

※インデックス型よりもアクティブ型のほうがリスク・リターンが大きくなる。

※インデックス型であればベンチマークとなる指標は何か、アクティブ型であればインデックス型と比較してどのように利益を獲得するのか、どのように収益をあげるのかなどをチェックする（「請求目論見書」でチェック）。

POINT! 4 コスト

販売時にかかる販売手数料、保有中にかかる信託報酬、解約時にかかる信託財産留保額などについて確認する。

※コストはリターンに大きな影響がある。類似した投信とのコスト比較も大切。

POINT! 5 分配方針（分配型・再投資型）

分配型か再投資型か。分配型の場合は分配の頻度（毎月、半年ごと、1年ごとなど）や分配金額に対する方針も確認しておく。

※長期運用の場合は、分配金を再投資するタイプのほうが複利効果が期待できる。

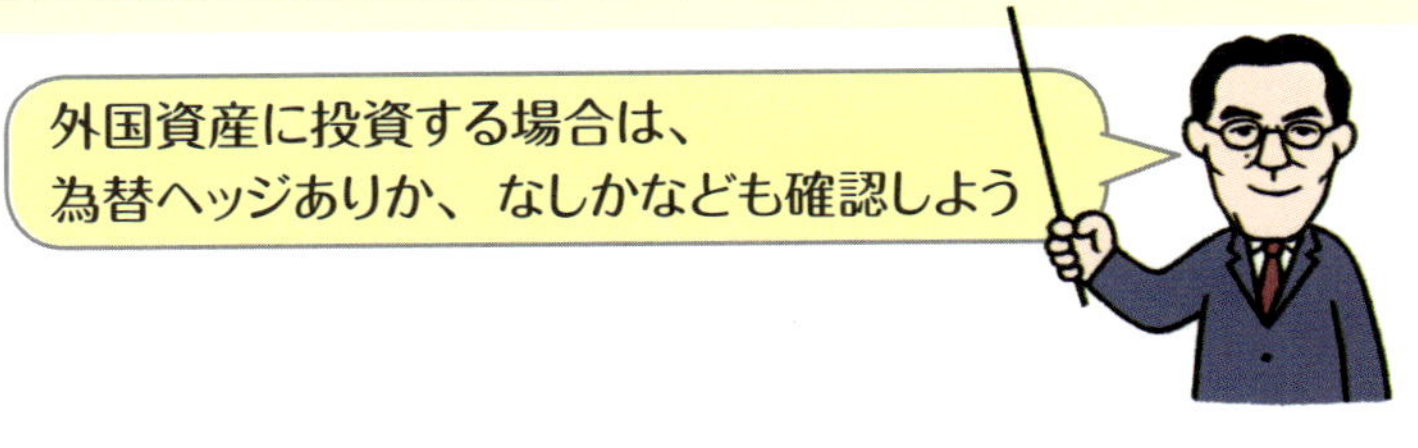
外国資産に投資する場合は、
為替ヘッジありか、なしかなども確認しよう

16

1年、3年、5年の利回り

投信選び② トータルリターン（運用実績）をチェック

過去の実績をしっかりチェック

トータルリターンは、対象期間中にその投信がどれだけ値上がり（値下がり）したかという基準価額の変動率を表したもの。その投信の過去の利回りであると考えてよいでしょう。過去3年間のトータルリターンが5％なら、5％の年平均の運用利回り実績があるということになります。

トータルリターンの計算法は2種類。

・分配金を再投資したものとする（複利）
・分配金を受け取ったものとする（単利）

単利か複利かで差が出るため、確認しておきましょう（分配金を再投資したものとして算出することが多い）。

トータルリターンは、信託報酬など純資産

トータルリターンの見方

トータルリターンは販売会社や運用会社、あるいはモーニングスターのウェブサイトの該当する投信のページで確認できる。

年	1年	3年	5年	10年
トータルリターン	12.72%	10.93%	6.26%	―

前月末の数値をもとに前月末時点からさかのぼって各期間（1年、3年、5年）におけるトータルリターンを算出（5年の数字は過去5年間の総平均利回りということになる）。

運用期間が対象期間に満たない場合、ハイフン（―）などで表示される。

トータルリターンがマイナスなら損失が出ていることになる

から差し引かれるものは計算されていますが、販売手数料、換金手数料などは計算されていないため注意が必要です。

　トータルリターンは投信選びの重要なチェックポイント。類似投信よりも過去のトータルリターンがよければ、有望な投信だといえるでしょう。ただし、トータルリターンはあくまでも過去の実績であり、将来の利回りを保証するものではないということを忘れてはいけません。

　また、投信を運用していると、分配金を受け取ったりしている間に「自分は儲かっているのか、損をしているのか」がわかりにくくなることがあります。それを明確にしてくれるのが個別のトータルリターンです。２０１４年12月に「トータルリターン通知制度」が導入され、証券会社などの販売会社が投資家に個別のトータルリターンを通知することが義務付けられています。

個別のトータルリターン算出法

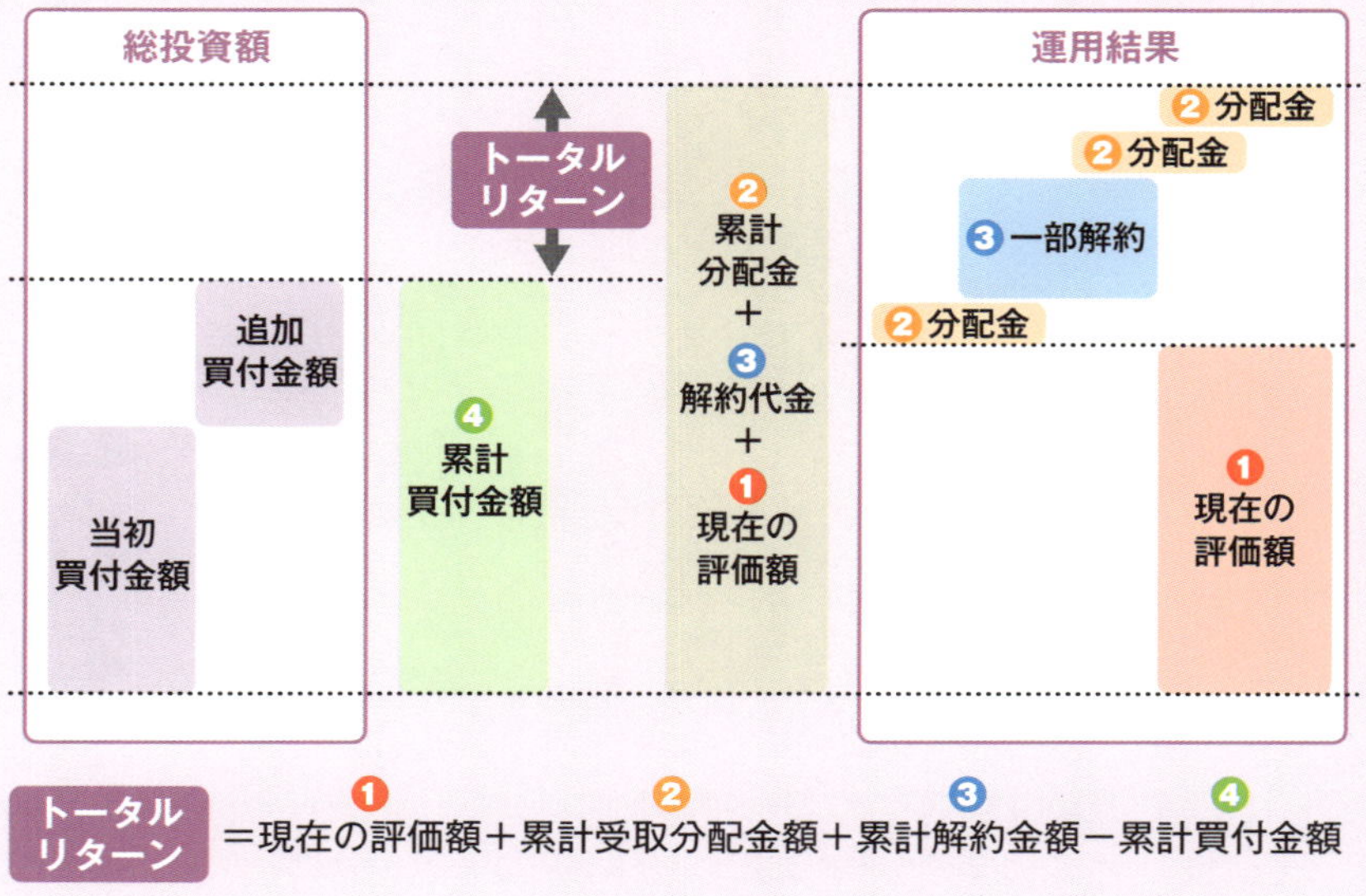

17

投資効率とリスクの度合い

投資選び③

シャープレシオで収益性がわかる

優秀な投信を見極める！

すぐれた投信とは、どんなものでしょうか。

投信は「高い収益を上げているものほどすぐれている」というわけではありません。その高い収益が、**リスクの高い投資**をした結果得られたものであるかもしれないからです。

すぐれた投信を見極めるには「リスクが低いのにリターンが大きい」「効率よく収益を上げている」といったことがポイントになります。同じくらいのリターンを上げている投信であれば、「よりリスクの低い資産に投資している投信」のほうがよい運用ができているといえるのです。

このような投資の効率性を示してくれるのが「シャープレシオ（効率係数）」という数値です。シャープレシオの数値が高いほど、リスクを取ったことにより得られたリターンの割合が高いこと、つまり効率よく収益が得られたことを意味します。

シャープレシオはリターン÷リスクで計算されますが、リスクの度合いを量る数値として使用されるのが「標準偏差」という数値です。標準偏差の数値が高いほど、リスクが大きいということになります。

シャープレシオは販売会社や運用会社、あるいはモーニングスターのウェブサイトの該当する投信のページで確認できます。

シャープレシオもトータルリターンと同じように、個別の数値を見るだけでなく類似の投信と比較する必要があります。

用語解説【リスクの高い投資】

投信でいえば、新興国などを投資対象とするものの他、相場の2倍、3倍のリターンを狙うブル型ファンドやベア型ファンドが挙げられる。

シャープレシオ（効率係数）に注目しよう

$$\text{シャープレシオ（効率係数）} = \frac{\text{リターン（平均リターン－安全資産利回り）}}{\text{リスク（標準偏差）}}$$

シャープレシオの目安

0.5 ～ 0.9	普通
1.0 ～ 1.9	よい
2.0以上	非常に優秀

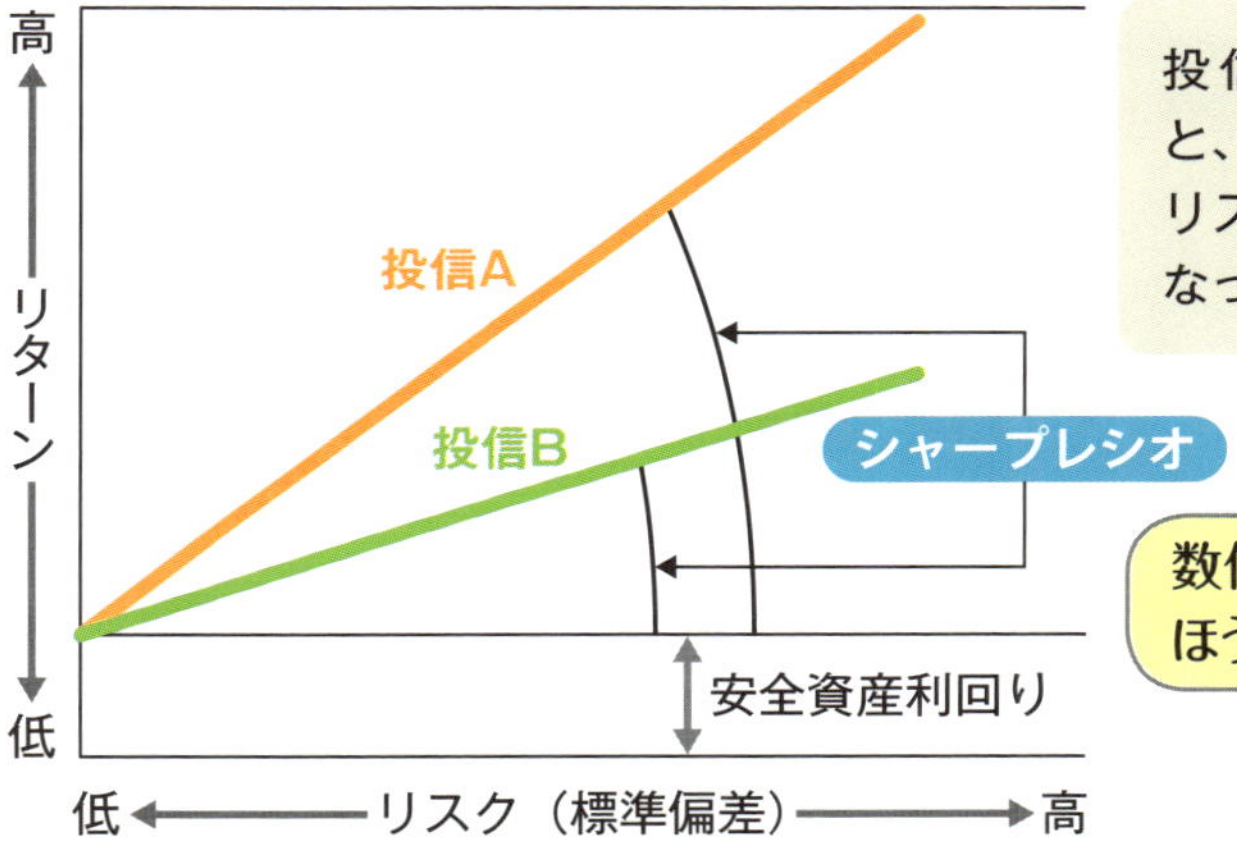

投信Aと投信Bを比べると、投信Aのほうが低いリスクで高いリターンになっていることがわかる。

おさえておこう! 標準偏差とは？

標準偏差とは、一般的には統計学においてばらつきを表す数値。投資信託の場合はリスクの度合いを表し、対象期間中の利回り平均値と年ごとの利回りにどれだけばらつきがあったかを示す。標準偏差の数値が大きいほどリスクが大きく、小さいほどリスクが小さいことになる。

	リターン（騰落率）					平均	標準偏差
	1年目	2年目	3年目	4年目	5年目		
投信C	15%	10%	-8%	-2%	8%	4.6%	**8.4%**
投信D	7%	5%	-2%	4%	8%	4.4%	**3.5%**

リターンの平均値はあまり変わらないが、リスクは投信Cのほうがはるかに高い

18

投信選び④
運用額の大きいほうがメリットが多い

純資産総額の推移を見る

資産の減少は危険信号!?

次に注目すべきは「純資産総額」です。純資産総額は、時価総額から信託報酬などのコストを差し引いたもので、投信の残高のことです。原則として純資産総額は大きいほうが有利だとされています。

たとえば純資産総額が10億円未満の規模の小さな投信の場合、償還前に繰上償還されてしまうリスクもあります（交付目論見書に繰上償還となりうる最低口数が記載されている）。極端に純資産額が小さい投信は注意が必要です。

純資産総額が減少傾向にある場合、次のようなケースが考えられます。

①基準価額が下落するとともに純資産総額も

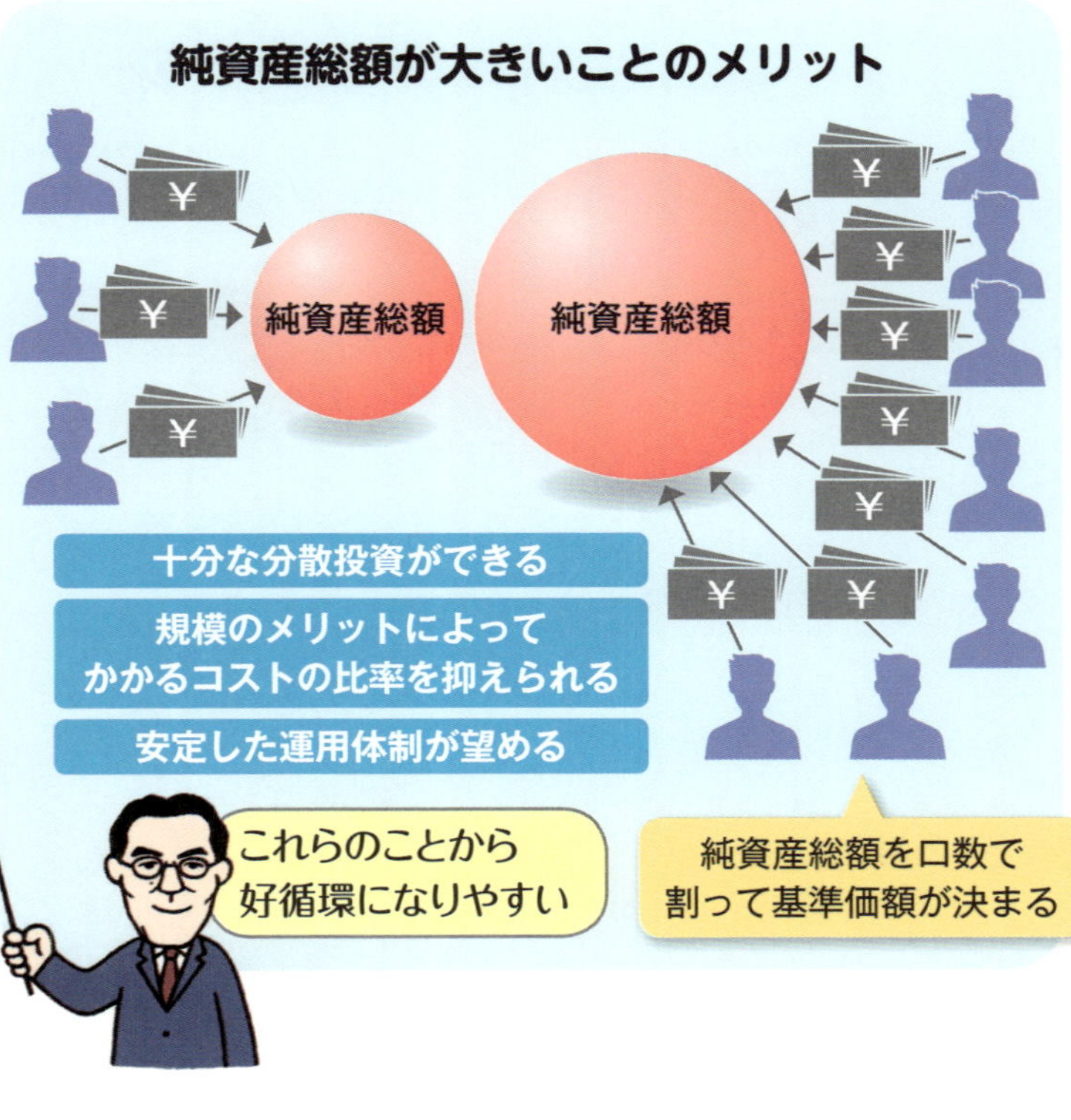

純資産総額が大きいことのメリット
¥
純資産総額
純資産総額
十分な分散投資ができる
規模のメリットによって
かかるコストの比率を抑えられる
安定した運用体制が望める
これらのことから
好循環になりやすい
純資産総額を口数で
割って基準価額が決まる

減少しているケース

②基準価額は下落していないが純資産総額のみが減少している

①の場合、運用成績の悪化が考えられます。

短期的な値動きだったり、ベンチマークに勝っていたりすればさほど大きな問題ではありませんが、類似した投信と比べて明らかに劣っている場合、下落幅が大きい場合は要注意です。

②の場合、解約数の増加が考えられます。規模が小さくなりすぎると運用に支障が出ることもあるので、注意が必要です。

また、分配金が支払われた直後にも純資産総額は減少します。これは一時的なものなので問題ありません。

さらに、純資産総額の推移も見てみましょう。基本的には継続資金が流入して（増えて）いるファンドが望ましく、急激に資金が流出して（減って）いる投信は注意が必要です。

資金流出入額をチェックしよう

- 原則として流入が続いている投信が望ましい
（ただし急激な流入増には注意が必要）
- 景気後退時の流出はしかたないが、景気上昇時の流出は注意
- 類似投信と比べて流出量が多い場合は注意が必要
- 一時的に著しく流出しているような場合は理由を考察

※流出入額はモーニングスター（http://www.morningstar.co.jp/）のウェブサイトにある該当投信のページからチェックできる（176ページ参照）。

19

運用報告書、月報、週報を見る

投信選び⑤

組入資産で中身をチェック

「売買回転率」にも注目!

投信の中身である組入資産を見てみましょう。どんな資産を組み入れているかによって、投信のリスクやリターンは大きく変わります。株式型ならどんな業種の株にどんな割合で投資しているのか、また外国型ならどこの国にどんな割合で投資しているのかなどを確認します。

また、組入資産の数は数十から数千までさまざまですが、原則的に多いほうが分散効果が高まりリスクが小さくなります。

組入資産は、決算ごとに開示される**運用報告書の「組入資産の明細」で確認**することができます。ファミリーファンド方式の投信の場合は、運用報告書の「組入有価証券明細表」で確認することができます。

ただし運用報告書が開示されるのは年に1度か2度。その間に組入資産が入れ替わっているかもしれません。直近の組入資産を確かめたい場合は、月報や週報などを見てみましょう。すべての内訳は記載されていませんが、**組入比率上位銘柄**などは確認することができます。

同時におさえておきたいのが「**売買回転率**」です。売買回転率は**組入資産を売買する頻度**を表します。

頻繁に売買すればかかる**コストも増加**するので、この数値はできれば低いほうがよいといえるでしょう。売買回転率も運用報告書で確認することができます。

用語解説【組入比率上位銘柄】

投信が購入した株式や債券などの中で投資比率が高い資産のこと。純資産1000億円の投信でA社の投資比率が3%なら、約30億円分のA社の株式を組み入れていることになる。

組入資産と売買回転率を運用報告書で確認

組入資産をチェックする

■組入資産の明細
(1) 国内株式

銘柄	期首(前期末) 株数	当期末 株数	当期末 評価額
	千株	千株	千円
水産・農林業 (0.1%)			
日本水産	366	312	92,976
マルハニチロ	−	※ 31	51,136
マルハニチロホールディングス	366	−	−
鉱業 (0.2%)			
国際石油開発帝石	0.366	※ 124	189,945
建設業 (3.1%)			
コムシスホールディングス	366	312	583,752
大成建設	366	312	183,144
大林組	366	312	237,432
清水建設	366	312	258,648
鹿島建設	366	312	150,696
大和ハウス	366	312	642,096
積水ハウス	366	312	412,776
日揮	366	312	933,660
千代田化工建設	366	312	351,312
食料品 (4.7%)			
日清製粉G本社	366		
明治ホールディングス	※ 36	※	
日本ハム	366		
サッポロホールディングス	366		
アサヒグループホールディングス	366		
キリンHD	366		
宝ホールディングス	366		
キッコーマン	366		
味の素	366		
ニチレイ	366		
日本たばこ産業	366		
繊維製品 (0.5%)			
東洋紡	366		
ユニチカ	366		
日清紡ホールディングス	366		
帝人	366		
東レ	366		
パルプ・紙 (0.3%)			
王子ホールディングス	366		
日本製紙	※ 36	※	
三菱製紙	366		
北越紀州製紙	366	312	141,024
化学 (7.4%)			
クラレ	366	312	406,536
旭化成	366	312	257,056
昭和電工	366	312	43,368
住友化学	366	312	114,816
日産化学	366	312	583,440
日本曹達	366	312	172,224

銘柄	期首(前期末) 株数	当期末 株数	当期末 評価額
	千株	千株	千円
東ソー	366	312	138,528
トクヤマ	366	312	108,576
電気化学	366	312	109,512
信越化学	366	312	1,961,856
三井化学	366	312	89,544
三菱ケミカルHLDGS	183	156	73,834
宇部興産	366	312	52,728
日本化薬	366	312	409,968
花王	366	312	1,319,292
富士フイルムホールディングス	366	312	957,060
資生堂	366	312	619,632
日東電工	−	312	1,532,700
医薬品 (6.8%)			
協和発酵キリン	366	312	444,600
武田薬品	366	312	1,440,972
アステラス製薬	366	1,560	2,244,840
新日鐵住金	366	312	92,539
神戸製鋼所	366	312	50,544
JFEホールディングス	※ 36	※ 31	63,242
日新製鋼	※ 36	※ 31	35,100
大平洋金属	366	312	112,632
非鉄金属 (1.6%)			
日本軽金属HD	366	312	52,416
三井金属	366	312	95,160

− 6 −

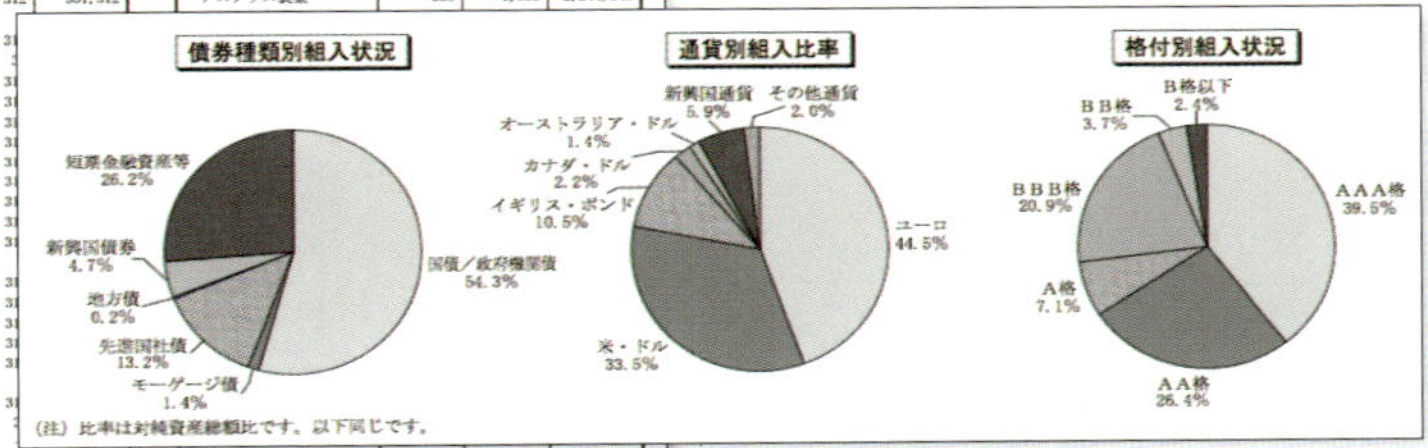

(注) 比率は対純資産総額比です。以下同じです。

組入資産は運用報告書で確認できる。**組入比率などがグラフで記載されているものもある**。自分の運用スタイルを考えて銘柄や比率を吟味することが大切。

左は「日経225ノーロードオープン」の運用報告書（2014年8月11日）より。右は「ピムコ世界債券戦略ファンド（年1回決算型）」の運用報告書（2014年3月17日）より。

売買回転率をチェックする

〈株式売買金額の平均組入株式時価総額に対する割合〉

項目	当期
(a) 期中の株式売買金額	117,566,328千円
(b) 期中の平均組入株式時価総額	279,048,529千円
(c) 売買高比率(a)/(b)	0.42

(注1) (b)は各月末現在の組入株式時価総額の平均です。
(注2) (c)売買高比率は小数点第3位以下を切り捨てています。

■期中の株式売買比率
○親投資信託の株式売買金額の平均組入株式時価総額に対する割合

項目	当期
	損保ジャパン−DIAM日本株アクティブ・マザーファンド
(a) 期中の株式売買金額	6,062,237千円
(b) 期中の平均組入株式時価総額	5,670,591千円
(c) 売買高比率(a)／(b)	1.06

(注1) 単位未満は切捨て。
(注2) (b)は各月末現在の組入株式時価総額の平均です。

上は「外国株式インデックスe」の運用報告書(2014年2月7日)より。下は「損保ジャパン−DIAM日本株アクティブ・ファンド」の運用報告書（2014年7月15日)より。

売買回転率は運用報告書に記載されている「**売買高比率**」の数値でわかる。ハイリスクハイリターンの投信は数値が高く、ローリスクローリターンの投信は数値が低くなる傾向がある。目安はアクティブ型が1程度、インデックス型が0.3～0.5程度と考えておこう。

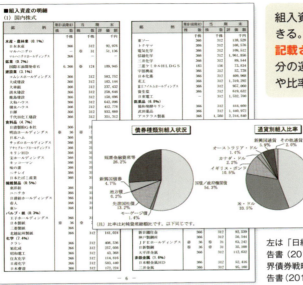

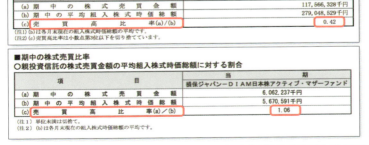

20

投信選び⑥

どんな人が運用するのかをチェック

大切なお金を運用するファンドマネージャーにも目を向けよう

安定運用ならチーム制

私たちの大切なお金を預ける投信選びでは、過去の運用実績や投信の中味を吟味することはもちろん、「どんな人（たち）が運用しているか」というのも重要なポイントです。**運用する人（＝ファンドマネージャー）が変われば、運用方針が大きく変わる**可能性もあります。

投信の運用体制は大きく2つに分けて、ファンドマネージャー制とチーム制があります。前者は単独のファンドマネージャーが運用し、後者は複数のファンドマネージャーが運用する仕組みです。

一般的に、特徴的な運用で利益を狙うならファンドマネージャー制、長期で安定した運

ファンドマネージャー制VSチーム制

	ファンドマネージャー制	チーム制
メリット	●大胆な運用、特徴的な運用が行える ●ファンドマネージャーの個性が十分発揮できる ●責任の所在がはっきりする ●ファンドマネージャーのインセンティブが強い	●極端な運用を避けられる ●意思決定のプロセスが明確になる ●パフォーマンスが安定しやすい ●運用の継続性が保たれる
デメリット	●極端な運用が行われる可能性がある ●意思決定のプロセスがわかりにくい ●個人の得意不得意で投資対象に偏りが出る ●異動や退職などでパフォーマンスが変わりやすい	●似たような運用になりやすい ●責任の所在があいまいになりやすい ●運用戦略の見直しなどが遅れがちになりやすい ●突出したパフォーマンスが期待できない

ファンドマネージャー制のほうが大きなリターンが期待できるが、その分リスクも大きくなる傾向がある。安定運用ならチーム制のほうが無難。特に純資産総額が1000億円を超えているような場合、多額の資金の運用は敏腕ファンドマネージャーでも難しいため、チーム制のほうが適している。

用を望むならチーム制のほうが適しているといえます。なお日本ではチーム制が敷かれている場合が多いようです。

投信の検討には、ファンドマネージャーがこれまでどんな経歴で、どんな実績を積んでいるか、どのような報酬体系か、どのようなインセンティブがあるかなど、できるだけ詳細な情報を入手したいものです。

アメリカではファンドマネージャーの名前、経歴、実績などの情報開示が義務付けられていますが、現在の日本では、これらの情報開示義務はありません。

とはいえ、どんな人が運用しているのかは、目論見書や運用報告書などからうかがい知ることができます。運用方針や運用プロセスはしっかり確認しておきましょう。

また、運用会社・委託会社がどんな会社なのかを知るために、同社の投信の傾向や特徴などもチェックしましょう。

ファンドマネージャーを知るためのチェックポイント

「目論見書」の内容をチェック

目論見書には「主に3人のファンドマネージャーが運用している」「2つのチームで情報交換しながら運用している」といった情報が掲載されている場合がある。「運用プロセス」の説明などからも、ファンドマネージャーの体制を知ることができる。

「運用会社・委託会社」の情報をチェック

ファンドマネージャーを紹介している運用会社・委託会社のサイトもある。また、その運用会社・委託会社が運用している投信の傾向・成績をチェックするのもよい。

「運用報告書」をチェック

運用報告書にある「今後の運用方針」などによって、ファンドマネージャーの運用に対するスタンスや考え方などを知ることができる。

21

リスクとリターンは相関している

投信選び⑦

自分のリスク許容度を確認しよう

とれるリスクの範囲で選ぶ

投信を選ぶうえで欠かせないのが、リスクとリターンのバランスです。

原則として、リスクは債券＜株式、国内＜海外、先進国＜新興国となります。リスクは低いに越したことはありませんが、左ページの上図のようにリスクとリターンは相関関係にあり、高いリターンをねらえばその分リスクも高くなります。

国内債券のみに投資すればリスクは小さいですが大きなリターンは望めません。かといって新興国株式ばかりに投資するのは少々怖い気がします。

自分でできるリスク管理としては「資産分散」「長期保有」「時間分散」などがあげられますが、個々の投信のリスクを理解しておくことも重要です。モーニングスターのウェブサイトでは、各投信のリスクを**リスクメジャー**1（低）から5（高）までの数字で表しています。

また、「自分がどのくらいのリスクを受け入れることができるか」を正しく認識することも非常に大切です。どの程度リスクを受け入れられるかの度合いを「リスク許容度」といいます。

個人投資家のリスク許容度は、年齢、資産、投資経験、運用知識などによって変わります。

投信選びでは、自分のリスク許容度に見合うものを探し出すことも大切なポイントの1つです。

用語解説【リスクメジャー】

そのファンドの値下がりリスクが、全ファンドの中でどの水準にあるかを示した値。ちなみにリスクメジャー1と5はそれぞれ全ファンドの10%程度。

リスクとリターンは相関する

株式価格、債券価格の変化率

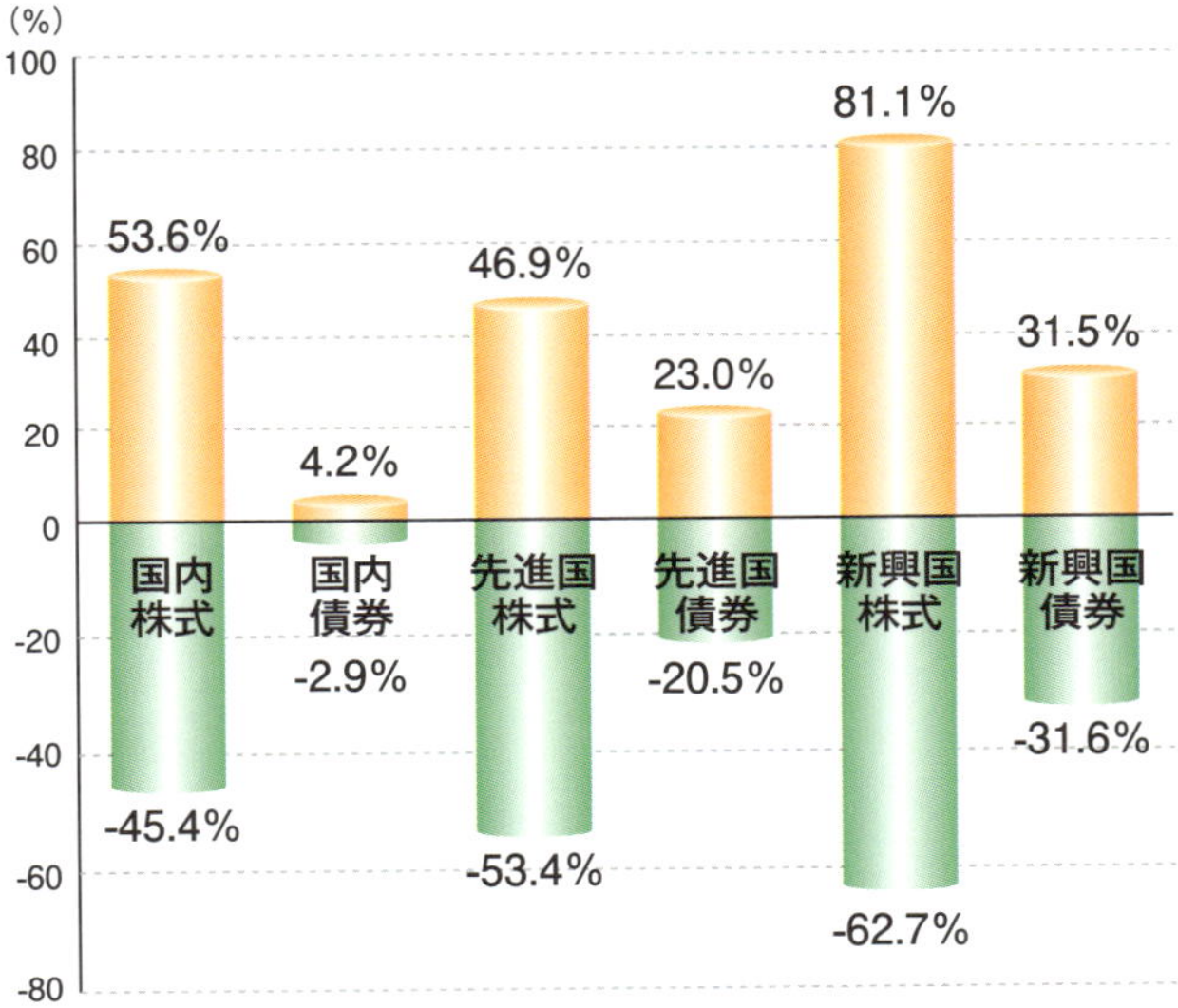

※2002年7月から2012年6月までの月次リターンより計算［国内株式：TOPIX、国内債券：NOMURA-BPI総合、外国株式：MSCIコクサイ（除く日本、配当込み、円ベース）、外国債券：シティグループ世界国債インデックス（除く日本、円ベース）、新興国株式：MSCIエマージング（配当込み、円ベース）、新興国債券：JPモルガン EMBIグローバル・ディバーシファイド（円ベース）］
※モーニングスター作成

自分のリスク許容度を知ろう

低 ←	リスク許容度	→ 高
40歳以上	年齢	40歳未満
既婚・子育て中	家族構成	未婚
年収の半分以下	貯蓄	年収の2倍以上
安定していない	仕事	共働き（既婚の場合）・安定している
持ち家なし・ローン返済中	住宅	持ち家あり（ローン完済）
十分なカバーはない	保険	十分加入している
初心者	投資経験	十分にある
あまりない	運用知識	かなりくわしい
なるべく安全に運用したい	運用への意向	リスクをとっても高いリターンを狙いたい

上表はリスク許容度をはかる目安。リスク許容度が高いほど大きなリターンを狙う運用が可能。資産状況はもちろん、個人の性質などによるところも大きい

22

「ファンド検索」機能で、好条件の投信が見つかる

条件に合った投信を検索しよう

さまざまな条件で検索できる

いざ投信を選ぼうと販売会社のサイトをのぞくと、あまりに数が多いため「いったいどうやって探せばいいのか」と困り果ててしまう人も多いでしょう。

そんなときはモーニングスターのウェブサイトにある「ファンド検索」機能を使ってみましょう。

「ファンド検索」機能を使えば、たくさんの投信の中から、自分に合ったものを見つけることができます。カテゴリー、地域、トータルリターン、シャープレシオ、コスト、リスクなど、これまでに紹介したさまざまな選択ポイントを条件に、投信を検索することが可能です。

検索の基本ポイント

さまざまな検索条件がありますが、すべてを入力（選択）する必要はありません。まずは次の項目を基本ポイントに探してみましょう。

❶「カテゴリー」の選択	国内か海外か、株式型か債券型かなど
❷「決算頻度」の選択	複利効果を狙うなら「1年ごと」を選択
❸「コスト」の選択	コストを節約するために「分類平均より小さい」を選択
❹「運用年数」の選択	海外の投信などはある程度運用歴のあるものが望ましい
❺「償還までの期間」の選択	長期運用を前提にするなら「30年以上」を選択する

これらの他にもさまざまな条件から検索することができるので、自分の運用スタイルに合わせて投信選びをしてみよう

国内株式型投信を検索してみよう

モーニングスターのウェブサイトにある「ファンド検索」の
「詳しく条件を指定して検索」にアクセス
（http://www.morningstar.co.jp/FundData/DetailSearch.do）

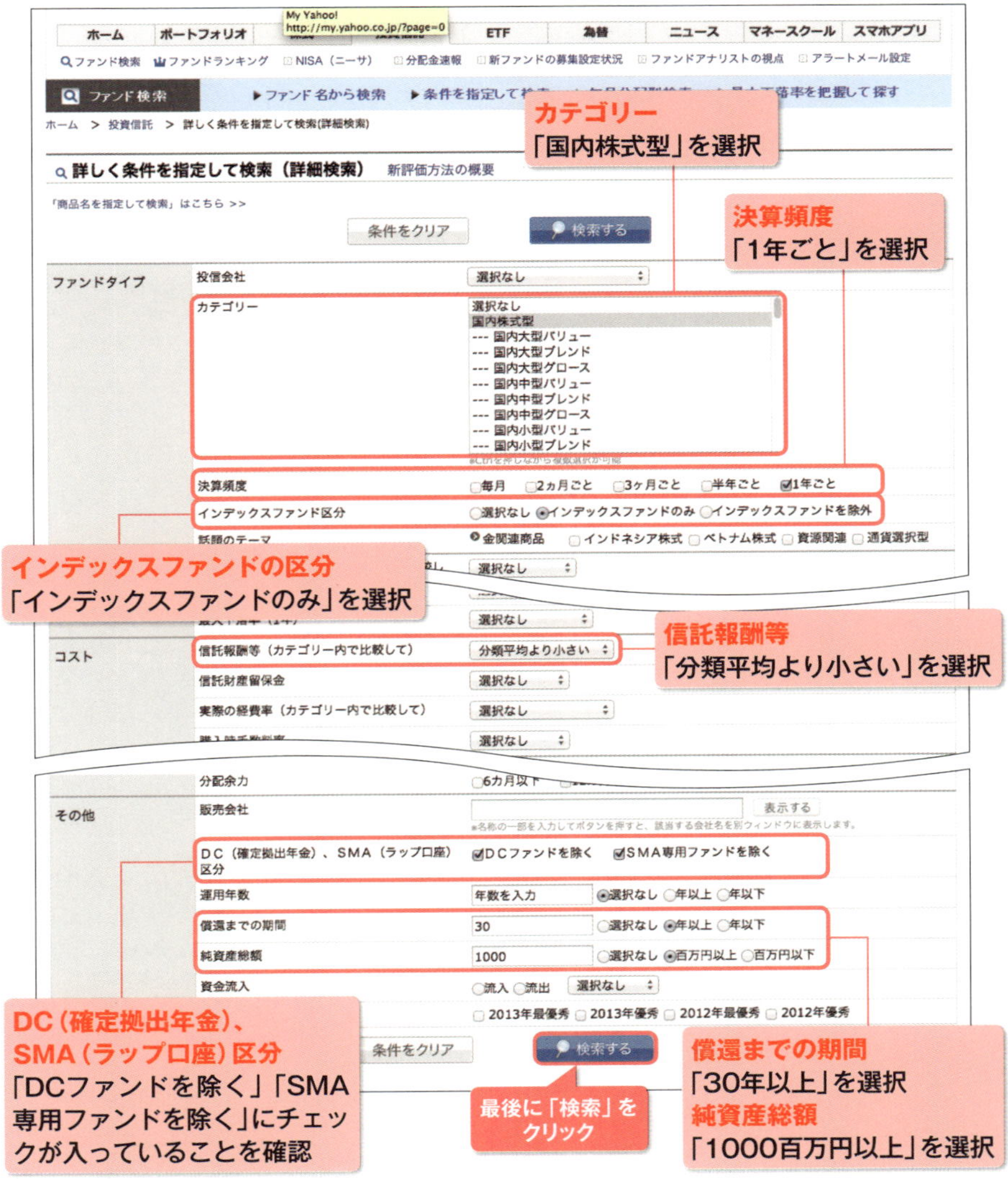

先進国株式型を検索してみよう

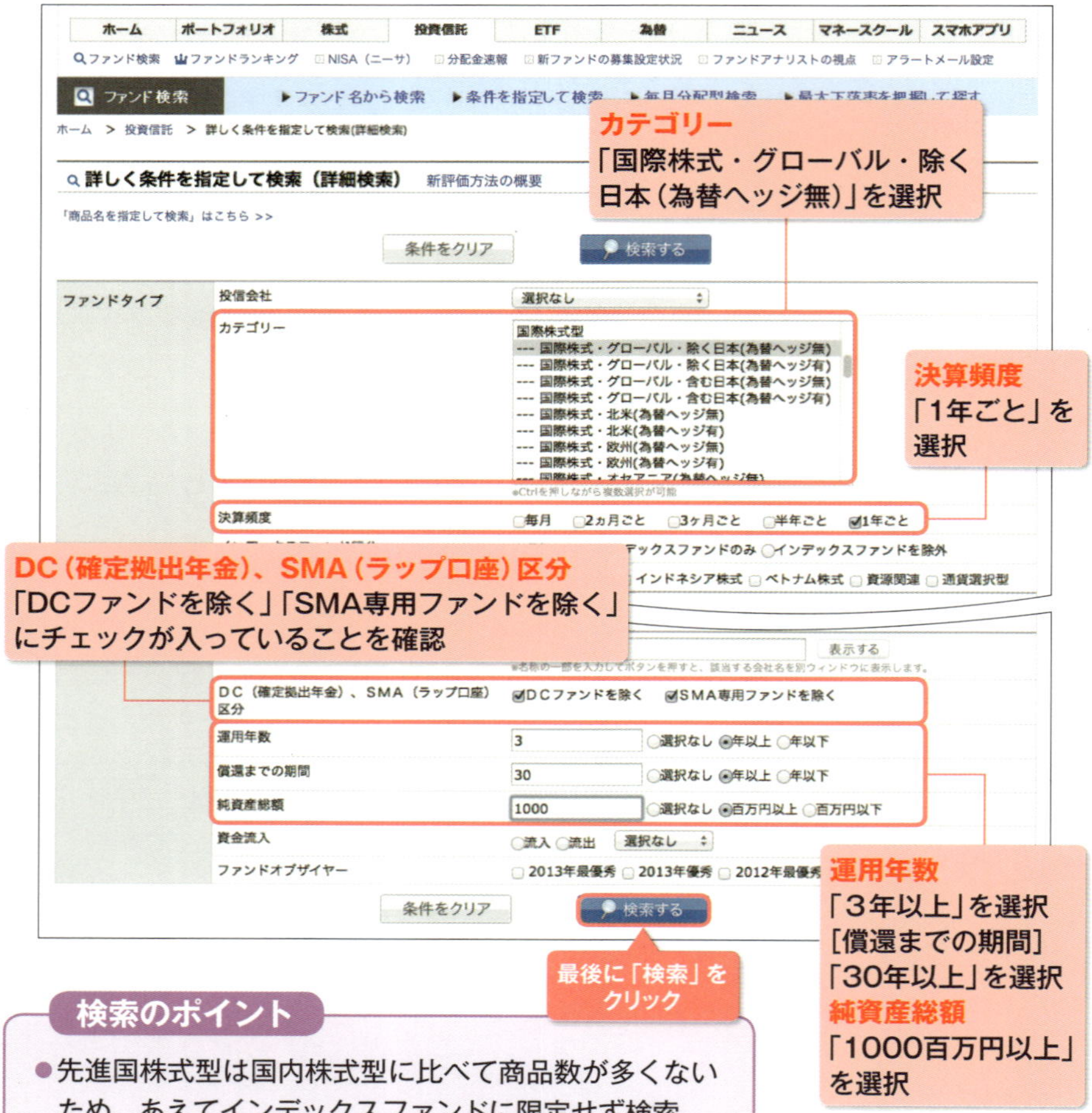

検索のポイント

- 先進国株式型は国内株式型に比べて商品数が多くないため、あえてインデックスファンドに限定せず検索。
- ［**カテゴリー**］で「除く日本」を選んだのは、国内株式を含まない投信を探すため。
- ［**カテゴリー**］で「為替ヘッジ無」を選んだのは、「為替ヘッジ有」の投信は為替ヘッジコストがあるため。資産分散によってリスクが軽減できるなら「為替ヘッジ無」でもよいと判断したため。
- 設定されたばかりの投信を避けるため［**運用年数**］で「3年以上」を選択。

国内株式型投信を検索してみよう

「低コスト」順で並べ替える

検索結果が多い場合は、コストやパフォーマンスで並び替えて検討しよう

表示項目　コスト

[表示項目]で「コスト」を選択

条件設定画面に戻る

検索条件　[カテゴリー] 国内株式型　[決算頻度] 一年ごと　[インデックスファンド区分] のみ　[DC (確定拠出年金) 区分] 除く　[SMA (ラップ口座) 区分] 除く　[償還期間] 30年以上　[純資産総額] 1000百万円以上

表示項目　コスト　表示順　信託報酬率(税込)／昇順　運用会社／昇順　(※項目名▲▼をクリックすると並び替えできます)

1-50件を表示(全81件)　前へ | 1 2 | 次へ

チェックした投資信託を (※5つまで選択可)　比較する

上から低コスト順に並び替わった

ファンド名	会社名	カテゴリー	信託報酬等(税込) ▲	運用会社 ▲	販売会社	信託銀行	経費率	比較
…スファンドTOPIX 『愛称：上場TOPIX』	日興	国内大型ブレンド	0.10%	0.06%	0.00%	0.03%	0.13%	□
TOPIX連動型上場投資信託	野村	国内大型ブレンド	0.17%	0.08%	0.00%	0.04%	0.16%	□
ダイワ 上場投信-トピックス	大和	国内大型ブレンド	0.18%	0.08%	0.00%	0.04%	0.20%	□
iシェアーズ日経225ETF	ブラックロック	国内大型グロース	0.18%	0.10%	0.00%	0.08%	0.35%	□
ダイワ 上場投信-日経225	大和	国内大型グロース	0.24%	0.09%	0.00%	0.07%	0.23%	□
ダイワ 上場投信-東証電気機器株価指数	大和	国内大型グロース	0.24%	0.12%	0.00%	0.10%	0.24%	□
ダイワ 上場投信-トピックス・コア30	大和	国内大型バリュー	0.24%	0.12%	0.00%	0.10%	0.24%	□
MAXIS トピックス・コア30上場投信	三菱UFJ	国内大型ブレンド	0.24%	0.14%	0.00%	0.05%	–	□
東証電気機器株価指数連動型上場投資信託	野村	国内大型グロース	0.24%	0.15%	0.00%	0.07%	0.24%	□
TOPIXCore30連動型上場投資信託	野村	国内大型バリュー	0.24%	0.15%	0.00%	0.07%	0.24%	□
日経225連動型上場投資信託	野村	国内大型グロース	0.24%	0.15%	0.00%	0.07%	0.24%	□
東証銀行業株価指数連動型上場投資信託	野村	国内大型バリュー	0.24%	0.15%	0.00%	0.07%	0.24%	□

「高パフォーマンス」順で並べ替える

上から何本かをよく吟味して検討するのがおすすめ!

表示項目　リターン (長期)

[表示項目]で「リターン」を選択

条件設定画面に戻る

検索条件　[カテゴリー] 国内株式型　[決算頻度] 一年ごと　[インデックスファンド区分] のみ　[DC (確定拠出年金) 区分] 除く　[SMA (ラップ口座) 区分] 除く　[償還期間] 30年以上　[純資産総額] 1000百万円以上

表示項目　リターン (長期)　表示順　5年(年率)リターン／降順　3年(年率)リターン／降順　(※項目名▲▼をクリックすると並び替えできます)

1-50件を表示(全81件)　前へ | 1 2 | 次へ

チェックした投資信託を (※5つまで選択可)　比較する

上からパフォーマンスがよい順に並び替わった

…名	会社名	カテゴリー	1年 リターン	3年 (年率) リターン ▼	5年 (年率) リターン ▼	10年 (年率) リターン	比較
…場投信	野村	国内大型ブレンド	21.94%	33.00%	16.42%	–	□
(NEXT FUNDS)機械上場投信	野村	国内大型ブレンド	13.81%	24.74%	14.58%	–	□
(NEXT FUNDS)不動産上場投信	野村	国内大型ブレンド	-8.15%	31.64%	14.57%	–	□
(NEXT FUNDS)建設・資材上場投信	野村	国内大型ブレンド	13.79%	23.99%	14.01%	–	□
小型コア・インデックス連動型上場投資信託	野村	国内小型ブレンド	17.04%	24.66%	13.76%	–	□
日経225連動型上場投資信託	野村	国内大型グロース	20.27%	28.21%	13.50%	6.00%	□
ダイワ 上場投信-日経225	大和	国内大型グロース	20.29%	28.24%	13.50%	5.98%	□
上場インデックスファンド225 『愛称：上場225』	日興	国内大型グロース	20.21%	28.18%	13.44%	5.94%	□
iシェアーズ日経225ETF	ブラックロック	国内大型グロース	20.29%	28.18%	13.43%	5.87%	□
ニッセイ 日経225インデックスファンド	ニッセイ	国内大型グロース	20.20%	28.07%	13.35%	5.85%	□
三井住友・日経225オープン	三井住友	国内大型グロース	20.49%	28.25%	13.35%	5.78%	□
三菱UFJ インデックス225オープン	三菱UFJ	国内大型グロース	20.15%	28.06%	13.26%	5.78%	□

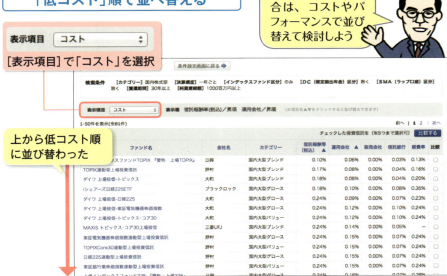

ケーススタディ
1

20代の資産運用 時間を味方につける！

60歳まで30年以上もの時間がある今がチャンス！

少ない資金で運用したい！

若田さんは入社3年目のサラリーマン。まとまった投資資金はないけれど、今から老後に備えてコツコツ運用をはじめておきたい。投資経験はないが本を読んだりして勉強中。

若田さん（25歳）

若田さんのDATA

家族構成	未婚
年　　収	300万円
資　　産	100万円
住 ま い	賃貸アパート
投資経験	なし
運用年数	35年
目標金額	3000万円

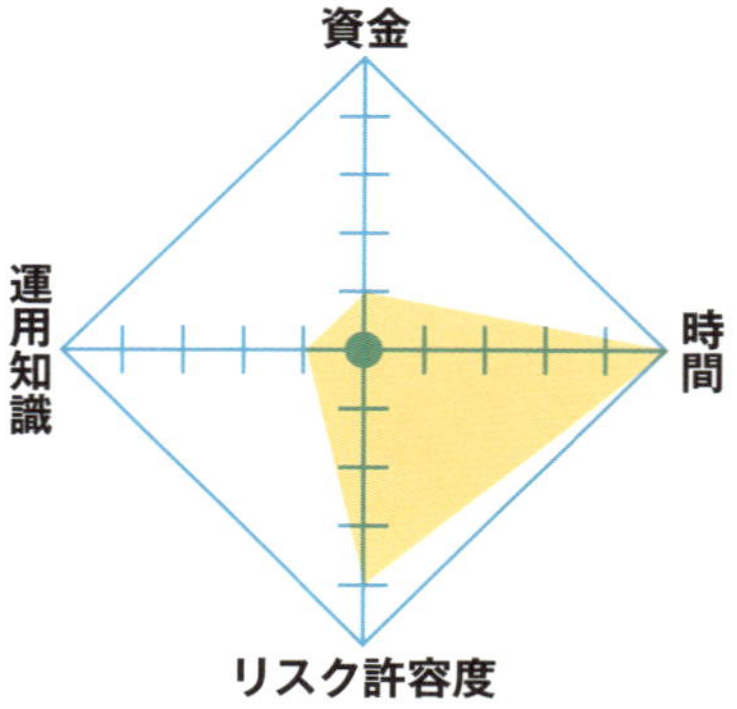

メリット

- 老後までの時間がたくさんある
- まだ若いのでリスクがとれる

デメリット

- 資金力がない

20代にオススメの資産配分

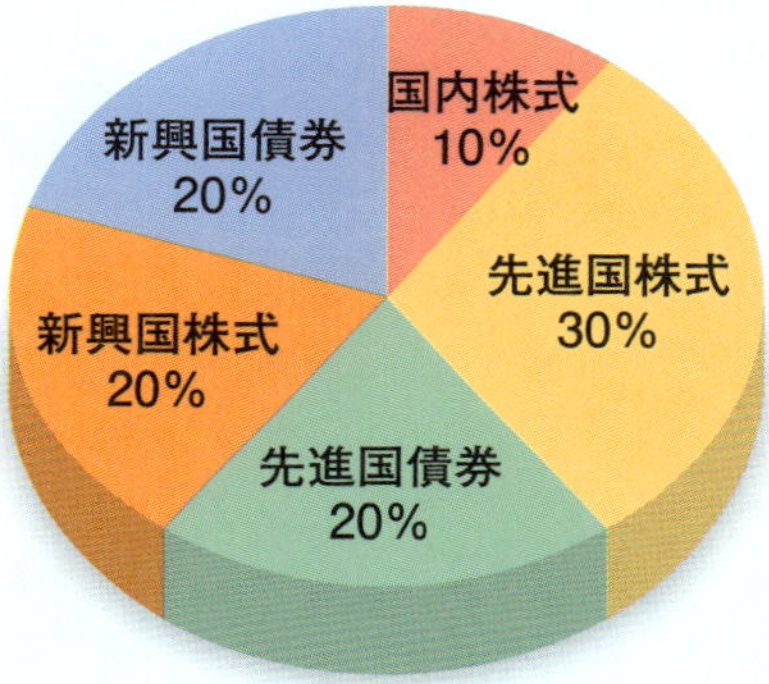

海外資産をメインに、積極的にリターンを狙うポートフォリオに。国内と海外は1：9（先進国と新興国の割合は同程度）、株式と債券は6：4という資産配分となっている。

積極運用タイプ

資金**100万円**、**月々 2万円**を積み立てて運用利回り**5 ～ 6%**を目指し**35年**で**3000万円**に

月々2万円で3000万円に！

20代の若田さんは、資金は少なくてもある程度のリスクがとれます。リスクがとれるということは、大きなリターンを狙える運用ができるということです。

そして何よりも若田さんには「時間」という強力な味方がついています。これは非常に大きな強みといえるでしょう。

たとえば上図のように資金１００万円、月々2万円のムリのない投資でも、積極運用をすればリタイア後の61歳までに３０００万円の資産を築くことができます（同じ金額を単純に貯めるだけでは、30年で８２０万円にしかなりません）。

30代、40代になってもう少し積み立て額を増やせるようなら、途中で低リスク運用に切り替えてもよいでしょう。運用を続けながら、投資の勉強も地道に続けてほしいものです。

ケース
スタディ
2

資産を増やすためのサイクル作りをしておこう

30代の運用術

リスクをとって大きく増やす！

今から夫婦で老後資金作り！

小林さん夫妻は共働きで2人とも正社員。これから子どももほしいし家も買いたいが、同時に老後に向けてしっかり資産を築いていきたい。ＦＸや株式投資の経験は多少あるものの、投信ははじめて。

小林さん夫妻（32歳・30歳）

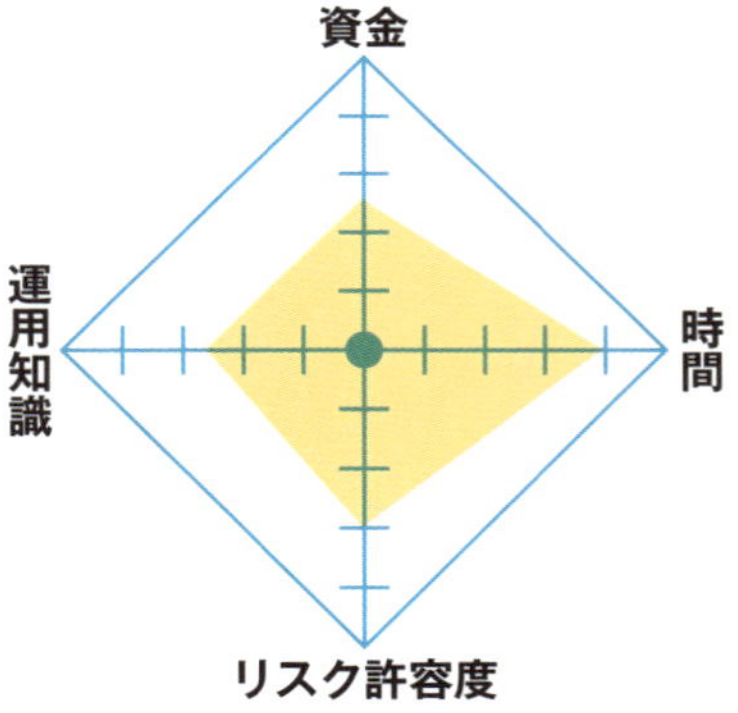

小林さんのDATA

家族構成	既婚・子どもなし
年　収	800万円（夫婦合わせて）
資　産	500万円
住まい	賃貸マンション
投資経験	少々あり
運用年数	30年
目標金額	5000万円

メリット

- 共働きで子どもがいない今が資産形成のチャンス
- 運用期間が十分に残されている

デメリット

- 住宅購入や子育てなど、今後お金のかかるイベントが予想される

30代にオススメの資産配分

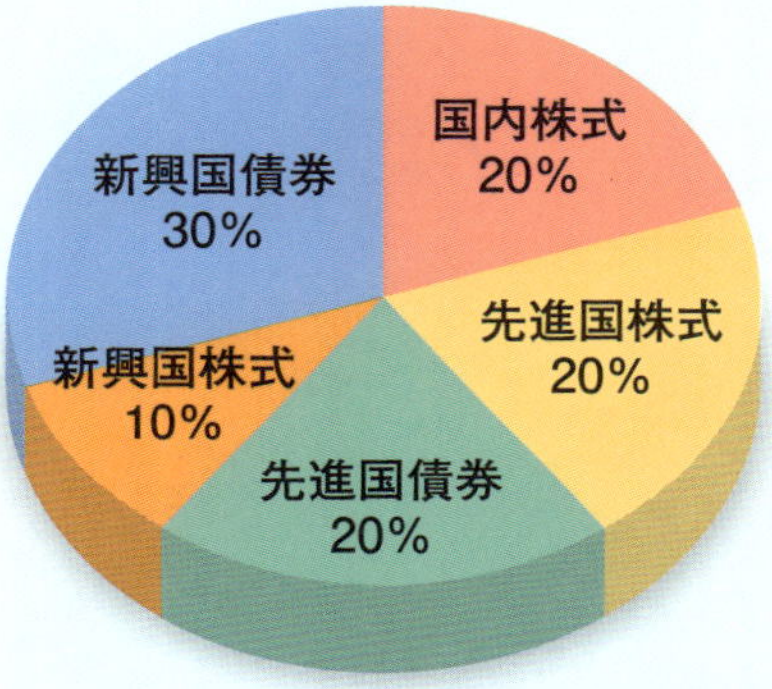

海外資産が多めだが債券比率を多めにしてバランスのとれたポートフォリオに。国内と海外は2：8（先進国と新興国の割合は同程度）、株式と債券は5：5という資産配分となっている。

積極運用タイプ～バランス運用タイプ

資金**300万円**、**月々 5万円**を積み立てて運用利回り**4 ～ 5%**を目指し**30年**で**5000万円**に

共働きで５０００万円を目指す

小林さん夫妻は、２人とも正社員で働いています。お互い30代前半とまだまだ若いので、ある程度リスクをとって大きなリターンを狙う運用ができるでしょう。２本柱で収入があるということは、投資をするにあたっては大きなメリットです。

ただし、これから住宅購入や子どもも考えたいということなので、先の人生でお金のかかるライフイベントが待っています。逆にいえば、今がお金を増やすチャンスだともいえるでしょう。この時期にお金を増やすための土台とサイクルを作っておくことが非常に大切です。

上図のように、資金３００万円、月々５万円でバランス運用を続けていけば、60代で５０００万円もの老後資金を築くことが可能です。

ケース
スタディ
3

最もお金がかかる世代は、無理のない運用計画でしっかり増やす
40代の運用術
必要資金を残しながら運用!

子育てやローンでお金がない!

中本さんは働き盛りの40代。仕事は順調だが、子育てにかかる費用や住宅ローンでお金がかかるため思うような貯蓄ができていない。そろそろ老後のことを考えて、少しでも有効な運用がしたい!

中本さん(42歳)

中本さんのDATA

家族構成	既婚・ 子ども1人
年　　収	600万円 (+妻パート100万円)
資　　産	800万円
住 ま い	持ち家 (ローン返済中)
投資経験	なし
運用年数	20年
目標金額	1500万円

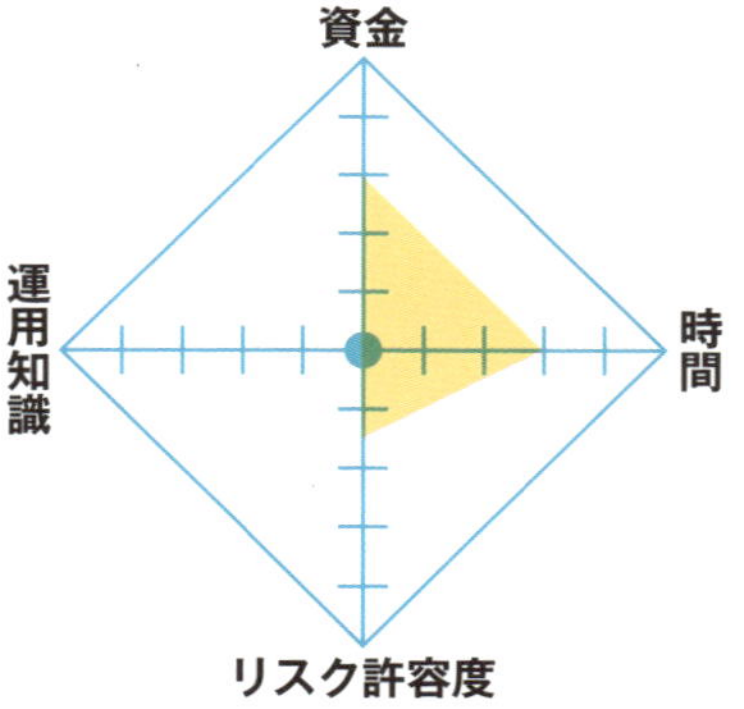

メリット

- 人生も中盤に差しかかり、今後のライフプランが立てやすい

デメリット

- 住宅ローンや子育てなど、一番お金がかかる時期に差しかかっている
- 家族がいるので大きなリスクはとれない

40代にオススメの資産配分

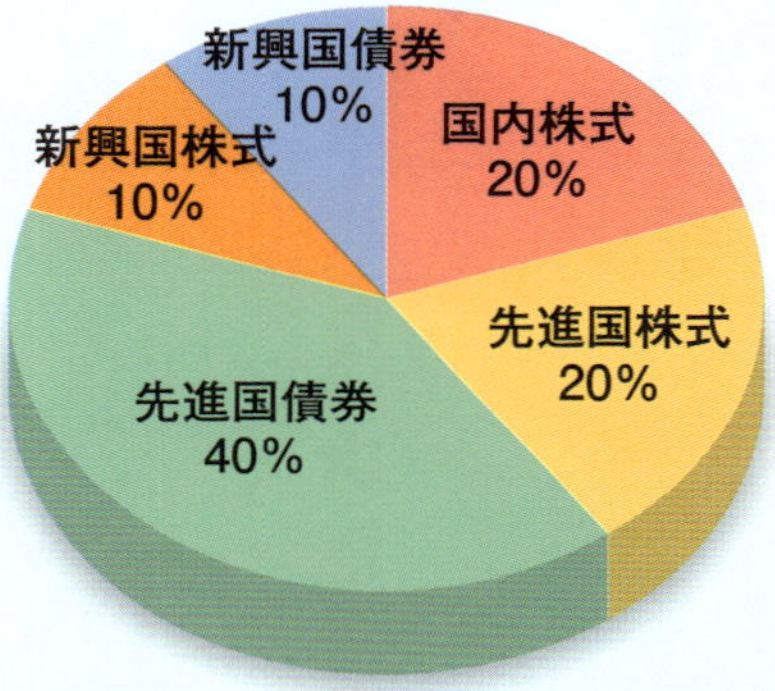

海外資産が多めだが先進国債券の比率を高めることでリスクを抑えたポートフォリオ。国内と海外は2：8（先進国と新興国は3：1）、株式と債券は5：5という資産配分となっている。

バランス運用タイプ～低リスクタイプ

資金**200万円**、**月々 3万円**を積み立てて運用利回り**3 ～ 4%**を目指し**20年**で**1500万円**に

まずは1500万円を目指す！

住宅ローンを返済しながら子育ての真っ最中である中本さん。人生でもっともお金がかかる時期だといえるでしょう。今後はまだまだ子どもの教育費などがかさむため、ここで資産の大部分を投資にまわすことは賛成できません。必要資金はしっかり残しながら、大きすぎる目標を立てずに運用をはじめてみましょう。

たとえば資金２００万円、月々３万円の積み立てなら、なんとかなるのではないでしょうか。利回り３～４％のリスクを抑えた運用で、20年後には１５００万円の資産を築けます（同じ金額を単純に貯めるだけでは、20年で９２０万円にしかなりません）。

住宅ローンや子育て終了後に積み立て額を増やすことができれば、もう少し資産を増やせそうです。

ケーススタディ
4

金銭的には余裕があるが、時間が少なくなってきている！

50代は安定運用を
余裕資金で手がたく増やす！

今すぐ必要のないお金を運用！

大野さんは50歳の公務員。住宅ローンが終わり、子育ても一段落したので金銭的には余裕が出てきた。これまでは株式投資などを少ししていたが、きたるべき老後に備えて安定運用で資産を増やしたい。

大野さん（50歳）

大野さんのDATA

家族構成	既婚・ 子ども1人
年　収	800万円
資　産	1800万円
住 ま い	持ち家 （ローン完済）
投資経験	あり
運用年数	10年
目標金額	2000万円

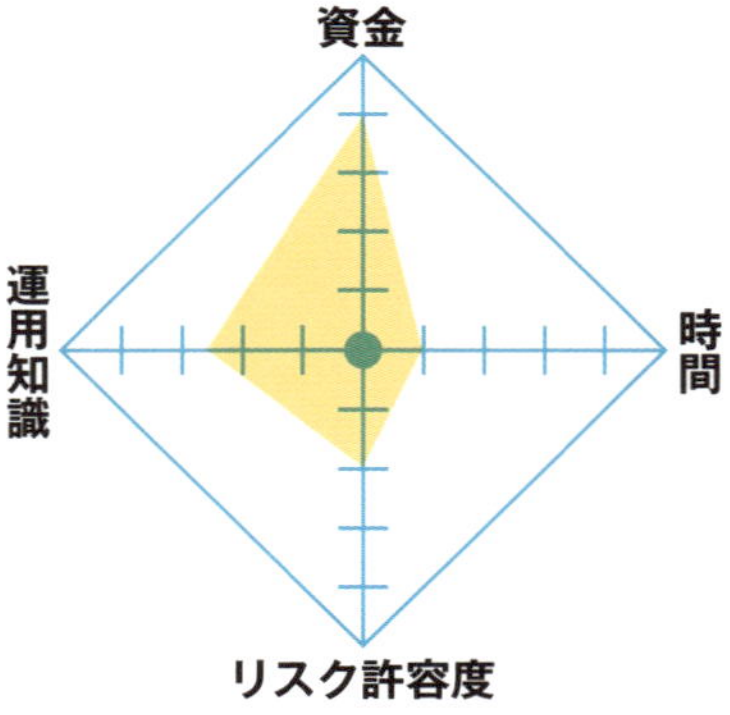

メリット

- 資金力がある
- 子育てや住宅ローンが終わり余裕がある

デメリット

- 定年退職をゴールにすると、時間が少ない

50代にオススメの資産配分

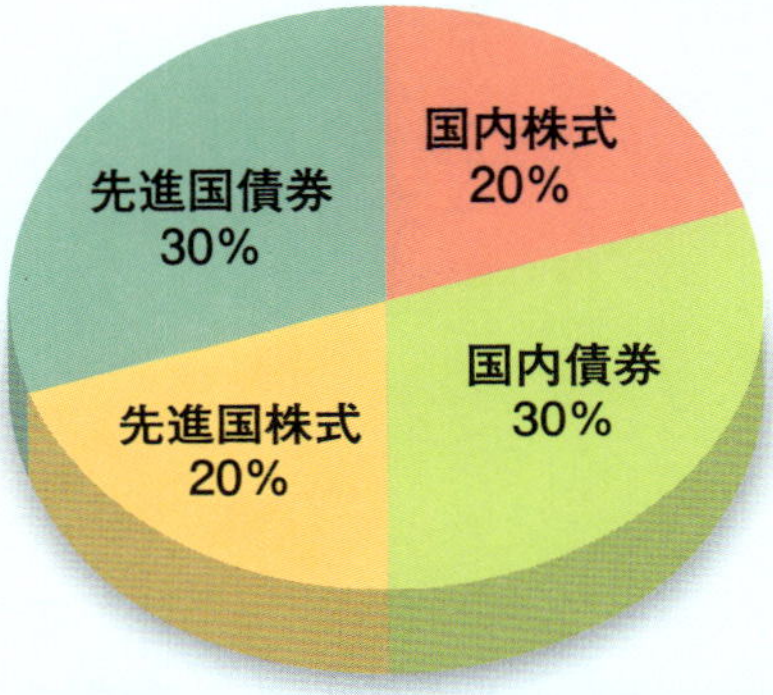

海外は先進国のみ、債券比率を高めてリスクを小さくしたポートフォリオ。国内と海外は5：5、株式と債券は4：6という資産配分となっている。

低リスクタイプ

資金**500万円**、**月々 10万円**を積み立てて運用利回り**2 ～ 3%**を目指し**10年**で**2000万円**に

10年で＋300万円を目指す

50歳の大野さんは、子どもも大学を卒業し、住宅ローンも完済しているため資金的には余裕があるといえるでしょう。

ただし、大野さんにはあまり時間がありません。運用期間が長いほどリスクが小さくなる傾向があるため、資金に余裕があるとはいえ、ハイリスクな運用はおすすめできません。若年層に比べこれから働ける時間も短くなるため、いくら資産や年収が高くとも、リスクはできるだけ抑えたほうが無難です。

上図のように資金500万円、月々10万円の積み立てをすれば、年利2~3%の低リスク運用でも10年後には2000万円になります。総投資は1700万円ですが、10年で300万円のプラスが期待できます。

できれば次ページを参考に、リタイヤ後も運用を続けることをおすすめします。

ケーススタディ
5

60代の老後準備

分配金をもらいながら増やす！

「資産の取り崩しを極力減らす」という意識で運用しよう

子どもや孫にお金を残したい！

富田さんは定年退職したばかり。65歳までは再雇用制度で働くつもりだが、今後のゆとり資金や将来子どもや孫に残すお金として、退職金や貯蓄を運用したい！

富田さん（60歳）

富田さんのDATA

家族構成	既婚
年　　収	300万円
資　　産	2500万円
住 ま い	持ち家
投資経験	ほとんどない
運用年数	20年
目標金額	2000万円

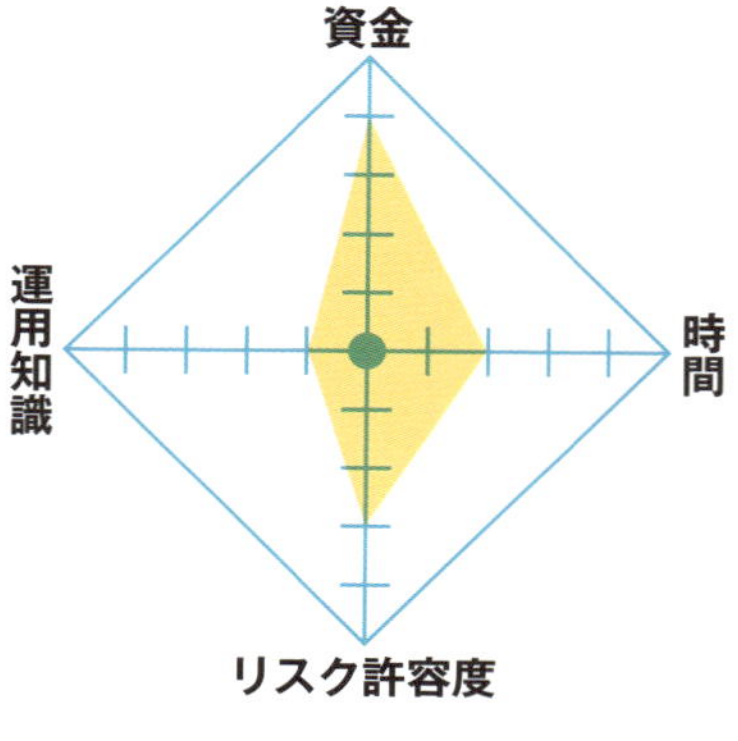

メリット

- 資金力がある
- 子育てや住宅ローンが終わり余裕がある

デメリット

- 収入が減るためリスクがとれない

60代の老後準備にオススメの資産配分

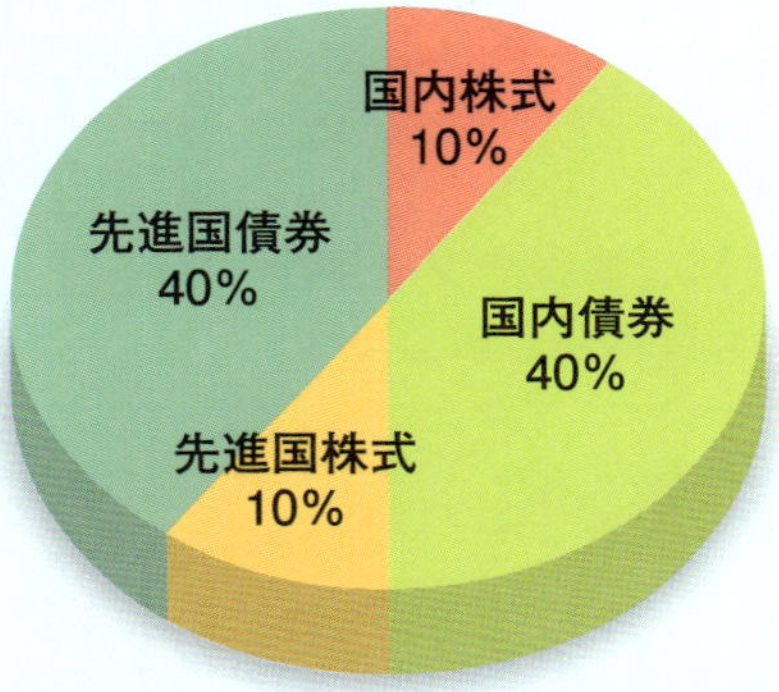

大部分を債券投資にしてリスクを抑えたポートフォリオ。海外比率が5割なのでリターンも狙える。国内と海外は5：5、株式と債券は2：8という資産配分となっている。

低リスクタイプ

資金**1500万円**で運用利回り**2 ～ 3%**を目指し**20年**で**2000万円**に

分配金をおこづかい代わりに

60代からの投資と聞くと「遅すぎるのではないか」と考えるかもしれませんが、今は男性の平均余命が80歳近い時代です。残された人生はまだ長いといえます。

60代の資産運用は、収入が減る世代の防衛策という側面があります。つまりこれまで築いた資産をできるだけ取り崩さずに済むよう、運用でじわじわ増やしていくという考え方がよいでしょう。

毎月分配型の投信を選べば、資産を運用しながら分配金がちょっとしたおこづかいになり、年金の足しになります。

また、これから70代、80代を迎えるにあたり、プロに運用をまかせられる投信は高齢者向けの投資であるともいえます。リスクを抑えた安定運用で、お金の心配をしないで済む老後を送りたいものです。

Column 投信選びや運用に役立つ機能が盛りだくさん！

モーニングスターのウェブサイト

http://www.morningstar.co.jp/

モーニングスターのウェブサイトには便利な情報やツールがたくさんあります。投信選びや運用管理などに利用しましょう。

ポートフォリオ（P175参照）

http://www.morningstar.co.jp/portal/Login.doで会員登録またはログイン

保有している投信の一括管理ができる。また、X-Rayボタンで資産分散や地域分散などの状況も確認できるので、購入前のシミュレーションとしても利用可能。

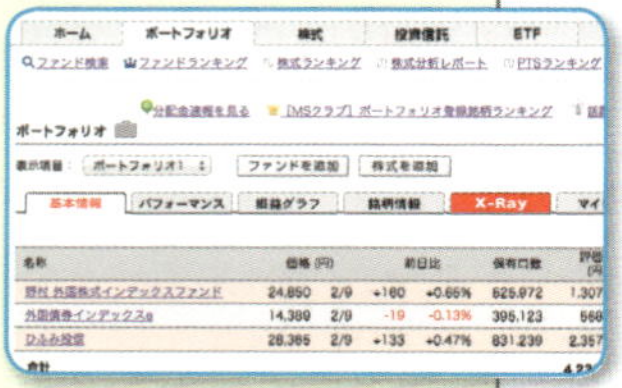

ポートフォリオ

ファンド検索（P156参照）

http://www.morningstar.co.jp/FundData/DetailSearch.do

ファンドのカテゴリーから、リターン、リスク、コスト、投資地域、投資スタイルなど、さまざまな条件を指定して投信を検索することができる。投信選びの際は、ぜひ利用してほしい機能だ。

ファンド検索

ファンドランキング

http://www.morningstar.co.jp/FundData/FundRankingReturn.do

「リターン」「レーティング」「シャープレシオ」「コスト」「純資産」で見た投信ランキングを見ることができる。投信の種類別、期間別の検索も可能。

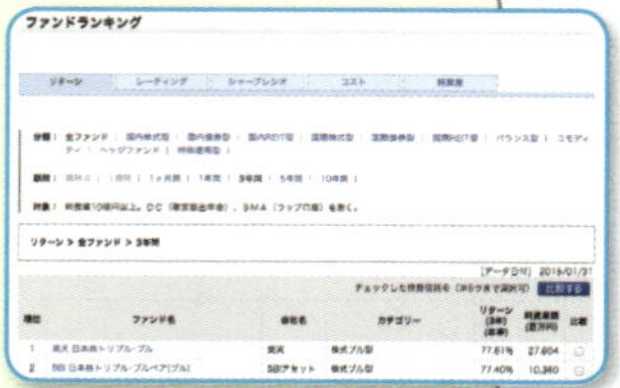

ファンドランキング

金融電卓（P119参照）

http://www.morningstar.co.jp/tools/simulation/

投資金額と目標金額を入力すれば、必要な利回りを計算できる。また、資金を取り崩さなければならない老後に、毎月いくら使えるのか、何年お金がもつのかといったシミュレーションをすることもできる。

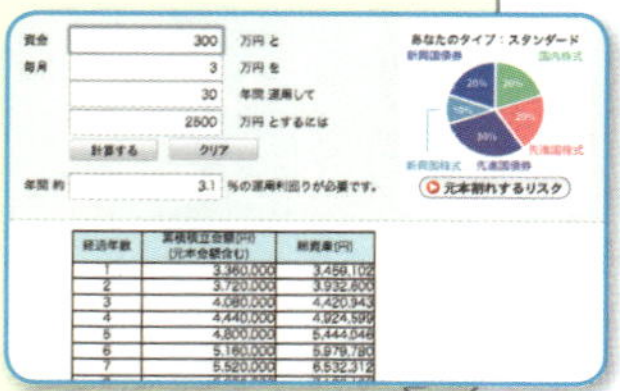

金融電卓

私が自信をもっておすすめします。ぜひ使ってみてください!

第6章

購入後のチェックポイント

～運用実績の確認と換金時の注意点～

購入後はプロに運用を任せられる投信ですが、自分で確認すべきこともあります。いつ、どんなことをチェックすべきか、売却する時期はどう決めるかなど、投信を買った後のポイントをおさえておきましょう。

1

購入後のチェックポイント

「運用報告書」や「月次報告書」を活用する

基準価額は日ごとに変わる

無事に投資信託を購入したあとは、何をすればよいのでしょうか。

株価は市場が開いている間は常に上下しますが、**投資信託の基準価額は営業日ごとに運用会社によって算出**されます。つまり投信の価格は1日ごとにしか変わらないということです。購入した投信が現在いくらで、どのくらい損益が出ているかなどは、証券会社の照会画面などで確認することができます。

投信の基準価額は日々上下しますが、中長期投資を前提としているなら、この変動に一喜一憂する必要はないでしょう。株などと違い、ある程度放っておくことができるのも投資信託の長所です。

基準価額が変動する主な要因

組入資産の価格が変動したとき<上昇要因・下落要因>

組入れ資産の価格	基準価額
上昇↑	上昇↑
下落↓	下落↓

基準価額は、組み入れた資産を時価評価して諸経費を引いた金額（純資産総額）を投資口数（受益権総口数）で割って算出するため、組み入れている株式や債券の価格が下落すれば基準価額は下落し、上昇すれば上昇する。

分配金の支払いがあったとき<下落要因>

分配金	基準価額
支払い	下落↓

分配金は基準価額のうちの分配可能な部分から支払われるため、分配金が支払われた直後はその分基準価額が下がる。

運用費用の支払い<下落要因>

運用費用	基準価額
支払い	下落↓

日々信託報酬や監査報酬といった運用・管理に必要な費用が差し引かれているため、差し引かれた費用の分だけ基準価額は下落する。

月に1度は基準価額をチェック

ただし、月に1度くらいは基準価額がいくらになっているのかをチェックしておきたいところ。また相場が大きく変化したときなどは、必ず基準価額を確認し、情報収集と冷静な状況判断に努めます。

そして、投信を保有している間は、次の書面に目を通しましょう。

①月次報告書（月に1度発行）
②運用報告書（年に1～2度発行）

これらの書面は、販売会社や運用会社のウェブサイトでダウンロードして閲覧することができます。

月次報告書や運用報告書を読めば、投資家たちから集めた資金がどのように運用されてきたのか、損益状況はどうだったのか、今後どのように運用していくのかなどがわかり、ファンドの現状を知ることができます。

運用報告書のチェックポイント5

決算期中の運用実績
決算期中の運用実績、過去の運用実績をチェック。日経平均株価やTOPIXなどとの比較を見ながら確認する。

投資環境
決算期中に国内・海外の政治・経済で何が起こり、市場にどんな影響を与えたか、そしてどんな環境で運用してきたかをチェック。

運用の概況
組入資産の表をチェック。前期末と当期末において、主要な投資対象がどう変化しているのかなどを確認。

今後の運用方針
ファンドマネージャーが市場についてどう認識し予測を立てているか、今後どのような戦略で運用をしていくかをチェック。

費用の明細
決算期中の運用にかかった1万口当たりの費用明細をチェック。どのくらいのコストをかけて運用されているのかを確認する。

「運用報告書」は原則として決算時に発行され、郵送もしくは電子交付される!

2

資産管理のタイミングと方法

6ヵ月に1度、1年に1度は必ず確認しよう

まずはポートフォリオを作成

保有中の投信のチェックの具体的なタイミングと方法は、どのように考えればよいのでしょう。

まず大切なのは「ポートフォリオの管理」です。ポートフォリオとは、保有する金融商品の組み合わせのこと。ポートフォリオの管理には、モーニングスターのポートフォリオ機能を活用することをおすすめします。保有している投信を登録すれば、ポートフォリオの構成比率や運用パフォーマンスなどをすぐに確認できます。

ポートフォリオのチェックに慣れたら、最低でも6ヵ月に1度チェックしてほしいのが、次の4つです。

①運用実績を同カテゴリーの投信とくらべる
②運用資金の流出入を確認する
③組入資産の構成を確認する
④運用体制（運用会社の合併、ファンドマネージャーの変更、運用戦略自体の見直しなど）を確認する

①～④のチェックは、投信の月次報告書やモーニングスターのウェブサイトを利用しましょう（方法は176～177ページに記載）。ただし①～④に大きな変化があった場合でも、短期間ではその影響を読みきれないこともあるので静観も必要です。

そして1年に1度は、運用報告書をしっかり読みましょう。そのうえで、リバランス（178ページ参照）などを検討します。

まずはポートフォリオを管理しよう！

モーニングスターのウェブサイト（http://www.morningstar.co.jp/）にユーザー登録し、ログイン。保有中の投信をポートフォリオに登録すると、運用状況を逐一確認できる。

ポートフォリオ

表示項目：ポートフォリオ1　ファンドを追加　株式を追加

基本情報　パフォーマンス　損益グラフ　銘柄情報　X-Ray　マイビュー　エクスポート　アラートメールについて

基本情報ガイド

名称	価格（円）		前日比		保有口数	評価額（円）	構成比（%）	スターレーティング	
ニッセイ 日経225インデックスファンド	18,323	1/20	+371	+2.07%	679,163	1,244,430	28.63%	★★★★★	追加 売却 履歴 銘柄削除
野村 外国株式インデックスファンド	24,058	1/20	+151	+0.63%	525,972	1,265,383	29.11%	★★★★★	追加 売却 履歴 銘柄削除
外国株式インデックスe	19,377	1/20	+121	+0.63%	653,877	1,267,017	29.15%	★★★★★	追加 売却 履歴 銘柄削除
外国債券インデックスe	14,449	1/20	+79	+0.55%	394,575	570,121	13.12%	★★★★	追加 売却 履歴 銘柄削除
合計						4,346,951	100%		

保有中の投信

価格などの基本情報をチェック！

名称	保有口数	平均購入価格（円）	投資金額（円）	評価額（円）	受取分配金合計（円）	損益(手数料含)		
ニッセイ 日経225インデックスファンド	679,163	14,724	1,000,000	1,244,430	0	+244,430	+24.44%	追加 売却 履歴 銘柄削除
野村 外国株式インデックスファンド	525,972	19,012	1,000,000	1,265,383	0	+262,853	+26.29%	追加 売却 履歴 銘柄削除
外国株式インデックスe	653,877	15,293	1,000,000	1,267,017	0	+267,017	+26.70%	追加 売却 履歴 銘柄削除
外国債券インデックスe	394,575	12,672	500,000	570,121	0	+70,121	+14.02%	追加 売却 履歴 銘柄削除
合計			3,500,000	4,346,951		+844,421	+ 24.13%	

パフォーマンスがひと目でわかる！

合計

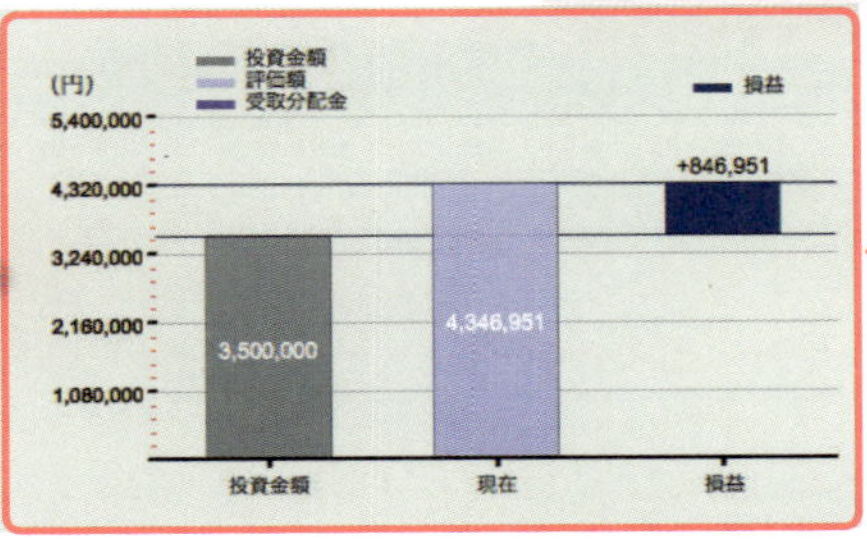

損益をグラフでチェックできる！

	銘柄	投資金額（円）	評価額（円）	受取分配金合計（円）	損益（円）(手数料含まず)	国内株式	国内債券	海外株式	海外債券	その他
○	ニッセイ 日経225インデックスファンド	1,000,000	1,244,430	0	+244,430	–	–	–	–	–
○	野村 外国株式インデックスファンド	1,000,000	1,265,383	0	+265,383	0%	0%	98%	0%	2%
○	外国株式インデックスe	1,000,000	1,267,017	0	+267,017	0%	0%	97%	0%	3%
○	外国債券インデックスe	500,000	570,121	0	+70,121	0%	0%	0%	97%	3%
⊙	合計	3,500,000	4,346,951	0	+846,951	–	–	–	–	–

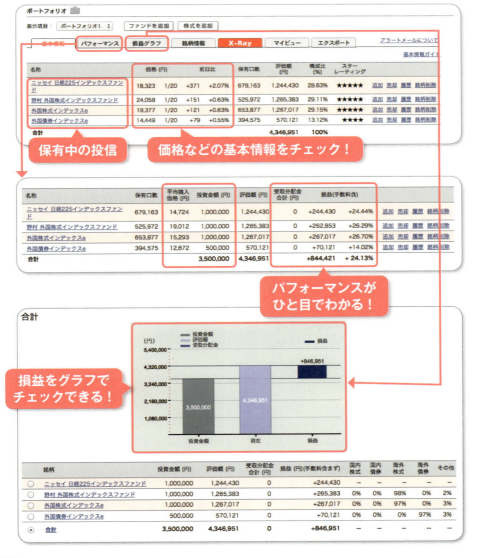

①運用実績を同じカテゴリーの投信とくらべる

モーニングスターのポートフォリオから調べたい投信を選び、
❶「リターン」→❷「期間収益」をクリック。
❸「1ヵ月リターン」の表示を確認。

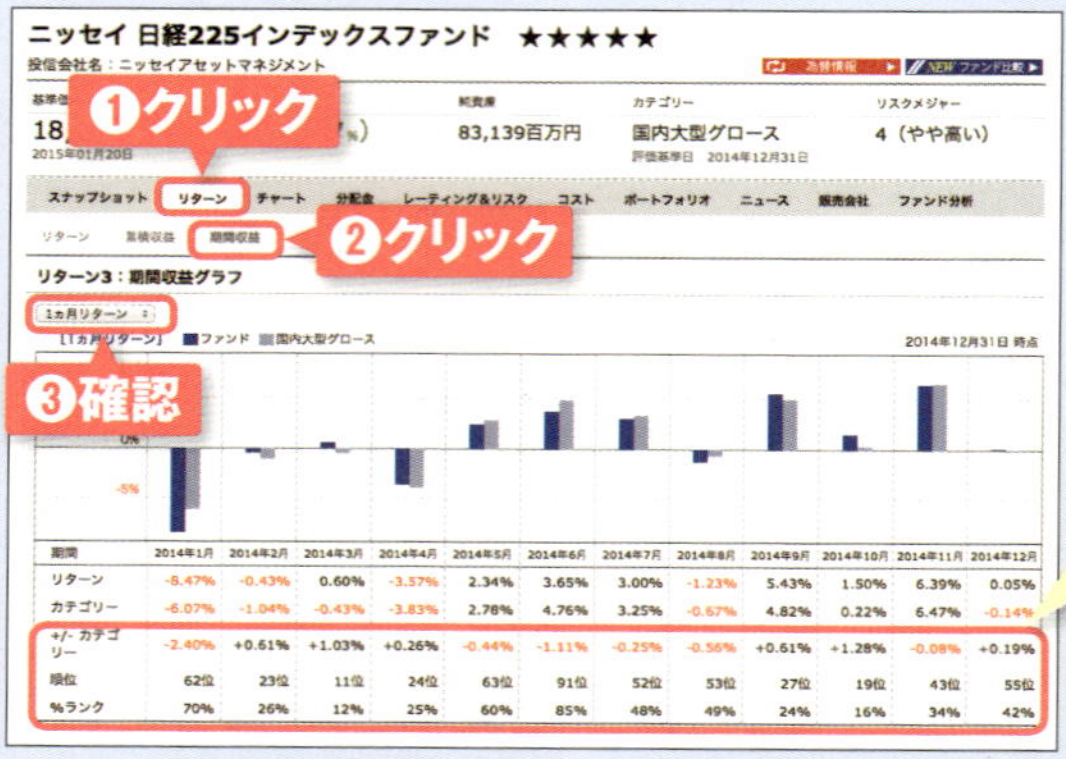

期間	2014年1月	2014年2月	2014年3月	2014年4月	2014年5月	2014年6月	2014年7月	2014年8月	2014年9月	2014年10月	2014年11月	2014年12月
リターン	-8.47%	-0.43%	0.60%	-3.57%	2.34%	3.65%	3.00%	-1.23%	5.43%	1.50%	6.39%	0.05%
カテゴリー	-6.07%	-1.04%	-0.43%	-3.83%	2.78%	4.76%	3.25%	-0.67%	4.82%	0.22%	6.47%	-0.14%
+/- カテゴリー	-2.40%	+0.61%	+1.03%	+0.26%	-0.44%	-1.11%	-0.25%	-0.56%	+0.61%	+1.28%	-0.08%	+0.19%
順位	62位	23位	11位	24位	63位	91位	52位	53位	27位	19位	43位	55位
%ランク	70%	26%	12%	25%	60%	85%	48%	49%	24%	16%	34%	42%

カテゴリー平均にくらべて運用実績はどうか、カテゴリー内での順位は適切に保たれているかをチェック。

②運用資金の流出入を確認する

モーニングスターのポートフォリオから調べたい投信を選び、
❶「リターン」→❷「月次資金流出入額」をクリック。

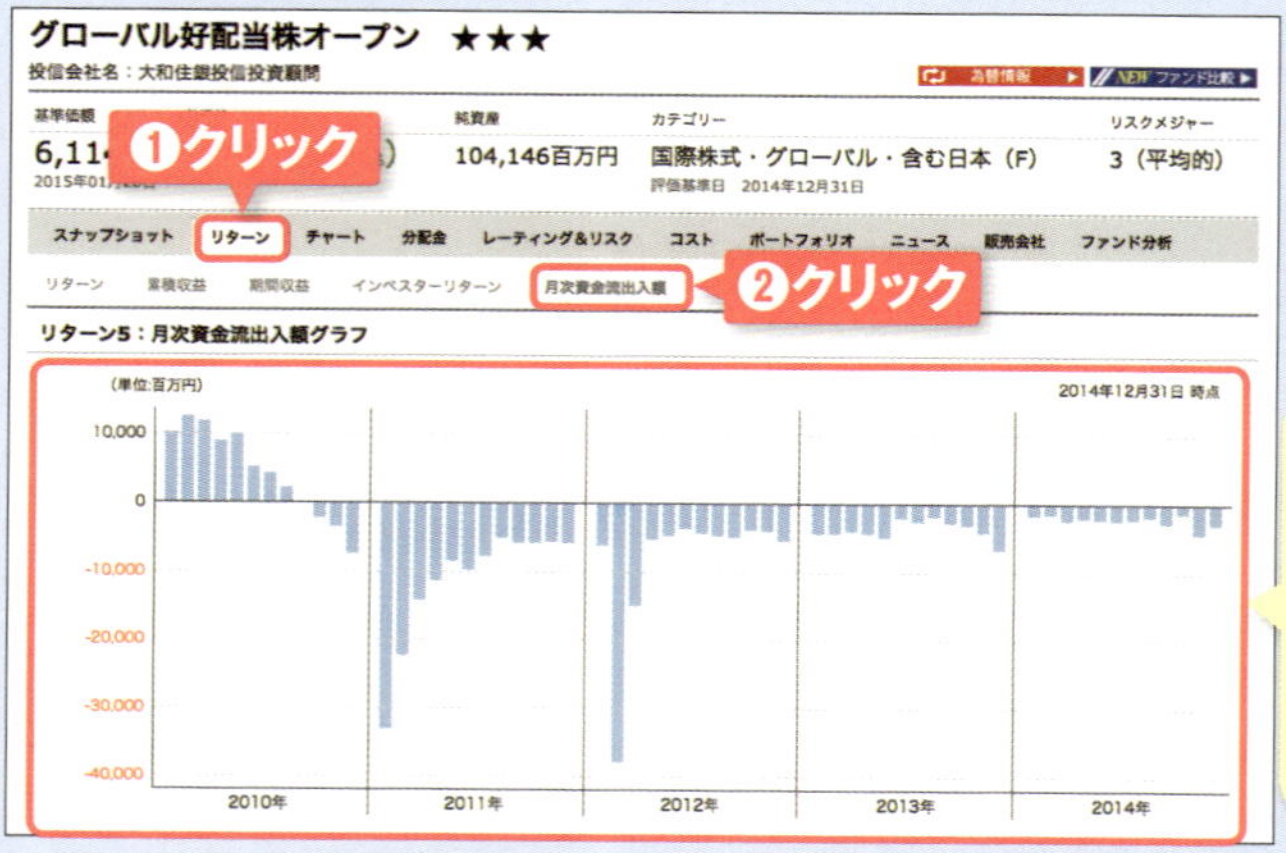

運用資金が急増・急減していないかをチェック。とくに資金の急激な減少があった場合は注意が必要。

③組み入れ資産の構成を確認する

モーニングスターのポートフォリオから調べたい投信を選び、
❶「X-Ray」→❷「資産クラス別」をクリック。

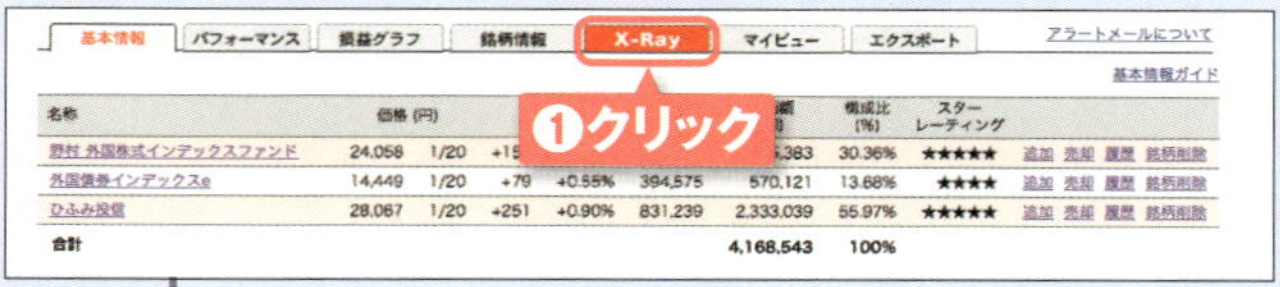

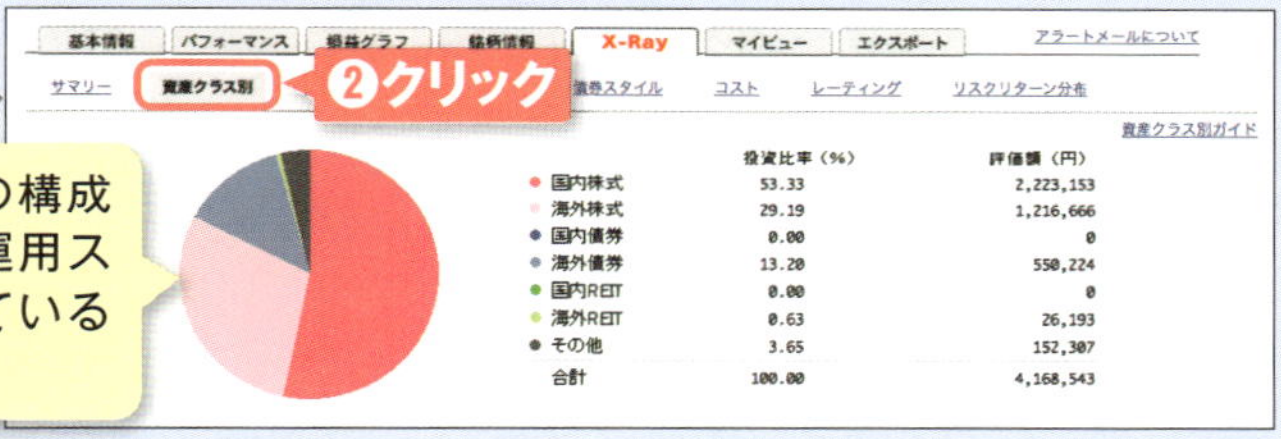

組み入れ資産の構成比率が自分の運用スタイルにそっているかをチェック。

④運用体制を確認する

月次報告書（月に1度） と **運用報告書（年に1度）** に目を通す

前期のものと比較してみるのがコツ!

チェックのポイント

特に「今後の見通し」「今後の運用方針」のところをチェック。ファンドマネージャーが今後どのように資産を運用していくかがわかる。

3 時間とともに変化した資産配分を調整する

年1回、リバランスを検討！

投資配分のバランスを見直す

運用をしていると、投資の内容が変化して自分の運用スタイルと合わなくなることがあります。このようなときは、資産配分のバランスを整える「リバランス」を検討します。このリバランスは、長期運用においては非常に大切なポイントです。

ただし、あまり頻繁にリバランスをすると、売却したときの税金や購入手数料などのコストがかかってしまいます。1年に1度、±10%の差が生じたときなど、リバランスを検討するタイミングや目安を決めておきましょう。もちろん配分比率が自分の運用スタイルから外れていなければ、リバランスの必要はありません。

「スイッチング機能」つきの投信もある！

投信の乗り換えをする際は、通常売却と新規購入という2つの手続きが必要になるが、「スイッチング機能」のある投信なら、1度の手続きで売却と購入が可能（乗り換え先はスイッチング対象の投信のみ）。

通常は2 段階の
手続きが必要だが……

投信A → 売却　投信B → 購入

スイッチング機能付きなら簡単!

投信C —スイッチング→ 投信D

スイッチングのメリット

- 販売手数料が無料もしくは割引になる
- 投信乗り換えの手続きが簡単

※解約時に信託財産留保額がかかるものは、スイッチングの場合も同様。
※売却した投信の利益には税金がかかる。

定期的に配分比率をチェックしよう

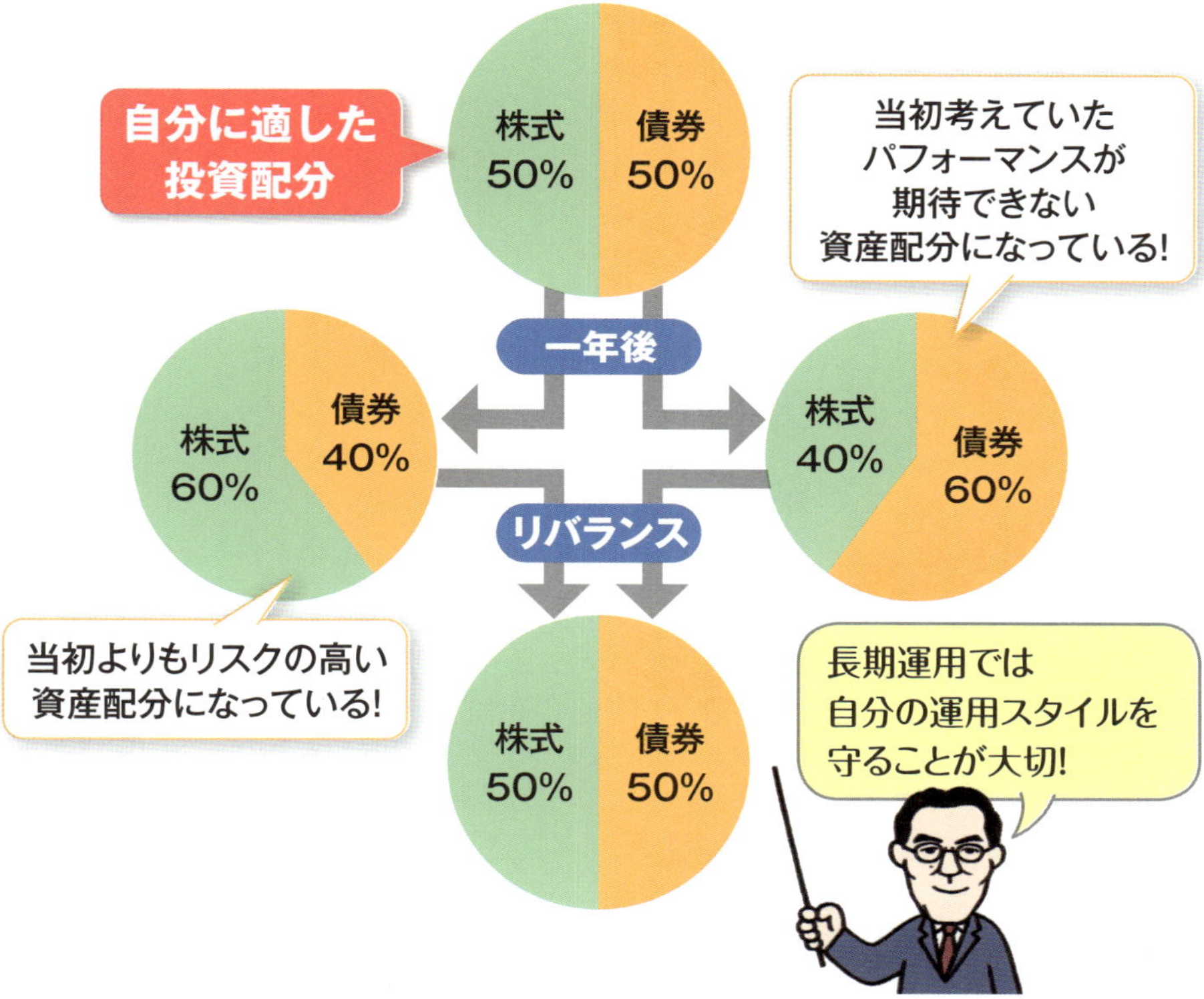

リバランスの方法

①手持ちの投信を売買してバランスを整える

想定以上に上昇した投信を売却し、下落している投信を購入してバランスを調整する方法。ただし売却時の利益には20%の税金がかかるため、リバランスのコストが増える。

②新たに投信を買い増してバランスを整える

資金を新たに投入して配分比率が下がった投信を買い増す方法。資金に余裕がある人向きだが、まとまった現金がなければ、毎月少しずつ買い増すことで資産配分を調整してもよい。

4 売却タイミングの決め方

目標より前に売ったほうがいいのはどんなとき？

基本は「自分のゴール」まで

追加型の投資信託であれば、原則としていつでも売却（換金）できます。だからこそ「いつ売ったらいいのか」と迷う人も多いのではないでしょうか。

投資信託は長期保有が前提の投資法ですから、**基本的に売却タイミングは「自分自身のゴール」というのが基本**です。「子どもの学費をためる」なら子どもの入学に合わせて、「老後資金で3000万円ためる」なら、定年時が売りどきとなるでしょう。

ただし、場合によっては自分で決めた目標より前に解約したほうがよいときもあります。ゴール前に売却すべきケースを左ページにまとめました。

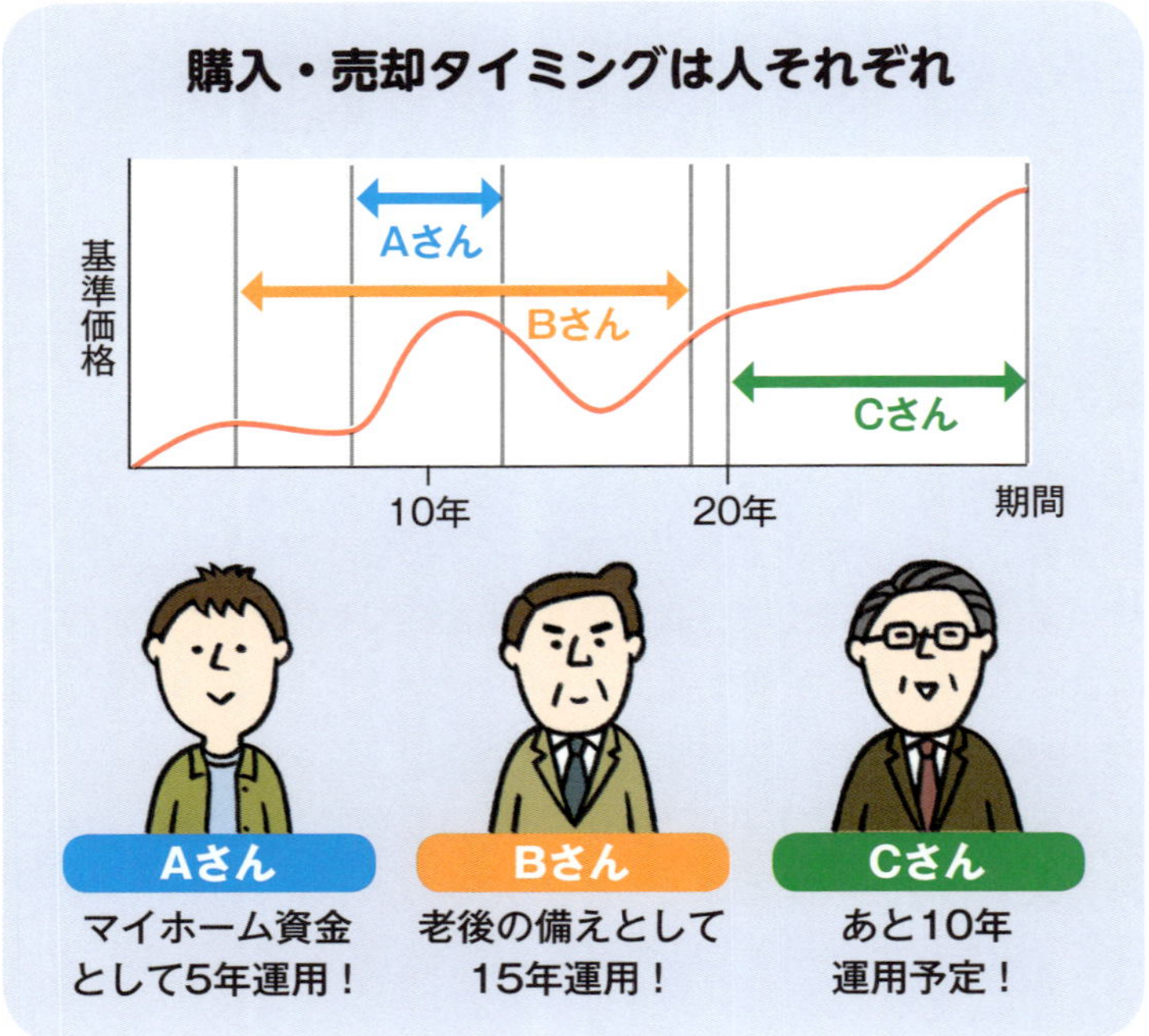
購入・売却タイミングは人それぞれ
基準価格
Aさん
Bさん
Cさん
10年
20年
期間
Aさん
マイホーム資金
として5年運用！
Bさん
老後の備えとして
15年運用！
Cさん
あと10年
運用予定！

解約を検討したい6ケース

次のようなときはゴール前でも
投信の解約を検討する!

①投信の運用方針が変わったとき

ファンドマネージャーの交代などによって、運用方針が大きく変わることも考えられる。そのような場合は他の投信への乗り換えを検討する。

②投信の運用成績がよくないとき

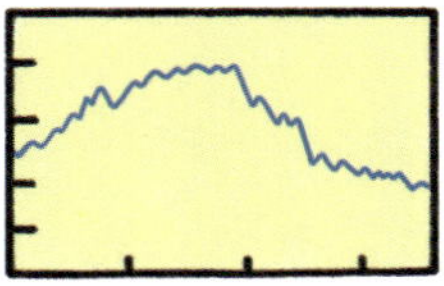

投信が期待したパフォーマンスを見せてくれないという場合、他の投信への乗り換えも視野に入れる。ただし投信は長期運用を続ければ続けるほどパフォーマンスが安定するため、運用方針などに問題がなければ1、2年程度は様子を見ることも大切。

③資産配分のバランスが崩れたとき

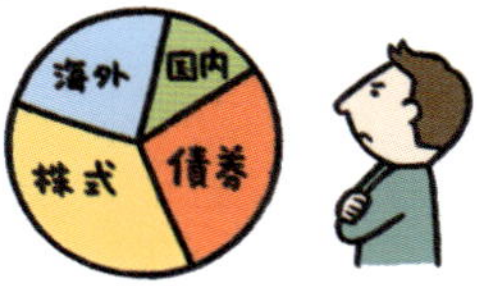

株式、債券、国内、海外など、自分が想定した資産バランスからかけ離れてしまった場合は、資産全体のバランスを整える（178ページ参照）

④投信が繰り上げ償還されるとき

いつでも購入・解約できるはずの追加型投信でも、運用期間終了前に繰り上げ償還されることもある（運用資金が小さくなりすぎた場合など）。その場合は代替となる適当な投信に乗り換える。

⑤投資の目的が変わったとき

たとえば「10年後にマイホーム資金を1000万円作る」という目的で運用していても、10年たったら「やはりまだ賃貸でいいや……」となることもある。そのような場合は新しいゴールを決め、新たな運用スタイルを決める。

⑥心理的に負担があるとき

「価格の上下が気になって夜も眠れない……」といった場合は、思いきって手放すことを考える。投信の保有がストレスになっては本末転倒。価格変動の小さい投信に乗り換えるという手もある。

5

換金時に注意すること

換金価格と代金支払い日に注意

申し込み時に価格はわからない

投信はいつでも換金することができますが、2つの注意点があります。

①換金するときの価格は、換金を申し込んだ時点ではわからない

②代金はすぐに振り込まれない

まず、①について。

投信の換金の受付は午後3時で締め切られ、換金価格はその日の夕方（証券取引所が終了した後）に算出される基準価額がベースとなります。**市場の乱高下が続いているときなどは想定外の換金価格になってしまうこともある**ので注意が必要です。受付時間はそれぞれの投信や販売会社などによって異なる場合があるため、事前に確認しておきましょう。

投信によっては、時差の関係で翌営業日の基準価額をベースにする場合もあります。

売却価格は申し込んでから数日後に郵送で届く**「取引報告書」で確認することができます**（インターネット取引の場合は電子交付される）。

次に、②について。

売却代金は原則として**手続きの日から4営業日以降に口座に振り込まれます**。土日を挟む場合などは1週間くらいかかることもあります。

住宅購入の契約や学費の納入など、換金したお金の使い道に支払い期限がある場合は、余裕をもって手続きをしましょう。

用語解説【乱高下】

相場などが短期間のうちに急激に上がったり，下がったりすること。市場のさまざまな局面で、株価、金利、為替などの値動きに対して使われる。

投信解約の流れ

解約の申込日　申込時間内であれば当日（それ以降は翌日扱い）

↓

約定日　①原則として、国内に投資する投資信託は申込日当日
②原則として、海外に投資する投資信託は申込日翌日

↓

受け渡し日　原則として、①は申込日から起算して4営業日目以降
原則として、②は申込日から起算して5営業日目以降
（販売会社から取引報告書が届く または 電子交付される）

↓

代金の支払い

＊日数のカウントには休日は含まれない。

申し込みから代金の支払いまでは4日～1週間程度かかる!

手続きには「解約請求」と「買取請求」の2つがある！

解約請求　投資信託を販売会社経由で、信託財産の返還（＝解約）を請求することで換金する方法

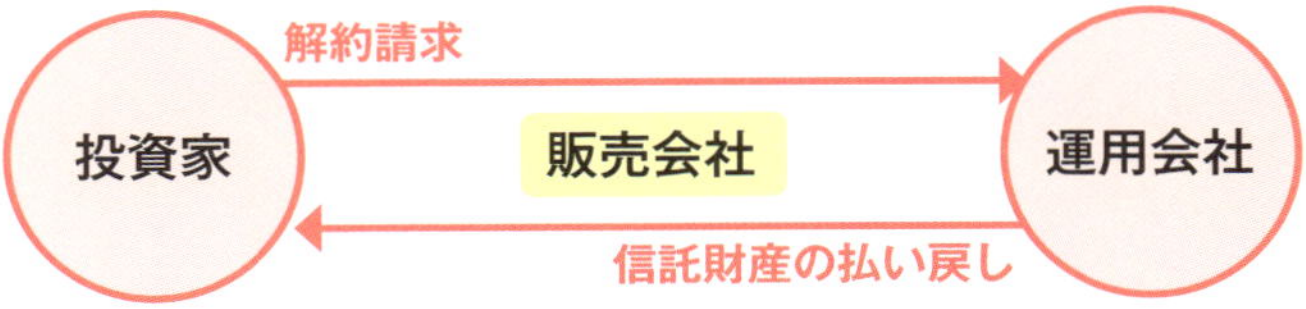

買取請求　販売会社に投資信託の受益権の買取（＝譲渡）を請求することで換金する方法

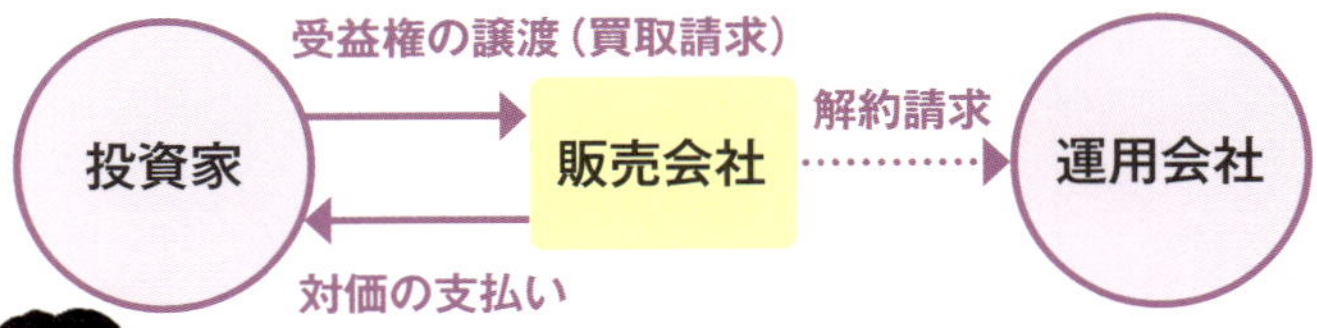

税制上の取り扱いは原則同じだが「解約請求」のほうが一般的!

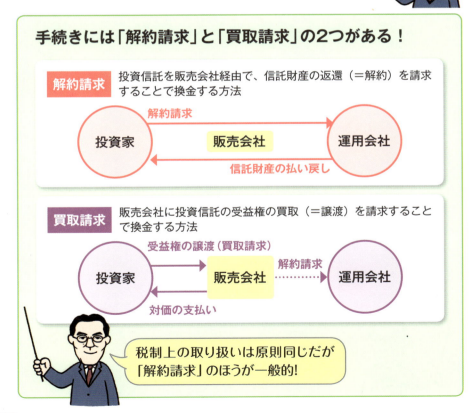

6

税金と信託財産留保額のコストに注意しよう

換金時にかかるコスト

「税金」と「信託財産留保額」

最後に忘れてはならないのが、投資信託の換金時にかかるコストです。換金時にかかるコストは、主に次の2種類です。

①税金
②信託財産留保額

では見ていきましょう。

まず、税金について。

投資信託自体に消費税のようなものはかかりませんが（販売手数料や信託報酬などには消費税がかかる）、投信を換金したときに収益が出ると、収益に対して所得税や住民税がかかります。

投信の種類によって税制が多少違いますが、預貯金の利息や株式投資の配当などと同

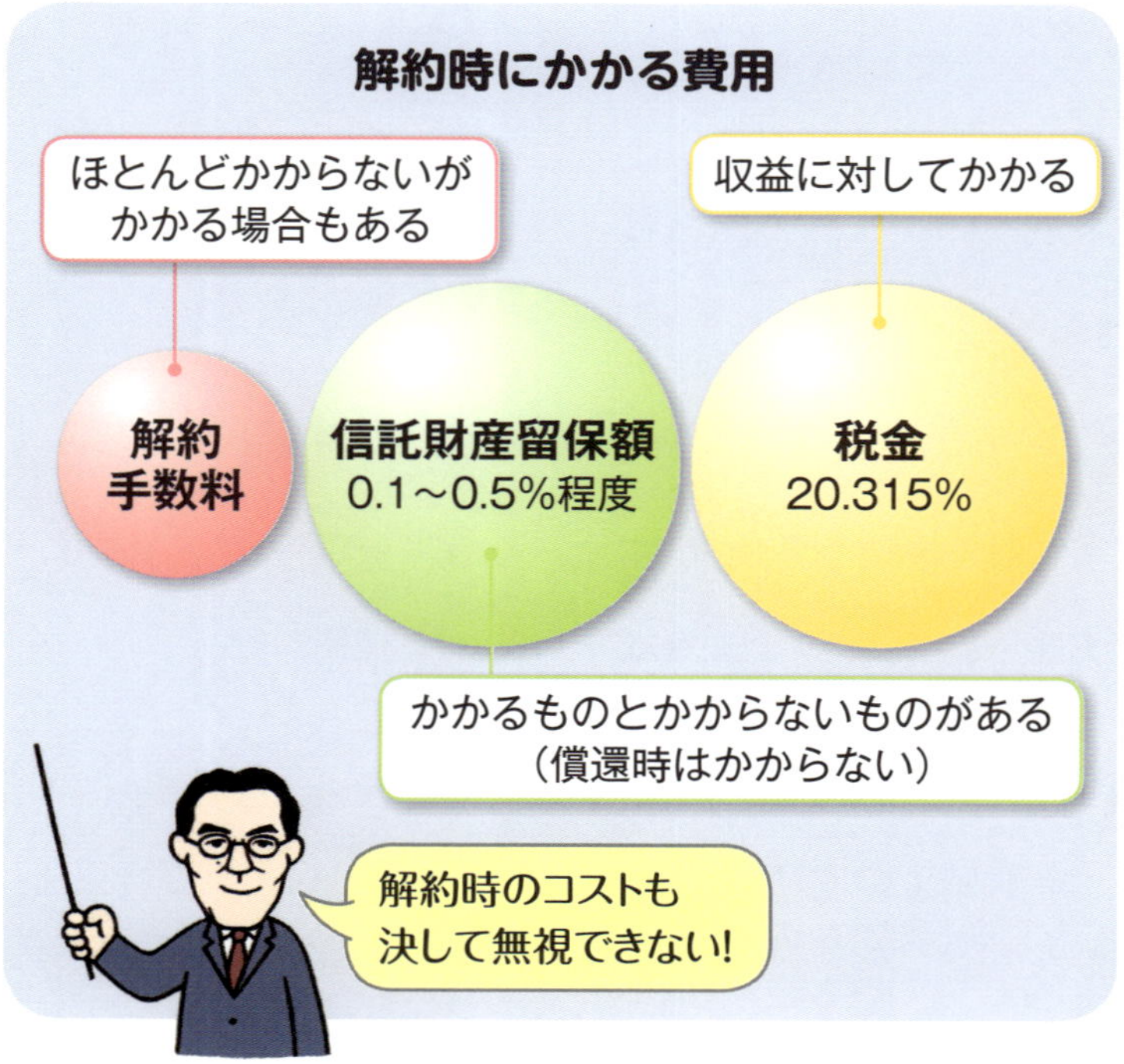

解約時にかかる費用
ほとんどかからないが
かかる場合もある
収益に対してかかる
解約
手数料
信託財産留保額
0.1～0.5%程度
税金
20.315%
かかるものとかからないものがある
（償還時はかからない）
解約時のコストも
決して無視できない!

様、**配当益や譲渡益には合計20%の税金がかかると覚えておきましょう。**

収益にかかる税金は、**損益通算やNISA口座の利用によって節税が可能**です。

次に、信託財産留保額について。

これは投資信託を換金する際にかかる費用です。**信託財産留保額はかかる投信とかからない投信がある**ので、事前に確認しておきましょう。償還前に解約するペナルティのような性格のもので、運用会社や販売会社の収益ではなく、その投信に残されるお金です。そのため償還時はかかりません。

信託財産留保額の目安は**換金時の基準価額に対して0・1～0・5％程度**です。0・5％なら100万円に対して5000円ですから、投資効率を考えると決して無視できないコストです。

その他、**販売会社に支払う解約時手数料がかかる投資信託もあります。**

株式投信の収益にかかる税金

※2037年までは所得税に2.1%の復興特別所得税が課税される。

配当益（分配金）	譲渡益（解約金・償還金）		
	一般口座	特定口座（源泉徴収なし）	特定口座（源泉徴収あり）
20.315% （所得税15.315%、地方税5%） 源泉徴収	**20.315%** （所得税15.315%、地方税5%） 申告分離		**20.315%** （所得税15.315%、地方税5%） 源泉徴収
確定申告不要	確定申告必要		確定申告不要

投信の節税ポイント!

損失と収益を一緒に計算！（損益通算）

投資信託で収益を得た場合でも、たとえば株取引などで損をした場合は、**その年の損益が通算されて源泉徴収税額の過納分が還付される**。特定口座（源泉徴収あり）なら自動的に損益通算されるが、一般口座や特定口座（源泉徴収なし）の場合は確定申告時に行う。

年間100万円まで非課税に！（NISA口座）

NISA口座を利用して投信を購入した場合、**収益に対する税率が5年間非課税となる（年間100万円まで）**。

＼知って得する！／
投信Q&A
投信に関する素朴な疑問に答えます！

投信の数はいったいいくつあるの？

A　投資信託協会によれば、日本国内で販売されている公募投資信託（広く投資家を募集している投資信託）の数は、なんと５４６０本です（２０１４年12月）。

そのうち株式投信（株式を組み入れることができる投信）が５２４２本、公社債投信が１６２本。株式投信の内訳は、追加型の投信が４９４７本、単位型の投信が２９５本となっています。

現在投信の主流である追加型の株式投信が５０００本近くあるのですから、その中からすぐれた投信を見つけることがいかに重要かがわかるのではないでしょうか。

基準価額は低いほうが割安なの？

A

同じカテゴリーで基準価額が1万4000円の投信と基準価額が8000円の投信があったら、なんだか8000円の投信のほうがお買い得であるように感じられます。

でも、それは大きな間違い。**投信の基準価額は設定時（運用開始時）に決まります（設定時は原則として1万円）**。たとえば2008年のリーマンショック以前に設定された投信は、一旦は基準価額を大きく下げたでしょうし、リーマンショック以降に設定された投信は、大きく値を下げることなく基準価額が推移しているものが多いでしょう。ですから、同じようなパフォーマンスであっても、リーマンショックを経験している分、前者は後者よりも基準価額が低いはずです。

つまり、**現在の基準価額だけでは投信の良し悪しをはかれない**ということ。また、分配型の投信よりは無分配型の投信のほうが基準価額が上昇しやすいという面もあります。大切なのは、これからの運用がどうなるか、です。現在の基準価額に振り回されず、過去の運用成績などをよく吟味することが大切です。

投信の人気ランキングは参考にすべき？

A

人気があるということは、多くの人から支持されているということです。また、多くの人がその投信を購入すれば純資産額が増加するため、人気の高さは有利な条件であるといえます。

ただし、プロの視点で見れば「なぜこのファンドにこれほど人気が集まるのかわからない」というものがランキングに入っている場合もあります。人気ランキングは鵜呑みにしすぎず、**あくまで参考程度**にとどめておきましょう。投信選びでは、自分自身が納得できるような根拠を見い出すことが大切です。

外国型投信は、「為替ヘッジあり」のものを選ぶべき?

A たしかに「為替ヘッジあり」の投信を選べば、為替リスクを避けることができるため安心です。

ただし、海外への投資は「投資地域の分散」以外にも、「投資通貨の分散」という効果があります。「為替ヘッジあり」を選ぶと、為替差損を避けられる代わりに、通貨の分散効果がなくなり、為替差益も享受できなくなります。しかも**「為替ヘッジあり」の投信はコストが高くなる傾向にある**ため、投資効率にも影響があります。

どちらにもメリット・デメリットがあることを考慮した上で決断することをおすすめします。

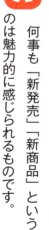

魅力的な新発売の投信。買ってもいい?

A 何事も「新発売」「新商品」というのは魅力的に感じられるものです。

でも、**投信の場合はあまりおすすめできません**。新しく発売される投信については、目論見書を読めばその概要はわかりますが、投信選びの際に最も重要な**過去の運用実績がありません**。また、新発売の投信はそのとき流行している投資対象に投資するものも多く（たとえばエコが流行ればエコ関連、ITバブルのときはIT関連など）、長期投資には向かない性質のものもあります。

できれば**2～3年以上の運用実績を確認できるものが望ましい**でしょう。投資内容や運用方針が気に入った場合でも、しばらく様子をみることをおすすめします。

販売会社や運用会社が破たんしたら、投信はどうなるの？

A

投資信託は「信託財産」として、販売会社や運用会社の資産とは別に管理されています。ですから**万が一販売会社や運用会社が破たんしても、投資信託が無価値になるというようなことはありません。**

ただし、他の販売会社や運用会社に引き継がれる場合もあれば、繰上償還されたり、その時点の基準価額で解約しなければならない場合もあります。

引っ越しをしたら、住所変更手続きはどうすればいいの？

A

住所が変わった場合は、**投信を購入した販売会社で住所変更の手続きをとりましょう。**手続きには、印鑑や新住所を証明する書類などが必要です。

Index

お金のきほん
図解　はじめての投資信託

2015年3月31日　第1刷発行
2017年1月10日　第8刷発行

監修者……………………………朝倉智也
発行人……………………………鈴木昌子
編集人……………………………南條達也
編集長……………………………古川英二

発行所……………………………株式会社　学研プラス
〒141-8415　東京都品川区西五反田2-11-8
印刷所……………………………大日本印刷株式会社

編集………………………………上野慎治郎（アート・サプライ）
執筆協力…………………………伊達直太、山崎潤子
デザイン・DTP…………………内藤真理
イラスト…………………………平井きわ
協力………………………………モーニングスター株式会社

この本に関する各種お問い合わせ先

【電話の場合】
●編集内容についてはTEL:03-6431-1223（編集部直通）
●在庫、不良品（落丁、乱丁）についてはTEL:03-6431-1250（販売部直通）

【文書の場合】
〒141-8418　東京都品川区西五反田2-11-8
学研お客様センター「お金のきほん　図解　はじめての投資信託」係

この本以外の学研商品に関するお問い合わせは下記まで。
TEL:03-6431-1002（学研お客様センター）